当代儒师培养书系 · 儿童教育和发展系列

主编　舒志定

CHILDREN'S EDUCATION IN A MULTIDIMENSIONAL VIEW

多维视野中的儿童教育

舒志定　/ 等著

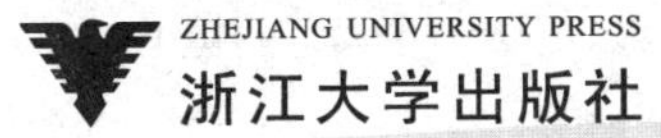

ZHEJIANG UNIVERSITY PRESS
浙江大学出版社

图书在版编目(CIP)数据

多维视野中的儿童教育 / 舒志定等著. —杭州 ：
浙江大学出版社，2021.10
ISBN 978-7-308-20919-9

Ⅰ. ①多… Ⅱ. ①舒… Ⅲ. ①儿童教育—研究 Ⅳ.
①G61

中国版本图书馆 CIP 数据核字(2020)第 252353 号

多维视野中的儿童教育
舒志定　等著

责任编辑　朱　玲
责任校对　傅宏梁
封面设计　春天书装
出版发行　浙江大学出版社
(杭州市天目山路 148 号　邮政编码 310007)
(网址：http://www.zjupress.com)
排　　版　杭州朝曦图文设计有限公司
印　　刷　杭州良诸印刷有限公司
开　　本　787mm×1092mm　1/16
印　　张　11.5
字　　数　260 千
版 印 次　2021 年 10 月第 1 版　2021 年 10 月第 1 次印刷
书　　号　ISBN 978-7-308-20919-9
定　　价　45.00 元

浙江大学出版社市场运营中心联系方式:0571—88925591;http://zjdxcbs.tmall.com

当代儒师培养书系

总　序

把中华优秀传统文化融入教师教育全过程，培育有鲜明中国烙印的优秀教师，这是当前中国教师教育需要重视和解决的课题。湖州师范学院教师教育学院对此进行了探索与实践，以君子文化为引领，挖掘江南文化资源，提出培养当代儒师的教师教育目标，实践“育教师之四有素养、效圣贤之教育人生、展儒师之时代风范”的教师教育理念，体现教师培养中对传统文化的尊重，昭示教师教育中对文化立场的坚守。

能否坚持教师培养的中国立场，这应是评价教师教育工作是否合理的重要依据，我们把它称作教师教育的“文化依据”(文化合理性)。事实上，中国师范教育在发轫之际就强调教师教育的文化立场，确认传承传统文化是决定师范教育正当性的基本依据。

19 世纪末 20 世纪初，清政府决定兴办师范教育，一项重要工作是选派学生留学日本和派遣教育考察团考察日本师范教育。1902 年，清政府讨论学务政策，张之洞就对张百熙说：“师范生宜赴东学习。师范生者不惟能晓普通学，必能晓为师范之法，训课方有进益。非派人赴日本考究观看学习不可。”[①]以 1903 年为例，该年 4 月至 10 月间，游日学生中的毕业生共有 175 人，其中读师范者 71 人，占 40.6%。[②]但关键问题是要明确清政府决定向日本师范教育学习的目的是什么。无论是选派学生到日本学习师范教育，还是派遣教育考察团访日，目标都是为清政府拟定教育方针、教育宗旨。事实也是如此，派到日本的教育考察团就向清政府建议要推行“忠君、尊孔、尚公、尚武、尚实”的教育宗旨。这 10 个字的教育宗旨，有着鲜明的中国文化特征。尤其是把“忠君”与“尊孔”立于重要位置，这不仅要求把“修身伦理”作为教育工作的首要事务，而且要求教育坚守中国立场，使传统中国道统、政统、学统在现代学校教育中得以传承与延续。

当然，这一时期坚持师范教育的中国立场，目的是发挥教育的政治功能，为清政府巩固统治地位服务。只是，这些“学西方、开风气”的“现代性”工作的开展，并没有改变国家进一步衰落的现实。因此，清政府的“新学政策”，引起了一批有识之士的反思、否定与批判，他们把“新学”问题归结为重视科技知识教育、轻视社会义理教育。早在 1896 年梁启超在《学校总论》中就批评同文馆、水师学堂、武备学堂、自强学堂等新式教育的问题是“言艺之事多，言

---

①② 转引自田正平. 传统教育的现代转型. 杭州：浙江科学技术出版社，2013：376.

政与教之事少”，为此，他提出“改科举之制”“办师范学堂”“区分专门之业”三点建议，尤其是强调开办师范学堂的意义，否则“教习非人也”。[①] 梁启超的观点得到军机大臣、总理衙门的认同与采纳，1898年颁布的《筹议京师大学堂章程》就明确要求各省所设学堂不能缺少义理之教。“夫中学体也，西学用也，两者相需，缺一不可，体用不备，安能成才。且既不讲义理，绝无根底，则浮慕西学，必无心得，只增习气。前者各学堂之不能成就人才，其弊皆由于此。”[②]很明显，这里要求学校处理好中学与西学、义理之学与技艺之学之间的关系，如果只重视其中一个方面，就难以实现使人成才的教育目标。

其实，要求学校处理好中学与西学、义理之学与技艺之学之间的关系，实质是对学校性质与教育功能的一种新认识，它突出学校传承社会文明的使命，把维护公共利益、实现公共价值确立为学校的价值取向。这里简要举两位教育家的观点以说明之。曾任中华民国教育部第一社会教育工作团团长的董渭川认为，国民学校是“文化中心”，“在大多数民众是文盲的社会里，文化水准既如此其低，而文化事业又如此贫乏，如果不赶紧在全国每一城乡都建立起大大小小的文化中心来，我们理想中的新国家到哪里去培植基础?”而这样的文化中心不可能凭空产生，“其数量最多、比较最普遍且最具教育功能者，舍国民学校当然找不出第二种设施。这便是非以国民学校为文化中心不可的理由”。[③] 类似的认识，也是陶行知推行乡村教育思想与实践的出发点。他希望乡村教育对个人和乡村产生深刻的变革，使村民自食其力和村政工作自有、自治、自享，实现乡村学校是“中国改造乡村生活之唯一可能的中心”的目标。[④]

可见，坚守学校的文化立场，是中国教师教育的一项传统。要推进当前教师教育改革，依然需要坚持和传承这一教育传统。就如习近平总书记所说：“办好中国的世界一流大学，必须有中国特色。……世界上不会有第二个哈佛、牛津、斯坦福、麻省理工、剑桥，但会有第一个北大、清华、浙大、复旦、南大等中国著名学府。我们要认真吸收世界上先进的办学治学经验，更要遵循教育规律，扎根中国大地办大学。”[⑤]扎根中国大地办大学，才能在人才培养中融入中国传统文化资源，培育具有家国情怀的优秀人才。

基于这样的考虑，我们提出把师范生培养成当代儒师，这符合中国国情与社会历史文化的发展要求。因为在中国百姓看来，“鸿儒”“儒师”是对有文化、有德行的知识分子的尊称。当然，我们提出把师范生培养成当代“儒师”，不是要求师范生做一名类似孔乙己那样的“学究”(当然孔乙己可否称得上“儒师”也是一个问题，我们在此只是做一个不怎么恰当的比喻)，而是着力挖掘历代鸿儒大师的优秀品质，将其作为师范生的学习资源与成长动力。

的确，传统中国社会“鸿儒”“儒师”身上蕴含的可贵品质，依然闪耀着光芒，对当前教师

---

① 梁启超.饮冰室合集·文集之一.北京:中华书局,1989:19-20.

② 朱有瓛.中国近代学制史料(第一辑·上册).上海:华东师范大学出版社,1983:602.

③ 董渭川.董渭川教育文存.北京:人民教育出版社,2007:127.

④ 顾明远,边守正.陶行知选集(第一卷).北京:教育科学出版社,2011:230.

⑤ 习近平.青年要自觉践行社会主义核心价值观.中国青年报,2014-05-05(01).

品质的塑造具有指导价值。正如董渭川对民国初年广大乡村区域学校不能替代私塾原因的分析，其认为私塾的“教师”不仅要教育进私塾学习的儿童，更应成为“社会的”教师，教师地位特别高，“在大家心目中是一个应该极端崇敬的了不起的人物。家中遇有解决不了的问题，凡需要以学问、以文字、以道德人望解决的问题，一概请教于老师，于是乎这位老师真正成了全家的老师”①。这就是说，“教师”的作用不只是影响受教育的学生，更是影响一县一城的风气。所以，我们对师范生提出学习儒师的要求，目标就是要求师范生成长为师德高尚、人格健全、学养深厚的优秀教师，由此也明确了培育儒师的教育要求。

一是塑造师范生的师德和师品。要把师范生培养成合格教师，面向师范生开展师德教育、学科知识教育、教育教学技能教育、实习实践教育等教育活动。这其中，提高师范生的师德修养是第一要务。正如陶行知所说，教育的真谛是千教万教教人求真、千学万学学做真人，因此他要求自己是“捧着一颗心来、不带半根草去”。

当然，对师范生开展师德教育，关键是使师范生能够自觉地把高尚的师德目标内化成自己的思想意识和观念，内化成个体的素养，变成自身的自觉行为。一旦教师把师德要求在日常生活的为人处世中体现出来，就反映了教师的品质与品位，这就是我们要倡导的师范生的人品要求。追求高尚的人格，涵养优秀的人品，是优秀教育人才的共同特征。不论是古代的圣哲孔子，朱熹、王阳明等一代鸿儒，还是后来的陶行知、晏阳初、陈鹤琴等现当代教育名人，在他们一生的教育实践中，始终保持崇高的人生信仰，恪守职责，爱生爱教，展示为师者的人格力量，是师范生学习与效仿的榜样。倡导师范生向着儒师目标努力，旨在要求师范生学习历代教育前辈的教育精神，培育其从事教育事业的职业志向，提升其贡献教育事业的职业境界。

二是实现师范生的中国文化认同。历代教育圣贤，高度认同中国文化，坚守中国立场。在学校教育处于全球化、文化多元化的背景下，更要强调师范生的中国文化认同。强调这一点，不是反对吸收多元文化资源，而是强调教师要自觉成为中华优秀传统文化的传播者，这就要求把中华优秀传统文化融入教师培养过程中。这种融入，一方面是从中华优秀传统文化宝库中寻找教育资源，用中华优秀传统文化资源教育师范生，使师范生接触和了解中华优秀传统文化，领会中国社会倡导与坚守的核心价值观，增强文化自信；另一方面是使师范生掌握中国传统文化、社会发展历史的知识，具备和学生沟通、交流的意识和能力。

三是塑造师范生的实践情怀。从孔子到活跃在当代基础教育界的优秀教师，他们成为优秀教师的最基本特点，便是一生没有离开过三尺讲台、没有离开过学生，换言之，他们是在“教育实践”中获得成长的。这既是优秀教师成长规律的体现，又是优秀教师关怀实践、关怀学生的教育情怀的体现。而且优秀教师的这种教育情怀，出发点不是“精致利己”，而是和教育报国、家国情怀密切联系在一起。特别是国家处于兴亡关键时期，一批批有识之士，虽手无寸铁，但是他们投身教育，或捐资办学，或开门授徒，以思想、观念、知识引领社会进步和国

① 董渭川.董渭川教育文存.北京：人民教育出版社，2007：132.

家强盛。比如浙江朴学大师孙诒让，作为清末参加科举考试的一介书生，看到中日甲午战争中清政府的无能，怀着“自强之原，莫先于兴学”的信念，回家乡捐资办学，首先办了瑞安算学馆，希望用现代科学拯救中国。

四是塑造师范生的教育性向。教育性向是师范生是否喜教、乐教、善教的个人特性的具体体现，是成为一名合格教师的最基本要求。教育工作是一项专业工作，这对教师的专业素养提出了严格要求。教师需要的专业素养，可以概括为很多条，说到底最基本的一条是教师能够和学生进行互动交流。因为教师的课堂教学工作，实质上就是和学生互动的实践过程。这既要求培养教师研究学生、认识学生、理解学生的能力，又要求培养教师对学生保持宽容的态度和人道的立场，成为纯净的、高尚的人，成为精神生活丰富的人，能够照亮学生心灵，促进学生的健康发展。

依据这四方面的要求，我们主张面向师范生开展培养儒师的教育实践，不是为了培养儒家意义上的“儒”师，而是要求师范生学习儒师的优秀品质，学习儒师的做人之德、育人之道、教人之方、成人之学，造就崇德、宽容、儒雅、端正、理智、进取的现代优秀教师。

做人之德。对德的认识、肯定与追求，在中国历代教育家身上体现得淋漓尽致。舍生取义，追求立德、立功、立言三不朽，这是传统知识分子的基本信念和人生价值取向。对当前教师来说，最值得学习的德之要素，是以仁义之心待人，以仁义之爱弘扬生命之价值。所以，要求师范生学习儒师、成为儒师，既要求师范生具有高尚的政治觉悟、思想修养、道德立场，又要求师范生具有宽厚的人道情怀，爱生如子，公道正派，实事求是，扬善惩恶。正如艾思奇为人，“天性淳厚，从来不见他刻薄过人，也从来不见他用坏心眼考虑过人，他总是拿好心对人，以厚道待人”[①]。

育人之道。历代教育贤哲都认为教育是一种“人文之道”“教化之道”，也就是强调教育要重视塑造人的德行、品格，提升人的自我修养。孔子就告诫学生学习是“为己之学”，意思是强调学习与个体自我完善的关系，并且强调个体的完善，不仅是要培育德行，而且是要丰富和完善人的精神世界。所以，孔子相信礼、乐、射、御、书、数等六艺课程是必要的，因为不论是乐，还是射、御，其目标不是让学生成为唱歌的人、射击的人、驾车的人，而是要从中领悟人的生存秘密，这就是追求人的和谐，包括人与周围世界的和谐、人自身的身心和谐，成为“自觉的人”。这个观点类似于康德所言教育的目的是使人成为人。但是，康德认为理性是教育基础，教育目标是培育人的实践理性。尼采说得更加清楚，认为优秀教师是一位兼具艺术家、哲学家、救世圣贤等身份的文化建树者。[②]

教人之方。优秀教师不仅学有所长、学有所专，而且教人有方。这是说，教师既懂得教育教学的科学，又懂得教育教学的艺术，做到教育的科学性和艺术性的统一。中国古代圣贤推崇悟与体验，正如孔子所说，“三人行，必有我师焉”，成为“我师”的前提，是“行”(“三人

---

① 董标，杜国庠.左翼文化运动的一位导师——以艾思奇为中心的考察//刘正伟.规训与书写：开放的教育史学.杭州：浙江大学出版社，2013：209.

② 李克寰.尼采的教育哲学——论作为艺术的教育.台北：桂冠图书股份有限公司，2011：50.

行”），也就是说，只有在人与人的相互交往中，才能有值得学习的资源。可见，这里强调人的“学”，依赖于参与、感悟与体验。这样的观点在后儒那里，变成格物致良知的功夫，以此达成转识成智的教育目标。不论怎样理解与阐释先贤圣哲的观点，都必须肯定这些思想家的教人之方的人文立场是清晰的，这对破解当下科技理性主导教育的思路是有启示的，也能为互联网时代教师存在的意义找到理由。

成人之学。学习是促进人成长的基本因素。互联网为学习者提供了寻找、发现、传播信息的技术手段，但是，要指导学生成为一名成功的学习者，教师更需要保持强劲的学习动力，提升持续学习的能力。而学习价值观是影响和支配教师持续学习、努力学习的深层次因素。对此，联合国教科文组织在研究报告《反思教育：向“全球共同利益”的理念转变?》中明确指出教师对待“学习”应坚持的价值取向：教师需要接受培训，学会促进学习、理解多样性，做到包容，培养与他人共存的能力及保护和改善环境的能力；教师必须营造尊重他人和安全的课堂环境，鼓励自尊和自主，并且运用多种多样的教学和辅导策略；教师必须与家长和社区进行有效的沟通；教师应与其他教师开展团队合作，维护学校的整体利益；教师应了解自己的学生及其家庭，并能够根据学生的具体情况施教；教师应能够选择适当的教学内容，并有效地利用这些内容来培养学生的能力；教师应运用技术和其他材料，以此作为促进学习的工具。联合国教科文组织的报告强调教师要促进学习，加强与家长和社区、团队的沟通及合作。其实，称得上是儒师的中国学者，都十分重视学习以及学习的意义。《礼记・学记》中说“玉不琢，不成器；人不学，不知道”；孔子也说自己是“十有五而志于学”，要求“学以载道”；孟子更说得明白，“得天下英才而教育之”是值得快乐的事。可见，对古代贤者来说，“学习”不仅仅是为掌握一些知识，获得某种职业，而是为了“寻道”“传道”“解惑”，为了明确人生方向。所以，倡导师范生学习儒师、成为儒师，目的是使师范生认真思考优秀学者关于学习与人生关系的态度和立场，唤醒心中的学习动机。

基于上述思考，我们把做人之德、育人之道、教人之方、成人之学确定为儒师教育的重点领域，为师范生成为合格乃至优秀教师标明方向。为此，我们积极推动将中华优秀传统文化融入教师教育的实践，取得了阶段性成果。一是开展“君子之风”教育和文明修身活动，提出了“育教师之四有素养、效圣贤之教育人生、展儒师之时代风范”的教师教育理念，为师范文化注入新的内涵。二是立足湖州文脉精华，挖掘区域文化资源，推进校本课程开发，例如“君子礼仪和大学生形象塑造”“跟孔子学做教师”等课程已建成校、院两级核心课程，成为将中华优秀传统文化融入教师教育的有效载体。三是把社区教育作为将中华优秀传统文化融入教师教育的重要渠道，建立“青柚空间”“三点半学堂”等师范生服务社区平台，这些平台成为师范生传播中华优秀传统文化和收获丰富、多样的社区教育资源的重要渠道。四是重视推动有助于将中华优秀传统文化融入教师教育的社团建设工作，例如建立胡瑗教育思想研究社团，聘任教育史专业教师担任社团指导教师，使师范生在参加专业的社团活动中获得成长。这些工作的深入开展，对向师范生开展中华优秀传统文化教育产生了积极作用，成为师范生认识国情、认识历史、认识社会的重要举措。而此次组织出版的“当代儒师培养书系”，正是学院教师对优秀教师培养实践理论探索的汇集，也是浙江省卓越教师培养协同创新中心浙北分中心、浙江省重点建设教师培养基地、浙江省高校“十三五”优势专业（小学教育）、湖州市重点学科（教育学）、湖州市人文社科研究基地（农村教育）、湖州师范学院重点学科（教育学）的研究成果。我们相信，该书系的出版，将有助于促进学院全面深化教师教育改革，进一步提升教师教育质量。我们更相信，将中华优秀传统文化融入教师培养全过程，构建先进的、富有中国烙印的教师教育文化，是历史和时代赋予教师教育机构的艰巨任务和光荣使命，值得教师教育机构持续探索、创新有为。

舒志定

2018 年 1 月 30 日于湖州师范学院

前　言

儿童是社会未来的代表。为儿童身心健康发展提供优质的教育资源，是一个引起全社会关注的现实课题。确保教育工作有助于儿童身心全面发展，避免违反儿童身心发展规律的“反教育”行为的出现，这不仅是全国1700多万名教育工作者的职责与使命，也是每一位社会成员需要高度重视的问题。组织开展优质、高效的儿童教育，前提是需要深入了解儿童、熟悉儿童、关心儿童、研究儿童。只有这样，才能确立正确的儿童教育观念，才能积极传播和弘扬科学、规范的儿童教育观念，为儿童身心健康发展提供合适的教育内容，创造能够使儿童愿意听、愿意学、愿意做的教育方法。这些工作是取得儿童教育效果、提升儿童教育质量的认识前提。

为此，我们回顾思想家对儿童教育问题的看法，旨在从多角度提供认识儿童、理解儿童的视野，为我们扎实有效地做好儿童教育工作提供思想资源。限于篇幅，本书的重点是对11位思想家的儿童教育观点进行梳理和分析。本书前十一章以思想家出生时间为序编排。第十二章介绍瑞吉欧儿童教育的理论与实践。这一章不同于前面十一章——瑞吉欧不是一位思想家，它是一个区域，在这个区域中产生的儿童教育思想与实践，对当前世界儿童教育影响很大。我们希望通过阅读与分享这些儿童教育理念与教育实践，为理解当前儿童教育寻找思路，也希望广大的教育工作者能够在这些教育理念的指引下去发现儿童、理解儿童、思考儿童、教育儿童，成为儿童生命发展中名副其实的良师益友。

本书的撰写，由我提出撰写计划，对每一章写作思路和写作要求做总体构思。此后在作者完成各章初稿之后，我又和作者多次交流沟通，提出较为详细的修改意见，最后对各章进行统稿和修改。各章写作分工如下：第一章曹瑾璇，第二章刘雅欣，第三章冯轲杰，第四章叶婷婷，第五章张璇，第六章朱旭梅，第七章周玉范，第八章秦星，第九章胡燕琴，第十章席江玲，第十一章李金磊，第十二章王丽华、周慧。

感谢我的同事给予的帮助和支持，使得本次研究与撰写工作得以顺利开展；感谢浙江大学出版社的支持和编辑老师的勤奋工作，使得本书能够顺利出版。本次研究与写作，是我们对儿童教育问题的一个历史回顾，期望回应当前儿童教育的需要。虽然思考还很浅陋、不成熟，但它是我们研究思想家教育思想的一次探索，是一个起点。我们相信能够由此走向下一个起点。

舒志定

2020年12月20日

Contents
目 录

第一章

王守仁的儿童教育

王守仁是明代著名的哲学家、军事家、政治家，创建心学，主张“知行合一”，其思想传至日本、朝鲜半岛、东南亚等地，堪称一代名儒。他结合从政、治学的感悟，在《答顾东桥书》《稽山书院尊经阁记》《训蒙大意示教读刘伯颂等》和《教约》等著作中阐述了对教育和人才培养问题的看法。梳理与分析他的教育见解，对推进当前教育改革构成重要意义。

作为影响深远的思想家，他对教育问题的论述内容非常广泛，包括教育哲学思想、道德教育思想、儿童教育思想、教育思想的区域影响，等等。这里重点讨论王守仁的儿童教育思想，通过对儿童教学法、儿童德育思想、儿童美育思想和儿童教育思想比较研究等内容的分析，阐述他的儿童教育思想哲学基础以及儿童教育的目的与任务、原则、内容、方法等的基本观点。

一、主要哲学观点

王守仁(1472—1529年),幼名云,字伯安,生于浙江余姚北城瑞云楼,系官宦家庭。据《明史・王守仁列传》记载:“父华,字德辉,成化十七年进士第一。授修撰。弘治中,累官学士、少詹事。华有器度,在讲幄最久,孝宗甚眷之。”

受祖父王伦和父亲王华的影响,他自幼学习儒家经典,探索程朱理学。王守仁21岁中乡试,28岁举进士。武宗正德元年(1506年),也是他35岁那年,因为上疏为戴铣辩冤而得罪宦官刘瑾,被贬谪为贵州龙场驿丞。正德五年(1510年),刘瑾伏诛,王守仁被提为京官,先后任南京刑部主事、考功郎中、南京太仆寺少卿、鸿胪寺卿等。正德十四年(1519年),他率兵平定宁王朱宸濠于江西南昌发动的叛乱。正德十六年(1521年),王守仁官升南京兵部尚书,受封“新建伯”。也因他曾筑室于绍兴阳明洞讲学,并创办阳明书院,故世人称他为“阳明先生”。

王守仁的思想远承孟轲,近接陆九渊。王守仁继承和发展了宋代哲学家陆九渊的学说,创立了与程朱理学异趣的“阳明学派”,亦称“姚江学派”“王学”。其学说以“反传统”的姿态出现,在明中叶以后广为流行,并传播到日本,对明治维新产生积极影响,后世赞他“立德、立功、立言其三不朽”。

王守仁在陆九渊“心学”思想的基础上,建立了更为完善的“心学”理论体系,提出了“心即理”“知行合一”“致良知”等影响深远的哲学命题,这也是他阐述儿童教育思想的理论基础。因此,要了解王守仁的儿童教育思想,需要理解他“心学”思想的主要观点。

(一)心即理

“心即理”是王守仁心学思想中的基本命题,构成他的心学思想展开的理论基石和逻辑起点。朱熹认为,“理”是外在于“心”的绝对存在,必须通过“格物”才能“致知”,先泛观博览而后归之简约,即由知识而到行为,人要先掌握道德知识,而后才会有道德行为。与此思想相径庭的陆九渊提出,“宇宙即是吾心,吾心即是真理”,且“人皆有是心,心皆具是理,心即理也”,这里所说的“心即理”,即心就是理,理就是心,两者异名同实。对此,王守仁就认为,“心之本体,即是天理”,且“学者,学此心也;求者,求此心也”[①]。在他看来,“心外无物,心外无理”,“天理”存于人的“心体”中,一切学问实践都必须反求于“心”。基于这样的认识,王守仁把它推至“教育”之中,认为“教育”是为了达到“正心”的目标,“教育”的关键就要探索“正心”的途径,只有解决了“心体”上的问题,才能达到“廓然大公”的境界。

① 王守仁.王阳明全集(第一册):答顾东桥书.杭州:浙江古籍出版社,2010:56.

(二)知行合一

"知行问题"曾被历代哲学家所关注、探讨，例如，孔子的"讷于言而敏于行"；墨子的"口言之，身必行之"；荀子的"知之不若行之"等。自宋儒以来，朱熹的"知先行后"思想盛行，社会普遍存在着"知而不行"的不良风气。正德四年(1509 年)，王守仁被聘为贵阳书院主讲，其间提出"知行合一"的论断。其中，"知"是指心体上的良知，主要是"德性之知"；"行"是指在"知"的思想活动过程和道德践行的外显行为。王守仁的"知行合一"思想，强调认知过程中"知"与"行"的统一性。他认为，"知者行之始，行者知之成。圣学只一个功夫，知行不可分作两事"[①]，不仅知中有行，行中有知，而且以知为行，知决定行。王守仁的"知行观"主要定位在伦理道德的框架内，即道德指引是道德行为的开始，符合道德标准的行为才是"良知"的实现。

(三)致良知

正德十六年(1521 年)，王守仁在白鹿洞书院集中讲学，首次提出了"致良知"这一核心命题，这标志着王守仁"心学"理论体系的最终形成。"人之所不学而能者，其良能也；所不虑而知者，其良知也"[②]，孟子所说的"良知"，是指天赋的道德本性，具体是指人的"恻隐之心""羞恶之心""辞让之心""是非之心"。王守仁借用了孟子"良知"一词的说法，认为"良知是天理之昭明灵觉处，故良知即是天理"[③]，且"是固所谓不虑而知，其良知也；不学而能，其良能也。孩提之童，无不知爱其亲者也"[④]。王守仁将"良知"推至"心之本体"的高度，并认为"良知"与生俱来，人人俱有，不分圣愚，不会泯灭，但它在与外物接触的过程中，会被物欲、邪念所蒙蔽。因此，教育就是"致良知""学以去其昏蔽"的过程，需要经由教育的有效途径，来使人养成高尚的道德与情感。

二、儿童教育目的

王守仁历经了明代宪宗成化、孝宗弘治、武宗正德、世宗嘉靖四位帝王的统治时代，这正是明王朝由盛转衰的转折时期。王守仁极其坎坷的从政生涯和丰富的讲学经验，使他意识到"士风之衰薄""学术之不明"的社会现状。于是，他从"致良知"的心学理论出发，认为儿童时期的"良知"所受的蒙蔽最少，教育应从儿童时期抓起，希望能通过"蒙以养正"，达到"明人伦""变士风"的目的。

把"明人伦"作为教育的目的，是我国古代儒家的教育传统。孟子就认为"设为庠序学校

---

① 王守仁. 王阳明全集(第一册)：传习录上. 杭州：浙江古籍出版社，2010：14.

② 朱熹. 四书章句集注：尽心章句上. 杭州：浙江古籍出版社，2014：276.

③ 王守仁. 王阳明全集(第一册)：答欧阳崇一. 杭州：浙江古籍出版社，2010：78.

④ 王守仁. 王阳明全集(第一册)：万松书院记. 杭州：浙江古籍出版社，2010：270.

以教之……夏曰校,殷曰序,周曰庠,学则三代共之,皆所以明人伦也。人伦明于上,小民亲于下"[①]。他认为,教育的目的是"明人伦",上层贵族明确了人伦关系,下层百姓则会亲附效仿。朱熹认为,"古之圣王,设为学校,以教天下之人……必皆有以去其气质之偏,物欲之蔽,以复其性,以尽其伦而后已焉",且"父子有亲,君臣有义,夫妇有别,长幼有序,朋友有信,此人之大伦也。庠序学校,皆以明此而已"[②]。由此看出,朱熹同样主张教育的目的是"明人伦"。所谓"明人伦",就是要明白处理人际关系的基本准则。

王守仁继承并发扬了这一传统教育目的论。他认为,"古圣贤之学,明伦而已"[③],且"是明伦之学,孩提之童亦无不能,而及其至也,虽圣人有所不能尽也"[④]。虽然穷尽"明伦之学"十分困难,但是儿童可以通过学习不断地取得进步。此外,王守仁所说的儿童时期的"明人伦"教育,并不是把伦常之理灌输给儿童,而是把唤起儿童本心内已有的"良知"作为教育重点,也就是说,通过"致良知"以达到"明人伦"的教育目的,从而使其为善,养成良好的道德品质与行为习惯。

要达到"明人伦"的教育目的并不容易。王守仁指出要使教育完成"明人伦"的目的,就要避免把教育变成只会"背书本知识"的"知识"教育:"古之教者,教以人伦。后世记诵词章之习起,而先王之教亡。"[⑤]这就是说,随着学习、记诵词章之风的兴起,不重视"明人伦"的教育目的。对此,王阳明批评儿童教育中重智轻德的现象,并从"明人伦"的教育目的出发,提出"今教童子,惟当以孝、弟、忠、信、礼、义、廉、耻为专务"[⑥],且"学校之中,惟以成德为事"[⑦],学校应专心致力于"孝、弟、忠、信、礼、义、廉、耻"的教育工作,将德育置于儿童教育的首位,实现"蒙以养正"之功。在这一点上,王守仁的思想与正统理学并无不同,充分体现了儒家知识分子的修身、齐家、治国、平天下的情怀。

三、儿童教育原则

王守仁将儿童顽鄙、庸劣的行为,归因于儿童教育的失败。他认为视学校为监狱、视先生为寇仇的教育现象理应规避,并主张教育儿童,首先要顺应儿童身心发展的特点,尊重儿童个性,激发儿童乐学情趣;其次要"随人分限所及",须做到因材施教、循序渐进;最后要保持儿童学有余力,精熟掌握课本知识。

(一)顺应性情,鼓舞兴趣

王守仁认为,"大抵童子之情,乐嬉游而惮拘检,如草木之始萌芽,舒畅之则条达,摧挠之

①② 朱熹.四书章句集注:滕文公章句上.杭州:浙江古籍出版社,2014:200.

③④ 王守仁.王阳明全集(第一册):万松书院记.杭州:浙江古籍出版社,2010:269,270.

⑤⑥ 王守仁.王阳明全集(第一册):训蒙大意示教读刘伯颂等.杭州:浙江古籍出版社,2010:95.

⑦ 王守仁.王阳明全集(第一册):答顾东桥书.杭州:浙江古籍出版社,2010:59.

则衰痿。今教童子，必使其趋向鼓舞，中心喜悦，则其进自不能已”[①]。一般来说，喜欢嬉戏玩耍而害怕被约束是儿童的天性。教育儿童，一定要顺应他们的性情，符合他们身心发展的规律和特点，另加之鼓励，儿童的内心便会感到欢快与喜悦，自然会取得不断进步。这就如同刚开始发芽的草木，需要自由畅快的生长环境，利于迅速发育，枝繁叶茂。

反之，“若近世之训蒙稚者，日惟督以句读课仿，责其检束，而不知导之以礼；求其聪明，而不知养之以善，鞭挞绳缚，若待拘囚”[②]。王守仁认为，如果教师只是督促学生读书、写字，不知道使用“礼仪之方”加以引导；只希望他们变得更加聪明，却不懂得使用“善德之法”加以培养，这可能会导致“彼视学舍如囹狱而不肯人，视师长如寇仇而不欲见，窥避掩覆以遂其嬉游，设诈饰诡以肆其顽鄙”[③]。久而久之，在逆反心理的作用下，儿童可能会常常借故逃学，肆无忌惮地参加各种顽劣的活动，变得“偷薄庸劣，日趋下流”。

王守仁的这一教育思想，与儒家沿传已久的“乐学”思想大抵相同，我国古代教育家们早就关注学习者学习状态与学习结果之间的内在联系。比如《学记》就提到“知之者不如好之者，好知者不如乐知者”。王守仁认为，“乐学”的“乐”是“本心之乐”，“虽不同于七情之乐，而亦不外于七情之乐”[④]。实质上，两者都是希望通过激发儿童学习的内驱力、兴趣与意志力，来促进儿童的学习效果。

(二)因材施教，随人分限

“因材施教”思想最早是由孔子提出的，历经千余年，演进成为儒家教学中的重要原则。王守仁对“因材施教”思想进行了新的继承与发展，他提出“我辈致知，只是各随分限所及……与人论学，亦须随人分限所及”[⑤]，人的资质不同，施教不可躐等。王守仁的“随人分限所及”教育思想，包括两层含义：其一，教育不同的儿童，要因材施教，因人而异；其二，教育同一个儿童，要循序渐进，量力而行。

首先，要承认儿童的差异是客观存在的事实。“三子譬如射：一能步箭，一能马箭，一能远箭；他射得到，俱谓之力，中处俱可谓之巧。但步不能马，马不能远，各有所长，便是才力分限有不同处”[⑥]。在王守仁看来，儿童存在着个体间的差异，天资禀赋也不尽相同。这就如同三人练习射箭，一个人能在行走时射箭，一个人能在骑马时射箭，一个人能远距离射箭。如都能射中目标，三人皆可称之为有“力”，如都能射中目标，三人皆可称之为有“巧”。但是，能步行射箭的人不会骑马射箭，能骑马射箭的人不会远距离射箭，这就叫三人各有所长。因此，教育儿童也要懂得因材施教，因人而异，通过教育来发展儿童的天赋，保护儿童的个性，坚决反对用统一固定的模式束缚儿童。

其次，要以尊重儿童差异为前提开展教育活动。王守仁继承了孟子“盈科而进”，以及

---

①②③　王守仁.王阳明全集(第一册)：训蒙大意示教读刘伯颂等.杭州：浙江古籍出版社，2010：95，96.

④　王守仁.王阳明全集(第一册)：答陆元静书.杭州：浙江古籍出版社，2010：76.

⑤　王守仁.王阳明全集(第一册)：门人黄直录.杭州：浙江古籍出版社，2010：106.

⑥　王守仁.王阳明全集(第一册)：以下钱德洪录.杭州：浙江古籍出版社，2010：121.

《学记》中所倡导的循序渐进的教学思想。他指出儿童教育，无论是教学内容的安排，还是教学方法的选择，教师都必须充分研究、高度关注每一位儿童不断变化的生理和心理特点，以及他们现有的认知水平和接受能力。王守仁将这种学习过程比作植物的生长过程，认为“如树有这些萌芽，只把这些水去灌溉，萌芽再长，便又加水，自拱把以至合抱，灌溉之功皆是随其分限所及，若些小萌芽，有一桶水在，尽要倾上，便浸坏他了”[①]。植物在生长过程中，需要浇灌多少水，施多少肥料，不能从一般的抽象概念出发，要根据每一株植物的具体生长情况而定；过量的浇水、施肥，不仅无益于植物的生长，而且会将其摧残，教授儿童亦是如此。

（三）学有余力，贵在精熟

在当时，由于受到科举取士制度的束缚，中国封建保守的教育理论观点仍居上风。虽然很多人已经意识到高强度、大负荷的学习方式有诸多弊病，但是“书读百遍，其义自见”的思想盛行。王守仁意识到，“凡授书不在徒多，但贵精熟。量其资禀，能二百字者，止可授以一百字。常使精神力量有余，则无厌苦之患，而有自得之美”[②]。换言之，教师授书不在于数量多少，而贵在精熟与否。依据儿童的资质，能学两百字的只教他一百字，让儿童常常保持着富足有余的精力。这样一来，儿童就不会因为辛苦而讨厌学习，相反会因轻松掌握知识而保持对学习的兴趣。

王守仁提出“学有余力，贵在精熟”，目的是让儿童能浸入在宽松、愉快的氛围中学习。当前，减负提质是我国基础教育改革的重要任务之一，这一措举正是“学有余力，贵在精熟”的教育思想在当今社会中的现实应用。减负是减少学生繁重的学业负担，使得“学有余力”的学生留有时间，培养其他方面的兴趣爱好；学力不足的学生留有精力勤加练习，精熟掌握基础的课本知识。另外，王守仁提出的这一系列的教育思想，与法国启蒙思想家和教育家卢梭主张的顺应儿童天性的自然教育观，有许多会通之处，但这比名著《爱弥尔》的出版早了 200 多年。

四、儿童教育内容

“学校之中，惟以成德为事，而才能之异或有长于礼乐，长于政教，长于水土播植者，则就其成德，而因使益精其能于学校之中”[③]，王守仁认为，学校不仅要重视儿童的道德教育，而且要重视儿童才能的培养。凡是有助于“求其心者”，都可以作为教学内容，例如读经、洗礼、写字、弹琴、习射等。其中，考德、歌诗、习礼和读书应设为最重要的教学内容，其目的是培养儿童的意志，调理他们的性情，在潜移默化中消除鄙吝，化除粗顽，使得儿童“渐于礼义而不苦其难，入于中和而不知其故”，在德育、智育、体育和美育诸方面都能得到发展。

---

① 王守仁. 王阳明全集(第一册)：门人黄直录. 杭州：浙江古籍出版社，2010：106.

② 王守仁. 王阳明全集(第一册)：教约. 杭州：浙江古籍出版社，2010：97.

③ 王守仁. 王阳明全集(第一册)：答顾东桥书. 杭州：浙江古籍出版社，2010：59.

(一)考德

从“致良知”的逻辑起点出发，王守仁思想中的外在伦理道德，不应是异己的约束力量，而是融入个人道德意识中的内在驱动力。王守仁强调，儿童教育“惟当以孝、弟、忠、信、礼、义、廉、耻为专务”①，道德教育必须放在儿童教育的首位。为此，一方面，王守仁要求各童生之家“务在隆师重道，教训子弟，毋得因仍旧染。习为偷薄，自取愆咎”②；另一方面，王守仁强调要“视童蒙如己子，以启迪为家事，不但训饬其子弟，亦复化喻其父兄，不但勤劳于诗礼章句之间，尤在致力于德行心术之本”③。家庭教育与学校教育联手，让儿童较为完整地浸入在道德教育氛围中。

正德十三年(1518年)，王守仁之子王正宪时年十一岁，正值切须教训之时。王守仁效力朝廷，无暇管教，趁叔父回家之便，随带一纸家训——《示宪儿》捎至王正宪，以表达对儿子的殷切关爱和教诲之心。文中可见，王守仁对儿童教育以“孝、弟、忠、信、礼、义、廉、耻”之切，而不以富贵、达利、肥家为事。具体内容如下：

> 幼儿曹，听教诲：勤读书，要孝弟；学谦恭，循礼义；节饮食，戒游戏；毋说谎，毋贪利；毋任情，毋斗气；毋责人，但自治。能下人，是有志；能容人，是大器。凡做人，在心地；心地好，是良士；心地恶，是凶类。譬树果，心是蒂；蒂若坏，果必坠。吾教汝，全在是。汝谛听，勿轻弃。

此外，王守仁强调，儿童德育须注重开发儿童的主动性，培养儿童的自觉性，以避免用知识灌输的形式达到规范儿童道德行为的目标。他规定，每日清晨，在学生揖让行礼之后，教师须依次对学生“考德”，询问学生“在家所以爱亲敬长之心，得无懈忽，未能真切否？温凊定省之仪，得无亏缺，未能实践否？往来街衢，步趋礼节，得无放荡，未能谨饰否？一应言行心术，得无欺妄非僻，未能忠信笃敬否”④。教师通过提问的方式，引导儿童反思自己在过去一天的行为举止，对其不良行为及时加以制止与纠正。

(二)歌诗

在我国古代教育思想宝库中，有许多优秀经验值得借鉴和发扬，其中就包括诗歌教育。传统的学塾会让学生颂读大量的诗，适于学童诵读的古诗选本流行极广，童蒙教材也多用诗的语言写成，如《三字经》《百家姓》《千家诗》及《弟子规》等。诗歌教育不仅能传授儿童具体的知识，而且儿童在诵读时，能体味出音乐的美感和浓郁的快感，这有助于激发儿童的想象

---

① 王守仁．王阳明全集(第一册)：训蒙大意示教读刘伯颂等．杭州：浙江古籍出版社，2010：95.

② 王守仁．王阳明全集(第二册)：兴举社学牌．杭州：浙江古籍出版社，2010：640.

③ 王守仁．王阳明全集(第二册)：颁行社学教条．杭州：浙江古籍出版社，2010：647.

④ 王守仁．王阳明全集(第一册)：教约．杭州：浙江古籍出版社，2010：96.

力，陶冶他们的情操。王守仁非常重视诗教，上文提到王守仁家训——《示宪儿》一文，就是以三字诗为载体，其语言通俗易懂，音调和谐押韵，读来朗朗上口。

王守仁自身也是一位才华横溢的诗人，年少便会作诗，现存诗歌多达 600 余首。据《年谱》记载，成化十七年(1481 年)，王守仁父亲王华高中状元，任职京师，王华遣人接王守仁祖父王伦和王守仁进京。途经镇江时，祖父王伦受友人邀请于金山寺赏景，11 岁的王守仁即兴赋诗一首："金山一点大如拳，打破维扬水底天。醉倚妙高台上月，玉箫吹彻洞龙眠。"四座皆惊，啧啧称奇。随后，王守仁又以《蔽月山房》为题吟出一首抒情且富有哲理的诗："山近月远觉月小，便道此山大于月。若人有眼大如天，当见山高月更阔。"此外，王守仁的著名诗作还有《哭象棋》《咏良知四首》《示诸生》等。

王守仁重视诗作的一个重要原因，是他认为"故凡诱之歌诗者，非但发其志意而已，亦以泄其跳号呼啸于咏歌，宣其幽抑结滞于音节也"[①]。换言之，对儿童诱以歌诗，不仅能激发儿童的意志，而且能使儿童情感得到正当宣泄，有助于消除他们内心忧闷和烦恼，使其"精神宣畅，心气和平"。所以，他极力主张儿童教育中要发挥"歌诗"的作用，"歌诗"能够成为实现道德教化的主要手段。

此外，王守仁对"歌诗"还做出具体的规定，要求儿童做到"整容定气，清朗其声音，均审其节调；毋躁而急，毋荡而嚣，毋馁而慑。"[②]王守仁认为，儿童的仪态与心气是影响"歌诗"的两个重要因素，儿童在"歌诗"之前需要整理仪态，调整心气；"歌诗"之时需要清理喉咙，推敲诗歌的音节韵调，"歌诗"的声音要明朗，节奏要匀称，不急不躁，不因畏难而气馁。

(三)习礼

童蒙习礼具有悠久的历史，据《礼记·少仪》记载："尊长于己逾等，不敢问其年。燕见不将命。遇于道，见则面，不请所之。丧俟事，不犆吊……不角，不擢马。"《管子·弟子职》中也有儿童习礼的相关记载，但这一传统主要延续于贵族家庭中。宋朝以来，"以礼化俗"成为治国平天下的首务，原先贵族、士大夫之家所行礼仪渗透于民间，开始了礼仪的"庶民化"时代。童子习礼也是其主要手段之一，通过教授儿童礼仪知识，培养儿童的良好品德和行为习惯，使"礼"进入民众的生活，从而达到"化民成俗"的目的。

王守仁从 34 岁起，开始授徒讲学，直至去世，其门徒遍布天下。他所到之处，讲学活动不断，并要求各地建学校、设乡馆，选任"学术明正，行止端方者"为先生，各地官府须给予支持，且"量行支给薪米，以资勤苦""优其礼待，以示崇劝"[③]。其目的是将儒学的礼教文化根植于民间教育之中，从而达到"化民成俗"。当时，王守仁社学礼教在赣南地区影响极大，后来成为其他地区社学礼教的范本。例如，邹守益(1491—1562 年)流谪安徽广德时，仿照王守仁教法，率诸生及童子习礼于学；王宗沐(1524—1592 年)任广西督学时，推行王守仁的社学

---

① 王守仁. 王阳明全集(第一册)：训蒙大意示教读刘伯颂等. 杭州：浙江古籍出版社，2010：95.

② 王守仁. 王阳明全集(第一册)：教约. 杭州：浙江古籍出版社，2010：97.

③ 王守仁. 王阳明全集(第二册)：兴举社学牌. 杭州：浙江古籍出版社，2010：640.

礼教，同时采用王守仁的习礼方法。

“导之习礼者，非但肃其威仪而已，亦所以周旋揖让而动荡其血脉，拜起屈伸而固束其筋骸也。”[①]在王守仁看来，儿童习礼，不仅有利于儿童养成威严的仪容和仪表，而且通过练习“周旋揖让”“拜起屈伸”等礼仪动作，有助于儿童锻炼身体、增强体质。此外，王守仁对“导之习礼”做了具体的规定，要求儿童习礼之时，必须做到“澄心肃虑”“从容而不失之迂缓，修谨而不失之拘局”[②]，老师须在一旁认真观察儿童习礼的细节，审查儿童的容貌举止。久而久之，儿童便会养成“体貌习熟，德性坚定”的品性。

(四)读书

圣贤读书自与常人不同，王守仁读书志在圣贤。他 11 岁在京师读书时，尝问塾师：“何为第一等事?”塾师回道：“惟读书登第耳。”王守仁对此并不认同，他认为“登第恐未为第一等事，或读书学圣贤耳”。如何“读书学圣贤”？则先立“为圣人之志”“学本于立志，志立而学问之功已过半矣”[③]。王守仁于戎马生涯之际，仍不忘教导子弟“读书敦行，是所至嘱”[④]，且“读书执礼，日进高明，乃吾之望”[⑤]。他希望子弟能够读书明理上进，但对于科举之事，他既不阻拦，也不强求，认为“科第之事，吾岂敢必于汝，得汝立志向上，则亦有足喜也”[⑥]，并且“一切举业功名等事皆非所望，但惟教之以孝弟而已”[⑦]，切勿本末倒置。

“读书”是开启儿童智慧之门的主要方式，王守仁主张，“讽之读书者，非但开其知觉而已，亦所以沉潜反复而存其心，抑扬讽诵以宣其志也”[⑧]。其中，“存其心”是指儿童在对书本知识进行理解、推敲玩味的过程中，能够逐渐地养成沉静思考的习惯；“宣其志”是指儿童在讽诵书籍中的名言佳句时，能够表达自己的心志。王守仁这一主张，实质上是希望寓德育于智育中，儿童在接受知识、增长智力的同时，人格也能够逐渐地形成与完善。此外，王守仁对“讽之读书”做出具体的规定，除了要求学生学有余力，精熟掌握学习内容以外，还要求学生在诵读时，做到“专心一志，口诵心惟，字字句句，细绎反覆，抑扬其音节，宽虚其心意”[⑨]。

王守仁的“读书”之道，可划分成记得、晓得、明得三重境界。背诵经典是读好书的前提，此为第一境界；经过背诵阶段后，就无须刻意地强记书本知识，而是需要用心去揣摩与理解，因为强记知识会妨碍人与书本的对话，学生心中如有挂碍，就无法与圣贤之道相印证，故以无心之心读书，此为第二境界；据《传习录》记载：“只要晓得，如何要记得？要晓得已是落第二义了，只要明得自家本体。若徒要记得，便不晓得；若徒要晓得，便明不得自家

---

①⑧ 王守仁．王阳明全集(第一册)：训蒙大意示教读刘伯颂等．杭州：浙江古籍出版社，2010：96.

②⑨ 王守仁．王阳明全集(第一册)：教约．杭州：浙江古籍出版社，2010：97.

③ 王守仁．王阳明全集(第三册)：与克彰太叔．杭州：浙江古籍出版社，2010：1032.

④⑤⑥ 王守仁．王阳明全集(第三册)：寄正宪男手墨二卷．杭州：浙江古籍出版社，2010：1038，1041.

⑦ 王守仁．王阳明全集(第三册)：又与克彰太叔．杭州：浙江古籍出版社，2010：1037.

的本体。”故读书以发明本心，此为第三境界，此境界是要求学生读书自得于心，使得自心的本体光明。

五、儿童教育方法

“其栽培涵养之方，则宜诱之歌诗以发其志意，导之习礼以肃其威仪，讽之读书以开其知觉”①，王守仁用“诱”“导”和“讽”的教育方法，代替了传统的“督”“责”和“罚”的教育方法。除此以外，他还提倡采用分班教学，相互观摩；问答讨论，点化启发；动静结合，体脑并用等方法。这一系列的教育主张，主要阐发在《教约》一文中。

(一)分班教学，相互观摩

班级授课制起源于16世纪的欧洲，广泛兴起于17世纪乌克兰兄弟会学校。1632年，捷克教育家夸美纽斯的《大教学论》出版，标志着班级授课制的理论构建完成。实则早在100多年前，王守仁就针对古代的个别教学，提出了分班教学、相互观摩的方式，并且无论学生多寡，都要求分成四个班。下文是王守仁规定儿童“歌诗”“习礼”的具体方式。

> “每学量童生多寡，分为四班，每日轮一班歌诗；其余皆就席，敛容肃听。每五日则总四班递歌于本学。每朔望，集各学会歌于书院……童生班次，皆如歌诗。每间一日，则轮一班习礼。其余皆就席，敛容肃观。习礼之日，免其课仿。每十日则总四班递习于本学。每朔望，则集各学会习于书院”②。

王守仁提出的分班教学、相互观摩的教学方法，是将课堂教学和课外活动有机地结合起来。分班教学使教师的教学更有针对性，相互观摩的方式则能培养学生的竞赛意识。这样既能调动儿童的学习积极性，发挥儿童的主观能动性，又能满足儿童的好奇心与求知欲，促进学生相互学习和进步。

(二)问答讨论，点化启发

王守仁十分重视教与学之间的互动，主要体现在问答、讨论上。王守仁的《传习录》，就主要记载了王守仁与其门人的问答与讨论。每当弟子极少提问时，王守仁便会指出：“诸公近见时少疑问，何也？”王守仁告诫他们辩论愈详，义理愈明。由此他对弟子提出的问题，解答深入浅出，深入弟子的日常生活。

---

① 王守仁.王阳明全集(第一册)：训蒙大意示教读刘伯颂等.杭州：浙江古籍出版社，2010：95.

② 王守仁.王阳明全集(第一册)：教约.杭州：浙江古籍出版社，2010：97.

王守仁要求塾师每日清晨，在学生互相揖让行礼后，依次向每位学生提问。塾师所提问题大多是和道德礼节有关，例如："在家所以爱亲敬长之心，得无懈忽，未能真切否？温凊定省之仪，得无亏缺，未能实践否？往来街衢，步趋礼节，得无放荡，未能谨饰否？一应言行心术，得无欺妄非僻，未能忠信笃敬否"[①]等。每位学生须如实回答，有则改之，无则加勉。教师也要及时、委婉地教导和启发学生。随后，学生回到各自座位上学习与反思。

这种问答讨论的教育方法，其目的一是加深教师对学生的了解，进而做到随人分限，因材施教；二是通过教师对学生的点化与启发，使学生内化书本知识，加强自我反思，规范日常行为；三是增进师生间的感情，使学生更为愉悦地、主动地接受知识。

（三）动静结合，体脑并用

为了使儿童能够有步骤、有条理地接受多方面的教育，王守仁拟定了一份详细的日课表，规定"每日工夫，先考德，次背书诵书，次习礼，或作课仿，次复诵书讲书，次歌诗"[②]，除了前文提到的"考德""歌诗""习礼"和"读书"等教学内容外，王守仁还增加了"课仿"内容，教学内容相当全面。从课表来看，背书、诵书安排在清晨，意在谋求记忆之效；经过一段时间脑力劳动后，安排"习礼"或"课仿"，"习礼"可以通过"揖让叩拜"等动作活动血脉与筋骨，"课仿"即课业练习，可以缓解大脑的疲劳；稍做休息后，教师接续讲授功课，等到儿童渐进疲惫时，转入全天最后一项——自行"歌诗"。其中，习礼和作课间隔一天交叉进行。

这份日课表充分展现了王守仁在教育上的智慧，教学设计打破了传统的教学模式，与现代课程的编排颇多相通之处。王守仁把教学过程分成三个环节，分别是复习检查、巩固准备和讲授新课，这是在教育大家孔子所倡导的温故知新的教学原则基础上的进一步深化。王守仁"动静结合，体脑并用"的教学安排，极大否定了程朱理学所倡导的"半日静坐、半日读书"的教育思想，既考虑学科内容的安排，又考虑学科设置的节奏，更兼顾了儿童身心发展的特点。

六、评论及其启示

王守仁是心学之集大成者，他认为世界上的一切事物都是"心"的产物，其儿童教育思想也是在他的"心学"理论体系的基础上形成和发展起来的。"致良知"是儿童教育思想的哲学基础，"知行合一"是儿童教育的基本方法。因此，他的儿童教育思想不可避免地会带有唯心主义色彩。

受时代的局限，他的儿童教育内容，不外乎德、诗、书和礼等。但是，他反对"小大人式"的传统儿童教育方法和粗暴的体罚教育手段，要求顺应儿童性情，根据儿童的接受能力施

---

①② 王守仁．王阳明全集（第一册）：教约．杭州：浙江古籍出版社，2010：96，97．

教，教学内容不偏一执等思想，实在是难能可贵、大异于前人的。其中不少教育主张与当代所倡导的教育思想不谋而合，这无疑是中国古代教育思想史上的一大进步。我们在学习王守仁儿童教育思想的同时，摈弃其中不适合当今社会发展的内容，取其精华为我国当今社会的儿童教育服务。

(一)让儿童真正成为教育活动的主体

王守仁的儿童教育思想最大的亮点之一在于，强调了儿童教育应符合儿童身心发展的特点，顺应儿童的性情。日本教育家小原国芳也认为，“真正的学校应该是这样的学校：把孩子当作孩子来尊重，使他们在身体方面、精神方面都得到发展，具有将来能够作为一个真正的大人、作为一个真正的人生存下去的素质。”[①]儿童期的学生不能对自己做出独立的判断与评价，但是，随着儿童知识的积累和技能的提高，主体意识会越来越强，这时就成为培养儿童和增强儿童能力的关键时期。如果在儿童期，学生的主体性地位被忽略，教师一味地给学生灌输大量的知识，久而久之必会导致学生思维的僵化。因此，教师在实施教育活动时，要重视发挥儿童的主体作用。

一是要创造条件让儿童在教育活动中感到愉快。儿童期，是人生不可逆的一个重要时期。王守仁认为，喜欢嬉戏玩耍而害怕被约束是儿童的天性，教育儿童，一定要让儿童的内心感到欢快与喜悦。儿童只有感受到愉快，才会主动、积极地参与，在参与中才能展示儿童的主体地位。

二是要注意教师和儿童的对话、交往方式。儿童期的教育，将会为人一生的学习活动奠定基础。尊重儿童内在的精神世界，参与儿童外在的文化活动，是儿童成功教育的一个重要前提。因此，在这个时期，教师应该把儿童从机械重复的练习中解放出来，打破传统的“你教我学”的教学模式，通过丰富多彩的活动，使儿童从被动的接受性学习转变为主动的探索性学习。

(二)在实践中培养儿童品德

王守仁继承了儒家传统，十分重视道德教育。他提出了以“明人伦”为目的的儿童教育观，虽然目的是维护封建道德伦理关系，巩固封建地主阶级统治，但在某种程度上，培养了儿童的封建道德品质，塑造了儿童的理想人格。王守仁认为，儿童只有从小明白人伦准则、处世之道，长大后才能在立身处世、待人接物上符合封建道德的标准与要求。王守仁的儿童道德教育不是一味地说教，而是打破了德性与德行的隔阂，提倡在实践中培养儿童的美好品德，让儿童在日常生活中感知道德的力量。

我国正处在社会转型时期，伴随着经济发展的同时，人们的思想道德领域也不断受到冲击。现阶段的学校教育中，道德教育仍然以灌输道德知识为主，缺少将道德知识付诸道德实

---

① 小原国芳.小原国芳教育论著选.北京：人民教育出版社，1993：316.

践的教育，未能实现“知”与“行”的有效统一。我们应该借鉴王守仁的儿童德育思想，重视道德教育在儿童教育中的重要地位，并将学校、家庭以及社会紧密配合起来，形成合力共同促进学生形成良好的品德，构建健全的人格。学校可以建立切实可行的道德考核体系，教师应引导学生在关注现实生活的基础上，对现实的生活世界进行反思，培养学生追寻美好生活的德性品格。此外，我们应当对道德教育中存在的“知”与“行”分离的教育方式进行改革，以适应弘扬时代精神和落实素质教育的潮流。

(三)重视儿童教育内容的全面性

培养德智体美劳全面发展的一代新人，是我国教育的基本目的，也是社会主义现代化事业发展的需要。但是，长期以来，许多学校片面追求升学率，重智育轻德育、重成绩轻体育、重知识灌输轻实践活动的现象层出不穷。有些家长更是认同学校的做法，认为提高学生考试成绩是关键，严重忽视了学生综合素质的提升。就此，全面发展教育的目标根本无法实现。王守仁儿童教育的内容包括“考德”“歌诗”“读书”和“习礼”等方面，即当今学校教育中提倡的德育、美育、智育和体育等。在当时社会，王守仁提出的这些儿童教育的内容是弥足珍贵的。

现代学校是人类文明的产物，它应该培养大量的德智体美劳全面发展的社会性人才。当然，实现学生全面发展的目标，是一项十分复杂的系统工程，其中涉及教育思想观念的转变、师资队伍素质的提升、校园文化的建设以及社会各界的支持与配合等。但无论如何，教育行政管理部门以及学校应该从全人化教育的理念出发，教师应该在教学过程中对学生进行积极引导，创造条件让每一位学生的潜能都能得到充分发展。

王守仁的儿童教育思想在我国教育史上有着举足轻重的地位，同时也是世界教育史的重要组成部分之一，其中蕴含了许多宝贵的教育理念与实践。儿童教育关系着民族的未来与希望，改革开放至今，我国的基础教育取得了长足的发展，但其中也存在不少问题。生活于明朝的教育大家王守仁已经认识到社会教育、学校教育以及家庭教育对儿童成长的重要性，并提出了诸多教育主张，我们应该积极汲取王守仁儿童教育思想的精华之处，为我国社会主义教育事业添砖加瓦。

附录：

训蒙大意示教读刘伯颂等

古之教者，教以人伦。后世记诵词章之习起，而先王之教亡。今教童子，惟当以孝、弟、忠、信、礼、义、廉、耻为专务。其栽培涵养之方，则宜诱之歌诗以发其志意，导之习礼以肃其威仪，讽之读书以开其知觉。今人往往以歌诗习礼为不切时务，此皆末俗庸鄙之见，乌足以知古人立教之意哉！

大抵童子之情，乐嬉游而惮拘检，如草木之始萌芽，舒畅之则条达，摧挠之则衰痿。今教童子，必使其趋向鼓舞，中心喜悦，则其进自不能已。譬之时雨春风，沾被卉木，莫不萌动发越，自然日长月化；若冰霜剥落，则生意萧索，日就枯槁矣。故凡诱之歌诗者，非但发其志意而已，亦以泄其跳号呼啸于咏歌，宣其幽抑结滞于音节也；导之习礼者，非但肃其威仪而已，亦所以周旋揖让而动荡其血脉，拜起屈伸而固束其筋骸也；讽之读书者，非但开其知觉而已，亦所以沉潜反复而存其心，抑扬讽诵以宣其志也。凡此皆所以顺导其志意；调理其性情，潜消其鄙吝，默化其粗顽，日使之渐于礼义而不苦其难，入于中和而不知其故。是盖先王立教之微意也。

若近世之训蒙稚者，日惟督以句读课仿，责其检束，而不知导之以礼；求其聪明，而不知养之以善；鞭挞绳缚，若持拘囚。彼视学舍如囹狱而不肯入，视师长如寇雠而不欲见，窥避掩覆以遂其嬉游，设诈饰诡以肆其顽鄙，偷薄庸劣，日趋下流。是盖驱之于恶而求其为善也，何可得乎？

凡吾所以教，其意实在于此。恐时俗不察，视以为迂，且吾亦将去，故特叮咛以告。尔诸教读，其务体吾意，永以为训；毋辄因时俗之言，改废其绳墨，庶成"蒙以养正"之功矣。念之念之！

教约

每日清晨，诸生参揖毕，教读以次。遍询诸生：在家所以爱亲敬长之心，得无懈忽，未能真切否？温清定省之仪，得无亏缺，未能实践否？往来街衢，步趋礼节，得无放荡，未能谨饬否？一应言行心术，得无欺妄非僻，未能忠信笃敬否？诸童子务要名以实对，有则改之，无则加勉。教读复随时就事，曲加诲谕开发。然后各退就席肄业。

凡歌诗，须要整容定气，清朗其声音，均审其节调；毋躁而急，毋荡而嚣。毋馁而慑。久则精神宣畅，心气和平矣。每学量童生多寡，分为四班，每日轮一班歌诗；其余皆就席，敛容肃听。每五日则总四班递歌于本学。每朔望，集各学会歌于书院。

凡习礼，须要澄心肃虑，审其仪节，度其容止；毋忽而惰，毋沮而怍，毋径而野；从容而不失之迂缓，修谨而不失之拘局。久则体貌习熟，德性坚定矣。童生班次，皆如歌诗。每间一日，则轮一班习礼。其余皆就席，敛容肃观。习礼之日，免其课仿。每十日则总四班递习于本学。每朔望，则集各学会习于书院。

凡授书不在徒多，但贵精熟。量其资禀，能二百字者，止可授以一百字。常使精神力量有余，则无厌苦之患，而有自得之美。讽诵之际，务令专心一志，口诵心惟，字字句句，紬绎反覆，抑扬其音节，宽虚其心意。久则义礼浃洽，聪明日开矣。

每日工夫，先考德，次背书诵书，次习礼，或作课仿，次复诵书讲书，次歌诗。凡习礼歌诗之数，皆所以常存童子之心，使其乐习不倦，而无暇及于邪僻。教者知此，则知所施矣。虽然，此其大略也；神而明之，则存乎其人。

第二章

梁启超的儿童教育

在中国近代教育史上，梁启超虽不一定能称得上是一位思想深刻的教育家，但称其为著名的教育思想宣传家则当之无愧。梁启超的教育思想几乎融合了近代教育的各个方面，其中绝大部分教育主张在百年之后的当代社会依然适用。儿童教育是梁启超教育思想体系中极为重要的一个方面，在上书光绪皇帝的《变法通议》中，梁启超专门撰写《论幼学》一文，比较系统地阐述了自己的儿童教育主张，展现了梁启超在推进社会改革过程中对儿童教育的重视。

梁启超不仅在理论上重视儿童教育，而且在实践中以自己的儿童教育理念对子女进行教育，最终成就了这位令人瞩目的"伟大父亲"。可以说，梁启超是一位"百科全书式的巨人"，是一位培养了"一门三院士，满门皆俊才"的伟大父亲，他教子有方，家庭美满，受人敬仰。① 梁家满门俊秀，自然与梁启超的言传身教，与他的儿童教育思想息息相关。探讨梁启超关于儿童教育的相关论述，是改进和加强儿童教育的重要思想资源。限于篇幅原因，本章主要依据《论幼学》以及梁启超写给子女们的家书等内容展开讨论，以此介绍梁启超先生儿童教育思想之精髓。

---

① 潘艳红. 梁启超谈教育. 北京：新世界出版社，2014：序言 1.

一、著述等身的梁启超

梁启超(1873—1929年),广东省新会县人,字卓如,号任公,又号饮冰室主人、饮冰子、哀时客、自由斋主人、中国之新民等,是我国近代资产阶级维新运动的著名政治活动家和教育宣传家。梁启超先生一生勤勉尚学、笔耕不辍,是中国学术研究众多领域中的拓荒者,为后世留下了1500多万字的著述。[①] 梁启超博闻强识、学贯中西,一生与"书"相伴,回望梁启超的一生,大致可划分为读书岁月、上书变法、著书立法三个阶段。

(一)读书岁月敏而好学

1873年2月23日,梁启超出生于清朝末年小地主家庭,其父以塾师为生,故而梁启超自幼在家接受启蒙教育。11岁至广州应试,少年登第中秀才,随后进广州"学海堂"就读,广泛涉猎经史子集。此时,对比缺乏生气且枯燥乏味的八股文,梁启超对精研古籍的治学方法和学术成果产生浓厚兴趣。

17岁时至广州参加乡试中举人,名列第八;18岁于上海购得中文翻译的《瀛环志略》等介绍西方地理、政治、文化的西书,梁启超开始接触西学,视野得到开阔并潜心学习研究。同年,梁启超结识康有为并以弟子礼拜之,随后离开"学海堂"投入康门,于万木草堂开启修学新阶段。梁启超在万木草堂大量阅读中西书籍,有感于当时的世界形势和民族危机,梁启超对中华民族实现救亡图存的道路形成自己的认识和见解并逐渐走上改良维新之路。

(二)上书变法风云激荡

1895年,中日甲午战争中方战败,康有为、梁启超听闻清廷将签订丧权辱国的《马关条约》,随即邀集各省1000余名举人联名上书清廷(即"公车上书")要求拒签条约并实行变法,由此揭开了维新运动的序幕,梁启超便从此开启政治生涯,极力传播变法思想。

在主张变法期间,梁启超协助康有为组织会议、创办报纸,撰写了大量文章,其文字功底和在鼓动舆论方面的能力得到彰显。他在主编《时务报》期间,写出了《变法通议》《论中国积弱由于防弊》等一系列内容新颖犀利、文笔通俗流畅的文章,系统阐述维新变法理论,引发学界重视和民众追捧,迅速成长为维新运动的领袖人物。

清末民初,风云激荡。1915年,《新青年》问世,随后新文化运动的蓬勃发展与东西方文化问题大争论为这一时期以"科学"和"民主"为特征的先进思想在中国的传播撕开了一个口子。与此同时,梁启超却数次误判局势,他的政治立场由此前的资产阶级改良派倒退到地主

① 张鑫.梁启超教师思想初探.天津:天津师范大学,2012:1.

阶级复古主义者[①]，逐渐落后与时代，但是梁启超的拳拳爱国心始终不曾改变。

(三) 著书立说息迹政坛

1917 年，孙中山发动护法战争，在军阀混战、风雨飘摇的局势下，梁启超告别政坛避居天津，开启了他纯粹的学术生涯。[②] 1918 年，梁启超等学者一行游历欧洲，在法国亲历巴黎和会风波，真切感受到西方帝国主义的狂妄和虚伪，进而认识到要根植于东方文明，从教育入手培养新民，进而拯救国家。

退居政坛后的梁启超，在学术上的地位和影响进一步深化。1920 年之后，梁启超于国内各大高校任教，专心致力于著述讲学，先后出版《中国历史研究法》(1921 年南开大学讲稿)、《先秦政治思想史》(1922 年北京政法专门学校和东南大学讲稿)、《中国近三百年学术史》(1923—1924 年清华大学课程讲义)等多部专著，在学术方面做出了杰出贡献。1929 年 1 月 19 日，梁启超病逝于北京协和医院，终年 56 岁。

纵然 20 世纪初期开始，梁启超转为保皇一派，但他为国为民殚精竭虑，希望国富民强的赤子之心从未改变。梁启超关心教育、广结名士，通过和世界各国教育家、思想家的接触，结合自身经历，融众家之长，对教育做出自己独特的见解与论述。

二、儿童教育的基本立场

梁启超是中国近代史上著名的思想家、政治活动家和学者，是“教育救国论”的积极倡导者和践行者，他秉承“开民智”“养新民”的教育愿景，大力倡导变革科举、发展教育，寄期望于通过教育推动社会变革，进而拯救国家民族于危亡之际。他在 1896 年发表的《变法通议》中指出：“吾今为一言以蔽之曰：变法之本，在育人才；人才之兴，在开学校；学校之立，在变科举；而一切要其大成，在变官制。”[③]

梁启超认为国民素质决定国运走向，要整体提高国民素质，养成特色之国民，使国民“为本国之民”“为现今之民”“为世界之民”，就必须从德育、智育、体育三方面入手，培育国民独立自主的品质、科学探索的精神和健硕有力的体魄。他的教育理念体现于《少年中国说》一文中。他在文中讲到：“故今日之责任，不在他人，而全在我少年。少年智则国智，少年富则国富，少年强则国强，少年独立则国独立；少年自由则国自由，少年进步则国进步，少年胜于欧洲，则国胜于欧洲，少年雄于地球，则国雄于地球。”[④]正是基于这样的认识，梁启超将大力

① 蔡尚思.梁启超在政治上学术上和思想上的不同地位——再论梁启超后期的思想体系问题.学术月刊，1961(6)：28.

② 薛瑞汉，庞建国.晚清风云人物史话：梁启超.北京：民族出版社，2003：139.

③ 王宜鹏，夏如波.中外学前教育史.南京：南京大学出版社，2013：111.

④ 梁启超.梁启超全集(第二卷).北京：北京出版社，1999：411.

发展儿童教育视为推动国家发展的重要举措。

(一)提高儿童教育地位

彼时国家面临严重的内忧外患,强烈的民族忧患意识令梁启超格外重视儿童教育,并且将儿童教育直接同国家的生死存亡紧密联系在一起。基于《新民说》中提出的公民教育理念,在严复"鼓民力、开民智、新民德"三育救国论基础上,梁启超进一步从理论上论证了砥砺国民品性、提高国民素质的重要意义[①],发出了"故教小学教愚民,实为今日救中国第一要义"[②]的呼声,将儿童教育提升到前所未有的重要地位。

儿童代表着国家的未来,是民族绵延的希望。为实现国家救亡图存,梁启超倡导政府大力发展儿童教育,希望通过培养一代"新民"实现民族振兴。"新民"自当接受新教育,梁启超通过对比中西方儿童教育,一方面批判了中国落后的儿童教育;另一方面在学习西方儿童教育的基础上,提出了一系列发展儿童教育的主张。值得注意的是,作为近代中国学贯中西的先进知识分子,梁启超并不主张全盘接受西方的儿童教育内容,而是扎根于国学传统,取人之长补己之短,既批判继承中国传统文化中的合理部分,又吸收借鉴西方现代文明中有助于国家发展的内容。

(二)革新儿童教育理念

中国进入近代社会,由于受到欧美教育思潮的影响,最早接触西方教育的学者们逐渐认识到国民教育的重要性,特别是改革儿童教育的迫切性。梁启超作为中国近代教育史上最早关注到儿童教育的教育家之一,在反思、批判中国封建儿童教育的过程中认识到,中国传统的儿童教育违背了儿童的身心发展规律,严重摧残儿童身心发展,于是他积极吸收和借鉴西方以及日本等发达国家先进的儿童思想,逐渐形成了自己的儿童教育理念。

梁启超的儿童教育理念对近代中国儿童的启蒙教育产生了深远的影响,其中梁启超注重对儿童"羞辱心"的培养在教育领域独树一帜。世界著名媒体文化研究者和批评家尼尔·波兹曼指出:"没有高度发展的羞耻心,童年便不可能存在。"[③]同样,早在一个世纪前,梁启超即反复强调培养儿童羞耻观的重要意义。在梁启超看来,儿童发展的好坏在一定程度上决定着国家的未来走向,儿童缺乏羞耻观,不仅不利于儿童成长,而且还会危害国家的长远发展。

梁启超将不读书与野蛮蒙昧联系在一起,他认为中华民族之所以落后于世界,在于国民受教育程度特别是儿童受教育水平太过低下,学习材料太过陈旧,要想改变这一现状就要依靠教育,而教育的核心和重点是阅读教育。梁启超建议通过阅读培养儿童的羞耻观,通过阅读文字来强化儿童的羞耻观念。在《论幼学》一文中,梁启超深入地思考了培养儿童羞耻观的意义和价值,他将羞耻观与儿童的尊严、儿童的成长联系起来,并且与国运相联结,非常具

---

① 黄仁贤.梁启超的《新民说》与近代公民教育理念的形成.教育评论,2003(1):86.

② 梁启超.梁启超全集(第一卷).北京:北京出版社,1999:131.

③ 尼尔·波兹曼.童年的消逝.北京:中信出版社,2015:15.

有创造性与前瞻性。

(三)创新儿童教育方法

在批判传统儿童教育方法，借鉴西方科学育儿方法基础上，梁启超在儿童教育方法上同样做出努力。学者唐静在《梁启超幼学教育思想的现代启示》一文中将梁启超的幼学教育方法归纳为“循序渐进、乐知乐闻、张弛有度、强记不如善悟”[①]等，这些推陈出新的儿童教育方法既是梁启超对我国古代先贤关于儿童教育方法中合理部分的继承与发展，同时也是在借鉴西方科学儿童教育方法的基础上对儿童教育方法做出的归纳与总结。

在梁启超倡导的诸多儿童教育方法中，最具特色的是他所信奉的“趣味教育”，梁启超将趣味教育理念贯穿于他整个教育思想之中，并将其运用于指导自己子女成长的实践过程中。梁启超的“趣味教育”既包括培养儿童的趣味，也包含教师从事教育事业的趣味，还包含在教学方法上启发诱导儿童，培养其获得有益趣味并激发儿童好奇心，等等。具体关于梁启超儿童教育方法方面的内容将在第三部分做详细阐述。

梁启超虽然从旧时代走来，从小接受传统儒家教育，但是在当时特殊的时代背景下，梁启超深刻认识到中国传统教育的落后与弊端。随着他自身阅历的增长和学识的增加，加之对于西方近代教育的关注与总结，逐渐形成了自己独具一格的儿童教育理念，其中的新思想、新内容与新方法主要体现于《论幼学》一文中。

三、《论幼学》教育观读解

梁启超于 1896 年发表《论幼学》一文，提出“人生百年，立于幼学”，积极倡导儿童教育。在这篇文章中他反思、批判国内的儿童教育，指出时下儿童教育“先后倒置，进退逆行”，存在着违背古人所提倡的“由浅而深，由粗而精”“学不躐等”教育思想的弊病，提出应当大兴师范学堂，保证教师质量，重视女子教育，创新教育方法等主张。

梁启超的儿童教育目的在于造新民、强民志，培养新国民，通过提升国民素养从而改变民族前途和命运。在《论幼学》中，梁启超详细阐述了儿童教育的内容、方法和意义等问题。梁启超的儿童教育思想不仅推动了中国近代儿童教育的改革和发展，对我国当前儿童教育问题的探讨与改进依然具有启示意义。

(一)提倡儿童教育的背景

19 世纪末 20 世纪初期，晚清政府面临的内忧外患更加严重，中国教育发展十分滞后。梁启超在《论幼学》开篇即点出：“西人每岁创新法，制新器者，以十万计。著新书，得新理者，

---

① 唐静.梁启超幼学教育思想的现代启示.江苏教育研究，2014(9)：64.

以万计，而中国无一焉。西人每百人中识字者自八十人至九十七八人，而中国不逮三十人。”[①]他深感国人在知识掌握、器物制造等方面和西方国民的巨大差距，进而认识到在国内深入开展国民教育刻不容缓，势在必行。而幼学作为人生治学的基础，更加引起梁启超的关注。

从国际背景来看，当时国外对教育方面的关注主要聚焦于欧美以及日本等发达国家的初等教育现状、制度、思想等方面。梁启超批判当时中国传统的儿童教育思想，并受“教育救国”思潮的影响，吸收借鉴发达国家的儿童教育经验，认为儿童教育是今日救中国的第一要义。[②] 此外，在戊戌变法之前，西方心理学和教育学知识已零星传入中国，梁启超通过对这些知识的了解，对中西教学方法进行比较，写成了《论幼学》一文，倡导对中国儿童教育进行改革。[③]

国内方面，梁启超生活在中国遭受帝国主义侵略的近代社会，严重的民族忧患意识令他格外重视儿童教育，并且把儿童教育直接同国家的生死存亡紧密联系在一起。梁启超身处国家向近代社会转型的特殊时期，在分析中国社会现实、教育现状的前提下，结合自身治学经验，吸收西方先进儿童教育思想，形成了自己独特的儿童教育主张。

从梁启超先生个人因素方面来看，爱国热情以及他的教育思想与实践，都成为他积极主动探索中国救亡图存之道的力量源泉，在综合比较中西方儿童教育的基础上，取人之长补己之短，从而形成了自己涉及广泛的儿童教育思想。梁启超对改革儿童培养要求的主要观点，体现了他的国民教育思想和进步教育主张；关于革新儿童培养方法方面，体现了他的“教材教学法”以及“趣味教学法”等主张。

（二）进步的儿童教育思想

与西方儿童教育思想相比，梁启超认为在儿童教育内容上，我们还存在很严重的差距和缺陷。于是，在西方儿童教育思想基础上，结合我国古代儿童教育内容，梁启超提出了一系列发展儿童教育的主张。

1. 强调阅读，改革儿童教育教材

梁启超先生重视文字阅读的普及，建立了“识字—阅读—理性”的逻辑关系。[④] 他认为中国以科举为导向的儿童教育内容与教材，不仅远离儿童生活，而且违背儿童身心发展规律，既不实用也不科学。为普及儿童识字阅读，梁启超在总结传统蒙学经验，借鉴西方儿童教育科学内容和方法的基础上，提出“非尽取天下之学究再教之不可，非尽取天下蒙学之书而再编之不可”[⑤]。他亲自为儿童设计了七种教材，即识字书、文法书、歌诀书、问答书、说部书、

---

①⑤　梁启超．梁启超全集（第一卷）．北京：北京出版社，1999：34，37.

②　王贵华．梁启超儿童教育思想研究．上海：上海师范大学，2017：5.

③　王宜鹏，夏如波．中外学前教育史．南京：南京大学出版社，2013：112.

④　谢毓洁．梁启超的儿童观和儿童教育观．石家庄学院学报，2009(1)：56.

门径书和名物书(即字典),并相应介绍了学习这些教材的基本方法。[①] 这些读本几乎涵盖了儿童知识学习的各个方面,可以有效帮助儿童扩展知识面以及开阔儿童视野。

此外,梁启超认为当时国内儿童启蒙教材在言语表达上存在很大问题,在改革儿童启蒙教材方面,他认为应"初授粗切之事物,渐授浅近之议论,初授一句,渐三四句以至十句,两月之后,乃至三十句以上"[②]。梁启超基于儿童身心发展规律和学习特点,认为儿童启蒙教材在内容上应该广泛全面、通俗易懂,在编排上应该由浅入深、循序渐进,同时在教材编排与传授过程中要注重与时事相联系,通过介绍事物之间的多重联系阐发道理,从而激发国人的爱国热情。梁启超寄希望于通过革新儿童教育内容来达到国强的目的,认为处于社会转型时期的儿童教育应当是一个"人心自新,人才自起"的过程。

2.开发课程,精心安排教学内容

梁启超非常重视课程问题,他在课程的设置、实施与评价等方面进行了一系列深入思考,是近代全面研究课程问题的第一人。[③] 在儿童课程内容方面,梁启超为儿童设计了一张一日的课程表,其所学内容包括语文、算术、外语、体育及经学、史学、子学、天文、地理、历史、物理等各门学科的基本常识,体系较为完善且中西兼学,具有鲜明的近代教育特点。[④]

精心选择儿童课程内容后,在儿童课程编排方面梁启超进行了大胆探索。他综合考虑儿童的年龄特点与学习实际,对各门课程进行了中西结合、动静搭配的安排[⑤]:

(1)每日八点钟上学,师徒合诵赞扬孔教歌一遍,然后肄业。
(2)八点钟,受歌诀书,日尽一课,每课二百字,诵读二十遍。
(3)九点钟,受问答书,日尽一课,不必成诵,师为解其文。
(4)十点钟,单日受算学,双日受图学。
(5)十一点钟,受文法,师以俚语述意。
(6)十二点钟,散学。
(7)一点钟,复集,习体操。操毕,听其玩耍不禁。
(8)二点钟,受西文,依西人教儿童之书,日尽一课。
(9)三点钟,受书法,中文西文各半点钟,每日各二十字,添加至各百字。
(10)四点钟,受新编说部书,师为解说,不限多少,其学童欲涉猎他种书者,亦可。
(11)五点钟,散学,师徒各诵爱国歌一遍,然后各归。

3.效仿西方,建立义务教育制度

梁启超认为当时国内教育落后,国民教育程度普遍较低是导致国力与西方巨大差距的

①④ 王宜鹏,夏如波.中外学前教育史.南京:南京大学出版社,2013:113.
②⑤ 梁启超.梁启超全集(第一卷).北京:北京出版社,1999:38,40,41.
③ 欧治华.论梁启超的课程思想.教育评论,2011(4):139.

重要原因，由此他在《学校总论》中论述："中国之衰弱，由于教之未善……亡而存之，废而举之，愚而智之，弱而强之，条理万端，皆归本于学校。"[①]为提升国民素质，实现强国目标，梁启超倡导政府效仿西方推行义务教育制度，普及小学教育。

1902 年，梁启超发表《教育政策私议》一文，在文中指出："今中国不欲兴学则已，苟欲兴学，则必自以政府干涉之力强行小学制度始。"[②]他认为国家应举政府之力推行义务教育，保障适龄儿童都能够接受义务教育，同时要求父母承担起孩子接受义务教育的责任，主张"及年不学，罪其父母"[③]，希望通过普及义务教育提高国民素质以求增强国力。

此外，梁启超在借鉴西方国家发展义务教育经验基础上，结合国内形势，针对本土义务教育制度体系建设和经费筹集使用等方面提出具体方案。例如，在小学校规模建设上，他主张但凡超过千人的市镇村落，必须设置一所小学；更大规模的乡镇则应划分为数个由两到三千人构成的区域，每个区域至少设置一所小学；不足千人的几个小村落，应该联合共设一所小学。在学校办学经费方面，他主张经费由"本校本镇本区自筹"，同时可征收"学校税"，若出现经费筹集困难的情况，地方政府应有一定补助，实现办学经费"取之于民，用之于民"。这些方案建议充分体现了梁启超先生的国民教育思想。

4.重视女学，大力发展师范教育

在儿童的教育主体方面，梁启超十分强调女性对儿童的作用，他指出："故治天下之大本二，曰正人心，广人才。而二者之本，必自蒙养始。蒙养之本，必自母教始。母教之本，必自妇学始，故妇学实天下存亡强弱之大原也。"[④]梁启超认为，儿童教育作为正人心、广人才的根本途径，决定着国家的兴旺和民族的强盛，而女性的知识水平和道德修养直接决定了儿童教育的实际效果。据此，梁启超发出重视女学、提高女性地位的呼声，并撰文《论女学》强调女子应受教育的主张，为近代中国女子教育的历史揭开崭新一页。

此外，梁启超认为教师的能力与水平从根本上决定了儿童教育质量，他撰写《论师范》一文，直言教师的重要性以及设立师范学堂的必要性："故夫师也者，学子之根核也。""故欲革旧习，兴智学。必以立师范学堂为第一义"[⑤]在教师培养制度与方法上，梁启超倡导效仿西方特别是向邻国日本学习，设立师范学堂并与小学堂结合起来，培养教师，使其具备"通习六经大义，讲求历朝掌故，通达文字源流，周知列国情状，分学格致专门，仞习诸国言语"[⑥]等能力，从而能够为国家培养人才奠定坚实基础。

(三)科学的儿童教育方法

梁启超先生对于儿童教育教学方法的专门论述虽然只是有限的几篇，但文中却触及许多比较重要的教学原则及教学方法。言虽简而意赅，阐发中寓有哲理。[⑦] 梁启超倡导教师要根据

①④⑤⑥ 梁启超.梁启超全集(第一卷).北京:北京出版社,1999:19,32,29,30.

②③ 梁启超.教育政策私议.梁启超全集(第三卷).北京:北京出版社,1999:754,758.

⑦ 程禹文.论梁启超关于儿童教育的教育思想.教育理论与实践,1998(18):15.

儿童身心发展规律，采用适合儿童的教学方法教授儿童知识，以促进儿童身心全面发展。

1. 导人以悟性，不宜强人以记性

梁启超认为人的大脑主悟性，小脑主记性。主悟性的大脑经过专门训练可以且容易变得越来越灵巧，而主记性的小脑却“一成难变”①。在“悟性”与“记性”二者的辩证关系上，梁启超认为“专以悟性导人者，其记性亦必随之而增……专以记性强人者，其悟性亦必随之而减”②。从中可以看出，相较于背诵记忆，梁启超更加注重和强调培养儿童的理解能力，类似“只求理解，无须强记”这样的主张也多次出现在梁启超写给子女们的家书中。由此，他倡导教师对儿童的教育教学要导之以悟性，不可强制以记忆。

梁启超对比中西方不同的儿童教育原则，认为“西国之教人，偏于悟性者也。……中国之教人，尽于记性者也。”③国内旧教育受到科举文化影响，儿童只诵读、记忆与考试相关的书目，由此头脑更加“闭塞”，而现代新教育具有实用性与开放性特点，教学方法更加灵活。这不仅揭示了中西方在“记性”与“悟性”上不同倾向的教育原则与教育方法，同时归纳出中西方在培养人才路径上的较大差异。

2. 张弛须有度，鼓励劳逸相结合

梁启超认为儿童学习是一个循序渐进的过程，欲速则不达，主张对儿童施加教育影响要教之有方，对其学习安排要有张有弛、张弛结合。他认为，学龄儿童“脑实未充、于肉未强”，课业安排时间和强度要适宜。除了知识学习之外，还要适当安排并保障儿童一定的活动时间，“或游苑囿以观生物，或习体操以强筋骨，或演音乐以调神魂”，如此“其宏多矣”④。

在儿童学习力度上，梁启超认为不可用力过猛，以免儿童从小产生厌学情绪；另一方面，倡导儿童在与自然和艺术的接触过程中放松心智、增强体魄，从而更加有益于功课学习。梁启超将这一方法运用到对自己子女的教育过程中，他一再要求孩子们学习方法要得当，不要用力过猛，必须注意休息，并且多参与游戏和多进行运动。总之，梁启超强调在儿童课业学习与放松娱乐方面要两者兼顾，劳逸结合。

3. 寓教于趣味，培养儿童积极性

梁启超先生将“趣味主义”奉为自己的信仰，在其价值观中最具亮点与特色。1922 年，在直隶教育联合会演讲中，梁启超这样讲道：“假如有人问我：‘你信仰甚么主义。’我便答道：‘我信仰的是趣味主义。’有人问我：‘你的人生观拿什么做根柢。’我便答道：‘拿趣味做根柢。’……总而言之，趣味是活动的源泉，趣味干竭，活动便跟着停止。”⑤根植于自身信仰，趣味教育便成为梁启超儿童教育思想主要内涵之一，也成为他晚年所力行的儿童教育方法。

梁启超认为，传统的儿童教育方法违背了教育规律，极大地损害了儿童的学习兴趣和积极性，应以趣味教育取而代之。趣味教育既是儿童教育手段，同时也是儿童教育目的之一。

①②③ 梁启超. 梁启超全集(第一卷). 北京：北京出版社，1999：35.

④ 舒新城. 中国近代教育史资料. 北京：人民教育出版社，1981：426.

⑤ 朱永新. 为学与做人. 苏州：古吴轩出版社，2016：19.

进一步地，梁启超从趣味的正反两方面论述了在儿童时期对孩子进行趣味教育的重要性，他说："人生在幼年、青年期，趣味是最浓的，成天价乱碰乱迸，若不引他到高等趣味的路上，他们便非流入下等趣味不可。"①梁启超倡导教师应在孩子早年兴趣正浓且人生方向未定时，引导他们获得那些可以终身受用的趣味。

趣味教育不是简单的、盲目的"快乐教育"，更不是与"知识学习"的二元对立。梁启超在《中国教育之前途与教育家之自觉》一文中指出，"教育儿童纯用趣味引诱，则不能扩张其可能性"②。他认为教师运用"趣味教育"需讲求适度原则，不能一味提倡趣味兴趣而忽视知识传授过程的严肃性与严谨性，一方面需要避免儿童在学习知识过程中出现流于表面、浅尝辄止等现象发生，另一方面，适当的学业难度和紧迫性有益于激发儿童的学习兴趣从而发展儿童智慧。

尽管梁启超的趣味教育法在当时并没有得到很好的传播与发扬，但他在对自己孩子教育过程中运用趣味教育法所取得的良好效果是显而易见的。在父亲梁启超先生"趣味教育"的熏陶下，子女们各个兴趣广泛，热爱所学专业，在艰难危险的时局环境下依然对人生抱有积极向上的乐观态度。不论境遇如何变化，他们都能够像父亲一样热爱生活、乐学好进、勤于事业，并且各自在自己擅长的领域学有所获且颇有建树。

四、家书中的儿童教育

梁启超先生的一生，是充满激情、笔耕不辍的一生，是为理想不断奋斗、拼命奔走的一生。梁启超不仅自身成就斐然，其五子四女个个成才，"一门三院士，满门皆俊才"的传奇佳话更是令世人称道。在梁启超写给孩子们的家书中，无不渗透着他的儿童教育思想。其中，梁启超对学问研究之关键的表述，对为人治学之奇妙的解读以及对处世道法之核心的揭示，等等，都构成了梁启超先生儿童教育思想的瑰丽与璀璨。梁启超的家庭教育理念贯穿中西，即使放在百年后的今天也毫不过时。

(一)学问篇之科学与广泛

梁启超受惠于家教，因此他本人也格外重视对子女的教育。关于做学问，梁启超强调在追求专门学问之"科学"基础上，要广泛涉猎其他特别是艺术之学问。关于"科学"和"科学精神"的论述，1922 年梁启超在科学社年会上阐述道："有系统之真知识，叫做科学，可以教人求得有系统之真知识的方法，叫做科学精神。"③这句话包含三方面内容：首先，做学问要求真知识，即追求科学；其次，要求有系统的真知识，从已知推求出未知；再次，形成可以教人的知

① 朱永新. 为学与做人. 苏州：古吴轩出版社，2016：22.

② 刘果元. 梁启超儿童教育思想初探. 天津师范大学学报(基础教育版)，2005(2)：11.

③ 梁启超. 梁启超全集(第十四卷). 北京：北京出版社，1998：4006.

识，将系统知识传授于人。在梁启超看来，科学不只包含数学、物理、化学等学科，只要够得上一门学问且成系统都可以称之为科学。

梁启超在和子女们谈及自己因被误诊发生手术事故时说："科学呢，本来是无涯的……我们不能因为现代人科学知识还幼稚，便根本怀疑到科学这样东西。"[①]可见梁启超对科学坚定信奉的态度，亦可见他的乐观精神。在梁启超写给子女们的家书中，有这样一段话："因为我们做学问的人，学业便占却全生活之主要部分。学业内容之充实扩大，与生命内容之充实扩大成正比例"[②]"专门科学之外，还要选一两样关于自己娱乐的学问，如音乐、文学、美术等。"[③]梁启超在与孩子们的日常交流中，将科学严谨的治学态度与涉猎广泛的学问追求传递给孩子们，将自己毕生倡导的儿童教育理念潜移默化地影响到自己孩子身上。

(二)为人篇之德性与尽性

梁启超认为，教育的核心目的是教孩子学做人，学做一个现代人，一个合格的人，一个真正的国民。[④] 他常说，在儿童教育中，品德教育是第一位的，为人一定要把诚信放于重要位置，待人要真诚，不能说谎话。在与子女的通信中，梁启超不止一次提到，不诚实的人是不可能在社会上立足的。梁启超将人之德性提升到竭才用力的高度，在给长子梁思成(时年 15 岁)、次子梁思永(时年 12 岁)的家书中，他写道："但问果能用功与否，若既竭吾才则于心无愧。若缘怠荒所致，则是自暴自弃，非吾家佳子弟矣。"[⑤]梁启超勉励两个孩子做功课当竭心用力，全力以赴，这才是有德性的孩子，才能称之为"梁氏佳子"。

尽性主义，是梁启超非常有名的一个理念，是一种尊重个体、尊重孩子的个性化教育理念。[⑥]1926—1927 年间，梁启超在国外求学的长子梁思成和次子梁思永纷纷向父亲表达回国愿望：梁思成希望趁转校之际归国工作一年，梁思永则希望回国进行考古实习。对此，梁启超根据两个孩子的性格特点、所学专业的特殊性以及国内时局环境，分别给出不同建议：梁思成暂时不要回国，因为国内战乱不息，此时回国难以成事；梁思永可以回国，因为考古学受战乱影响较小，且实习机会难得。最终，梁思成听从父亲建议选择留在国外继续深造，梁思永在父亲的支持下回到了祖国进行考古实习工作，此后兄弟两人各自在专业领域成就斐然并双双进入新中国院士名单。

(三)处世篇之乐观与坚毅

注重对儿童的"意育"培养，是梁启超儿童教育思想中的又一特色。梁启超所谓的"意育"是指对孩子意志品质方面的教育，即近几年教育界提出的"毅商"。毅商全称为毅力商数，也叫逆境商数，是一个人面对挫折与失败的承受力，或者说是一个人面对逆境的态度和

---

① 南洲. 民国家训：像梁启超一样教育孩子. 北京：三辰影库音像出版社，2017：114.

②③ 梁启超. 梁启超谈修身. 南昌：百花洲文艺出版社，2019：248，250.

④⑥ 潘艳红. 梁启超谈教育. 北京：新世界出版社，2014：13，40.

⑤ 梁启超. 梁启超全集(第二十一卷). 北京：北京出版社，1999：6175.

超越困难的能力。[①] 梁启超认为坚定的意志和顽强的毅力是一个人得以成功的必要条件，人生一世不可能风平浪静，总要在成长中历经艰难险阻，因此教师和家长要在孩子童年时期早早培养其克服困难、战胜挫折的决心和勇气，鼓励孩子在逆境中学会坚强，在困境中保持乐观心态，以努力拼搏的精神、坚持不懈的奋斗和扎实的专业功底不断进取、奋发图强，这样孩子在成年后才能面对困难不畏惧，面对挫折不气馁，并通过努力终将克服困难，实现发展。

"乐观"与"坚毅"是梁启超写给子女的家书中提及最多的观念。"处忧患则精神振奋而志气强立"（1916年，给长女梁思顺）；"小挫折正磨练德性之好机会"（1923年，给长子梁思成）；"小病何足灰我心"（1926年，给孩子们）；"困难境遇正是磨练身心最好机会""随便环境怎样""悲观是腐蚀人心的最大毒菌"（1927年，给孩子们）；"生活太舒服，容易消磨志气"（1928年，给长子梁思成）；"无论何种境遇常是快乐的""有志气的孩子该往吃苦路上走"（1928年，给长女梁思顺），等等。

透过梁启超写给孩子们的家书可以看出，他非常注重对子女意志品质方面的教育，甚至不反对在生活一帆风顺时创设小麻烦，提醒孩子们时刻准备迎接生活中的挑战。时过境迁，斗转星移。即使相隔百年，梁启超的教子之道仍光芒四射。充满智慧的家庭教育理念不应埋没在历史的尘垢里，而应该在新的时代重新绽放。[②]

五、简要评述及其启示

梁启超先生是中国近代史上最早比较完整地提倡改革儿童教育的知识分子。儿童教育思想作为梁启超教育思想的重要组成部分是在清末维新变法背景下提出来的，是在比较中西方儿童教育基础上融合中西方不同文化，并根植于中国传统教育中的优秀部分提出来的。梁启超的儿童教育思想体现了他身为近代社会有作为、有担当的知识分子忧国忧民、敢于开拓进取的爱国精神，反映了近代新兴资产阶级希望通过学习西方教育制度与教育方法，改造中国落后的封建儿童教育，改革发展国内儿童教育的美好愿望，具有鲜明的近代进步主义教育色彩。在其后的几年时间里，梁启超的儿童教育思想经过不断发展，形成了他独特的儿童教育观，为我国后来的儿童教育优化发展打下一定基础。

（一）梁启超儿童教育思想的时代价值

清末，大批介绍西方先进思想的改良主义学者纷纷倡导向西方学习。近代中国教育改革与发展受到西方文化较大影响，提倡西学的社会氛围和实现国家救亡图存的呼声日渐强烈。作为学贯中西的新兴资产阶级代表，梁启超并非一味提倡西学，而是在弘扬发展中国优

---

① 潘艳红.梁启超谈教育.北京：新世界出版社，2014：57.

② 沈杰.梁启超的教子之道及其当代启示——以家庭教育的理念选择为视角.现代教育论丛，2018(1)：82.

秀传统文化的基础上,学习借鉴西方进步教育理念与先进的教育教学方法改良旧社会,塑造新公民。作为梁启超政治改革的一部分,他的儿童教育思想在当时国将不国的近代社会具有十分厚重的时代价值。

首先,梁启超直指当时的儿童教育弊病,并针对儿童教育中存在的封建落后、有失科学等顽疾开出“药方”,有助于启发警醒国内有志于“教育救国论”的仁人志士认识反思当时儿童教育的落后状态,进行教育变革。其次,梁启超关于儿童教育内容的革新,倡导从单纯的传统“经史子集”诵读记忆转向兼顾东西方文明特别是增加天文、地理、物理等科学知识的学习,有利于推动人才革新,培养国家急需的、能够拯救民族于危难之际的时代新人。再次,梁启超为儿童教育、女子教育和师范教育鼓与呼,有益于提高全体国民的文化水平,改善国人的受教育状况,为全面开展政治、社会改良奠定群众基础。

由于当时中国处在由封建社会向资本主义社会过渡初期,加之梁启超自幼接受系统、全面的传统教育,他的教育观亦深受儒学特别是孔孟之道影响,使其儿童教育思想依然印有封建思想的痕迹。另一方面,虽然梁启超在儿童教育改革方面做出的巨大努力十分鼓舞人心,但从实际效果来看则更多停留于观念探讨层面,流于介绍西方教育思想的表面,并没有对其所提倡的儿童教育思想作系统、全面深刻的研究,以至于他的儿童教育思想在后来很长一段时间内难以真正在中国大地落地生根。

虽然梁启超对东西方教育思想的简单嫁接略显粗糙,但应该承认,早在一百多年前梁启超在儿童教育思想方面进行的探讨和做出的努力,给当时积贫积弱的中国在教育思想界的探索点燃了一束火光。梁启超所提倡的从遵循儿童身心发展规律来教育儿童、改革儿童启蒙教材和教学方法、对儿童进行趣味教育、注重对儿童意志品质的培养、倡导普及小学义务教育等方面值得肯定,其思想对清末民初的儿童教育改革产生了一定的积极影响,在一定程度上推动了中国近代儿童教育的革新和发展。

(二)梁启超儿童教育思想的现实意义

梁启超的儿童教育思想是在继承我国优秀传统文化与吸收借鉴西方科学的、先进的教育思想基础上形成的,其儿童教育思想中的儿童教育理念、儿童教育内容以及儿童教育方法等几乎融合了近代教育的各个方面,其中绝大部分教育内涵依然可以用来指导今天的儿童教育工作。

十年树木,百年树人。古今中外,大多数教育家都把德育视为培养儿童完善人格的首要方面,先做人而后再做学问也是梁启超一以贯之的教育思想。在德育养成方面,梁启超尤为注重培养儿童的家国情怀并将其视为决定民族存亡的关键:少年儿童是民族的未来和国家的希望,少年强则国强,为培养新时代社会主义建设者和接班人,教师要注重培养儿童的爱国情怀,培养儿童秉承强烈民族意志的赤子之心,为国家富强而奋起,为民族复兴而奋斗。梁启超饱含家国情怀的儿童教育主张与教育热情一直激励着无数一线教育工作者,这也是当今儿童教育不可或缺的重要内涵。

在指导当今儿童学习方面，梁启超的“趣味主义”值得借鉴。我们常说“兴趣是最好的老师”，儿童发自内心的对知识的渴求与热爱是儿童自觉自发学习的动力源泉。减负问题作为当今儿童教育领域热度不断的话题之一，在社会上一直饱受争议。关于减负，教育部部长陈宝生明确提到：“我们讲的负担，减轻学生的学业负担，指的是违背教学规律和学生身心发展规律，超出教学大纲、额外增加的这一部分，我们把它叫作负担。在这个以内的，我们把它叫作课业、学业，叫作必须付出的努力。”①“书山有路勤为径，学海无涯苦作舟。”古代先贤韩愈也曾这样描绘学习的过程。这些“必须付出的努力”本就不是轻松易得的，非尽一番心血，非耗一定努力，方可习得之。教师应善于培养和激发儿童的学习兴趣，鼓励儿童在探索知识的过程中，享受学习的喜悦，分享学习的乐趣。

没有一帆风顺的人生，只有自强不息的自己。人生路上，每个人都会遇到各种各样的困难甚至是磨难，因此在童年时期，我们就应当重视对儿童意志力的训练，在他们身上培养起梁启超所倡导的那种“乐观坚毅”的品质，这样方能在成年时乐观生活、静心处世，无论面临何种挑战，都能积极应对、勇于进取、化险为夷。

梁启超先生对儿童教育的论述与探讨好比为中国近代教育界点亮了一束崭新烛光，光芒虽微弱，但毕竟引发了一代觉醒知识分子对中国教育的大讨论，引发了当时学者对儿童教育的思考与关注，直至今天，其丰富的儿童教育思想内涵依然影响着我们。启发吾辈，超越前人。梁启超先生丰厚的儿童教育思想宝库，等待着当代教育学者和一线教育工作者进一步去发掘、去探讨、去学习。

① 陈宝生.努力让每个孩子都能享有公平而有质量的教育，http://www.moe.gov.cn/jyb_xwfb/gzdt_gzdt/moe_1485/201803/t20180319_330463.html.

第三章

张雪门的儿童教育

张雪门，原名显烈，字承哉、尘芥，浙江宁波人，中国现代著名幼儿教育家，一生致力于幼儿教育的实践与研究。在20世纪30年代，与另一位儿童教育家陈鹤琴并称为“南陈北张”。

张雪门出生于清末时期，幼年深受儒家教育思想影响，认真研读四书五经，中学阶段毕业于浙江省立第四中学(现宁波一中)，1912年担任星荫小学校长。他在青年时期就对幼儿教育产生了浓厚兴趣。他考察了上海和江苏的一些学校，目睹了当时日本式的蒙养园或教会办的幼稚园对幼儿的不良影响，日本式的蒙养园太看重知识传授，把知识看得太机械，而教会办的幼稚园的主要问题是宗教仪式对幼儿产生的不良影响。为此他深感痛心，决心要改变这些问题，遂立志投身幼教。[①] 1918年，他自办了星荫幼稚园，并任园长。两年之后，又参与建立幼稚师范学校。1922年，张雪门前往北京大学教育系学习，并得到时任教育系副主任高仁山先生的悉心指导，计划三年内接连研究福禄贝尔、蒙台梭利和世界各国的幼稚教育，进而深入研究我国的幼稚教育。在接下去的一段日子里，张雪门翻译并整理了《福禄贝尔母亲游戏辑要》《蒙台梭利及其教育》两本著作，打下了关于幼儿教育发展的坚实理论基础，并在此基础上结合中国当时的现实环境提出了中国特色的幼儿教育思想，并开展了卓有成效的幼儿教育实践。

---

① 钱海娟.张雪门与近代中国幼儿教育的历史探索.兰台世界，2013(13)：69.

一、儿童教育思想形成概述

1840年鸦片战争后的中国，国家主权遭到破坏，领土被侵占，中国开始成为一个半殖民地的国家。随着列强打开中国的大门，西方资本主义先进的生产力等逐渐把中国市场卷入世界资本主义发展洪流当中，以自给自足的小农经济为主体的自然经济体系开始瓦解。同时，一些主张维新和改革的有识之士提出向西方学习的建议，要求清政府开办新学，以培养人才。从此，中国教育迈开了近代化的步伐，只是这样的进程十分缓慢。到洋务运动时期，洋务派为了适应当时中国社会的需要，从教育思想、教育制度和教学课程内容等方面对教育进行了改革，成为教育近代化的开端。之后为了挽救中国教育的命运，许多爱国人士提出了"教育救国"的理念，这是张雪门幼儿教育思想形成的重要背景。

在张雪门整个幼儿教育思想中，最核心的内容是形成中国化、科学化的幼儿教育价值观，他最早坚持夸美纽斯、卢梭、蒙台梭利、杜威等人推行的"儿童本位"幼儿教育思想。从"九一八事变"中加深了对中国半殖民地半封建社会性质的认识，认为幼儿教育的主要目的是培养新一代国民。

(一)产生幼儿教育思想的社会背景

1.国家发展的需要

近代中国，随着鸦片战争的暴发，西方资本主义国家大举入侵中国，驱动着中国传统社会政治、经济的变革，中国进入半殖民地半封建社会。虽然辛亥革命推翻了清朝统治，但是辛亥革命并没有完成反帝反封建的终极目标，中国社会仍处于内忧外患、水深火热之中。为了改变中国现状，一批知识分子主张进行思想文化的变革，兴办学校培育人才。张雪门的幼儿教育思想就是在这样的时代背景下产生的，他希望通过幼儿教育来拯救中国，因为幼儿教育是教育的基础，幼儿是祖国未来的主人。①

2.中西方文化的碰撞

鸦片战争前我国的文化教育正经历着腐败和没落，教学内容仍以儒家经典为主，科举考试为重要的选拔人才方式。洋务运动时期，随着西方近代教育文化知识信息的传播，教育上提出了平等性、普遍性要求，之后提出了"师夷长技以制夷"和"中体西学"等主张；在教育场所上，京师同文馆等新式学堂的开办，为中国教育近代化奠定了基础。新文化运动时期，中国青年涌现出向西方先进思想学习的浪潮，胡适、陈独秀等有识之士以《新青年》为思想阵地，提出了"民主"和"科学"的口号，五四运动又把中国近代化教育改革推向了高潮。在西方文化对于中国传统文化的不断冲击下，中国近代的幼儿教育也刻上了西方教育的烙印。张

① 冷雪.张雪门幼儿教育思想研究.哈尔滨：哈尔滨师范大学，2016：10.

雪门一生秉着“博学、审问、慎思、明辨、笃行”的原则，批判地吸收古今中外文化并形成了自己的思想体系。[①]

3. 幼儿教育变革的需要

在我国古代，家庭是幼儿教育的场所，没有单独设立现代意义的幼儿教育机构，直到近代才开始重视幼儿教育，并将其列入国家教育体系之中。清政府于 1904 年公布的“癸卯学制”中，按年龄把学制分为三段七级，其中第一阶段初等教育中包含招收 3～7 岁幼儿的蒙养院。之后于 1922 年颁布的“壬戌学制”中，将幼稚园正式列入学制中的一级教育，且幼儿园接收 6 岁以下儿童，该学制的指导思想几乎“照搬”了杜威的“儿童中心理论”“智能个性理论”以及“养成共同活动的观念和习惯理论”。除此之外，在幼儿教育教材上也完全以杜威儿童教育思想为理论基础。另外从课程改革层面，他的“活动课程思想”也产生了重大的影响。张雪门深知根植于中国本土化幼儿教育的重要性，于是结合本国实际，提出“以儿童为本位”的幼儿教育思想。

(二)影响幼儿教育思想形成的重要理论

随着近代帝国主义用坚船利炮打开了中国的国门，西方教育学和心理学思想也在中国落地生根，因此张雪门的幼儿教育思想受到了各方面的影响。难得的是，张雪门对于幼儿教育思想的认识并不是单纯的生搬硬套，更多的是借鉴，是参考，是以多数人为教育对象展开的。

1. 意大利蒙氏教育理论

蒙台梭利重视在发展关键期中解放幼儿的大脑和双手，挖掘幼儿的内在潜力，使幼儿不仅获得知识，更获得方法和经验，不仅在思维上进行解放，更形成良好的社交习惯以及适应现实社会的文明行为，成为一个负责任、有担当的人。

蒙台梭利是“幼儿本位”最先的实践者，依据“自动”“自由”的教学原则，主张幼儿远离来自于成人世界的干扰，重视发现幼儿发展的内因，在活动中发掘其内在潜能进行针对性提高。而在张雪门的幼儿园行为课程理论中便能找到蒙氏教育理论的踪迹。他认为幼儿适时进行亲身的实践，这种自主的行为才是人生获得的基本经验，意义也是极为深刻和深远的。

2. 美国儿童本位幼儿教育理论

进入 19 世纪下半叶，随着第二次工业革命的开展，近代新兴工业快速发展，需要培养一批适应工业生产的产业工人，而传统教育观念和人才培养方式，不能适应社会发展的需要，因此变革旧教育、建设新教育的呼声日益高涨。

作为新兴工业社会快速崛起的重要代表，美国重视教育的改革与发展，其中杜威提出的“儿童中心理论”影响深远。在杜威看来，快速变化是现代社会的重要特征，增强人的社会适

① 戴自俺. 张雪门幼儿教育文集(下卷). 北京：北京少年儿童出版社，1994：1465.

应性，使儿童提升自我创造能力，是学校人才培养工作的重要议题。对幼儿教育来说，杜威提出注重对幼儿个性的塑造和对儿童创造力的提升，并主张实际生活中所产生的问题或困难是训练幼儿生活思考和创造力的最佳途径。通过对儿童创造力的培养，以增强其适应社会生活的意识，提升适应能力。杜威的幼儿教育构想，对幼儿教育的推动作用不可忽视。

张雪门生活的时代，正是一批留学美国的学者回国开始倡导新文化、新改革教育的重要时期。他在推进幼儿教育改革实践中，受到美国儿童本位幼儿教育理论的影响。

3.培育士大夫的传统幼儿教育目标

在过去中国社会，大家普遍认为一个人想要在政治上有所成就，就必须有仁义、有道德，要遵行博学、审问、慎思、明辨、笃行的士大夫的必备条件。而当时的一部分幼稚园的培养体系和设备条件可以说是以士大夫为培养目标量身定做的。在一个比大人生活场所略小的学习场地，教师利用课本教材和单字对游戏、文字、自然、科学和识数等进行教授，但是教师对于幼儿的教育多采用直接注入的形式，直接把知识和道德等层面充实进幼儿的脑子，而忽视了对幼儿兴趣的开发和创造力的提高。

(三)幼儿教育思想的理论特点

在20世纪20年代轰轰烈烈平民教育运动的影响下，张雪门顺势主张“儿童本位”的幼儿教育，关注全体幼儿的个性发展，并积极投身于普及幼儿教育之中，建造多所平民幼稚园，保证平民家庭子女的受教育权。之后，他随着社会现状的变化又对幼儿教育加深了认识，加入了“民族本位”的教育观念，在幼儿教育的各个环节融入了“民族”和“民主”的元素，为培育中华民族新一代国民打下了基础，形成了张雪门幼儿教育观的理论特点。

1.幼儿教育的儿童本位

在幼稚园设备方面，幼儿可以到花圃研究植物的生长过程，满足他们的好奇心；在教室中放置他们能够移动的小桌子和小柜子，满足幼儿好动的天性并鼓励其活动筋骨。

课程的种类是繁多的，有文学、艺术、工作、早点等，每个学科还有详细的划分，但它们的核心都是为生活服务，每一门课程都不是独立设立，而是密不可分的。

教学方法以幼儿的生活为主，表现在课堂学习中，幼儿是自主的、拥有自我认知的，教师在课堂中采取旁观的态度，更多的只是位于指导的地位。

儿童本位幼儿教育的终极目标是要完成幼儿在这个时期身心上的发展，同时这个社会是多变的、发展的，幼儿需要对将来的环境具有极强的适应性。

2.幼儿教育的民族立场

张雪门曾认为儿童本位的幼儿教育是最具有发展空间的幼儿教育类型，随着社会状况的改变，到20世纪30年代他逐渐意识到幼儿教育需要改变，如果不和社会的实际需求一并考虑，幼儿教育将成为“空中楼阁”。幼儿教育应强调“应用性”和“本土性”，其表现如下：

应用性。院子里的植物种类众多，但五谷的数量远远多于观赏植物的数量，动物也是如此，主要目的在于应用而不是玩乐；在课程中，幼儿要完成有极强目的性的作业，在其中完成合理的分工，实现密切的合作。

本土性。教室和其他教学设备都是从旧物进行修改，简朴且以国货为主；在课程方面，文学上或者艺术上使用的材料并非来自素材丰富的西方世界，而是多出于本国、本地区的相关材料，音乐中使用的乐器也以本国乐器为主，体现当时该类幼儿教育对中国社会加以根本的改造，以期打破环境的束缚。

二、儿童教育办学实践经历

根据张雪门个人求学经历和教育实践活动，大致可以把他的儿童教育时期划分为三个阶段：宁波办学时期、北平教育实验时期、台湾创业时期。①

（一）宁波办学时期

幼年的张雪门家中会请私塾先生对他进行启蒙教学，长约七至八年，熟读“四书”“五经”等大量的儒家经典以及其他的古文和古诗，因此他深受儒家学派思想的影响，特别是王阳明的“行乃知之始，知乃行之成”的教育思想，重视理论与实践的统一。而关于他的幼儿教育思想，1918 年张雪门在宁波市创办了星荫幼稚园，并担任园长。该幼稚园也是宁波市第一所由中国人创办的幼稚园，张雪门从此开始了对幼儿教育的探索和实践。星荫幼稚园是以培育爱国新人、辅助家庭教育为教学宗旨的，首届学生共 30 人，毕业后颁发证书。在幼稚园的课程设置上分布有礼仪法、识字、认数、唱歌、手技、谈话、游戏、体操等。当时的收费标准为：全年学费 4 元，果饵手工费 2 元。据 1920 年 12 月 26 日宁波《时事公报》载，当时星荫幼稚园不但有三间教室，而且还“前有游戏场，后有幼稚花圃”。据星荫幼稚园第六届毕业生吴其仁回忆，当时在游戏场地已设了滑梯、秋千、木马、跷跷板等活动器具，师生共同游憩，开展生动活泼的游戏活动，还升“红、黄、蓝、白、黑”五色国旗。② 吴老还经常重访星荫幼稚园的旧址，墙门、教室、空地等依稀有曾经的影子，目前已为民宅。此外，张雪门认为幼儿是中国社会未来的主人，而培养他们的教育工作者的责任显然更加重要，因此 1920 年 4 月他创办了星荫幼稚师范，开始了他的幼儿师范教育工作。

（二）北平教育实验时期

1924 年，张雪门在北京大学任职，并在教育系旁听学习，受到时任教育系主任高仁山先生的悉心指导。随后，他从发现福禄贝尔讲义的残页着手，开始对福禄贝尔展开研究，并“决

---

① 冷雪.张雪门幼儿教育思想研究.哈尔滨：哈尔滨师范大学.2016：16-18.

② 方晨遥.张雪门幼儿园行为课程及时代价值.南京：南京师范大学出版社，2018：33.

心一年研究福禄贝尔，一年研究蒙台梭利，再一年研究世界各国的幼稚教育，然后以毕生工夫来研究适合我国国情的幼稚教育”[①]。张雪门努力研究西方幼儿教育，积极从课程入手，所有素材均来源于幼儿的普通生活，用于编制幼稚园的课程，他发表了《幼稚园第一季度课程》一文，在当时教育各界引起了巨大反响，同年，他出版了关于幼儿教育的著作《幼稚园的研究》。紧接着在 1927 年，张雪门创办了艺文幼稚园，作为幼儿教育的实习场所，把幼儿教育的关注程度推向了一个新的高度。1928 年秋，张雪门成了孔德幼稚师范的主事，并提出“骑马者应从马背上学”的口号，采取半日授课半日实习的措施，同时还借了一所蒙养园供师范生进行实习。之后在任北平幼稚师范学校校长期间开始进行了全面的幼儿教育实验活动。经过了九一八事变后，张雪门认识到半殖民地半封建社会性质的现状，同时深入认识到幼儿对国家未来发展的重要性，他又提出“以培养新一代国民为目标”的教育目的，张雪门民族本位幼儿教育思想初步形成。

1937 年，全国性抗日战争开始后，张雪门决定离开北平，并将北平幼稚师范学校校址迁往桂林，改称“北平香山慈幼院桂林分院广西幼稚师范”。随后他辗转各地进行幼儿教育场所的实验工作，继续他的幼儿教育事业。抗战胜利后，张雪门于 1946 年 1 月返回北平，但此时北平幼稚师范原校址已改为女三中，他为幼师校址问题终日奔波，却到处碰壁。此时适值台湾民政处电邀他赴台办理儿童保育院，他便于 1946 年 7 月中旬前往台湾。

（三）台湾创业时期

1947 年，儿童保育院更名为台北育幼院。由于日本占据台湾 50 年间施行奴化教育，台湾光复以后台北育幼院面临的首要任务就是要清除奴化思想的负面影响，转而对幼儿进行爱国主义教育，培养爱国情怀。为此，张雪门要求幼稚园必须在教育幼儿辨别是非方面下功夫，使他们自觉形成正确的价值取向。随着育幼院越来越繁重的工作，张雪门患上了眼疾。1952 年，因眼疾不断加重，他不得不退居二线，但在离开育幼院后仍然在幼儿教育领域发挥余热，如担任台南幼师科顾问；任多地幼稚园顾问并兼任教务和讲课，同时针对幼稚园教材教法和幼教改革等在全国进行专题讲演；主编出版了《幼教辅导月刊》等多本幼儿教育相关的杂志。1960 年，更大的打击降临了：他突患脑病，半身不遂。但在身体状况令人担忧的情况下仍然以顽强的意志撰写了《幼稚教育》《幼稚园课程活动中心》《幼稚园行为课程》等专著，在人生的最后阶段为幼儿教育理论建设做出了重要的贡献。

张雪门深入了解当时中国社会的现状，不断吸收中西方幼儿教育思想的精华，并且拥有丰富的幼儿师范教育实践。他的幼儿园游戏思想、幼稚师范教育实习理论以及幼稚园行为课程理论正是在他勤勤恳恳的探索与实践中逐步形成和发展起来的。

---

① 戴自俺.张雪门幼儿教育文集(下卷).北京：北京少年儿童出版社，1994：1454.

三、儿童教育思想主要内容

教育思想对于教育实践具有积极导向的意义，同时张雪门在进行幼儿教育实践的过程中也形成了丰富的幼儿教育思想体系。具体来说，其幼儿教育思想主要体现在以下方面。

(一)幼儿园游戏理论

张雪门的幼儿园游戏理论主要论述了游戏的目的、游戏的分类、游戏的选择标准等问题，在继承中国优秀传统文化和吸收国外先进教育理念的基础上，通过在实践中不断完善，逐渐形成了符合当时国情的游戏思想体系。

1. 幼儿园游戏目的

张雪门将幼儿园游戏的目的分为普通目的和特殊目的。[①] 普通目的主要是在提升身体素质的基础上进行探索，不断弥补身体的缺陷，锻炼筋骨；不断培养灵敏的感觉、灵活的身手；不断树立团结合作的意识。特殊目的主要是从非身体方面进行升华，通过游戏培养幼儿坚韧的性格；增强推理和对事物性质与特征把握的能力；在游戏中和同学、老师交换知识技能。从中可以看出张雪门认为游戏是幼儿与生活连接的纽带，对幼儿身体和心理两方面的发展产生了重要的影响。

2. 幼儿园游戏分类

游戏受到“目的意识”的控制，幼儿进幼稚园的时候，已经开始模仿成人的行为，游戏的类型也从简单变得复杂。张雪门将幼儿园的游戏活动大致分成五类：感官游戏、表演游戏、社交游戏、竞争游戏、猜测游戏。这些游戏能够同时促进幼儿身体器官和心理等方面的发展。

(1)感官游戏

感官游戏是辨别色彩、声音、形体、轻重、香味，提升幼儿视觉、听觉、嗅觉、味觉和触觉等五官的游戏。幼儿初入教育场所时，关于感官方面的硬件条件皆已具备，但熟练度仍需训练。感官游戏按其内容主要分为多种感官游戏和单一感官游戏两类，主要让幼儿熟练运用身体各部分的感觉器官，最终获得对生活的预备经验。但单一感官游戏并没有多大的意义，单一感官游戏需要与唱歌等进行联动，编成模拟动物的游戏或唱歌的游戏等，甚至改成社交的游戏。

(2)表演游戏

表演游戏是指幼儿根据文艺作品中的情节、内容和角色，通过语言、表情和动作进行表现的一种游戏形式，可以个人进行表演，也可以团体开展，既可以借助器具的作用，也可以无

① 张亭亭，刘丹. 张雪门的幼儿园游戏思想及其启示. 基础教育研究，2012(11)：54.

器具表演。幼儿对于周围环境中出现的各种事物充满着好奇，想通过重演明白事物的意义与价值。幼儿个人或组成的小团队用积木摆出火车、轮船的形状，或者在娃娃房里做些吃饭、睡觉等的事情，都是他们自发形成的表演游戏。当幼儿进行表演游戏的时候，以为只是在游戏中，其实已经获得了正式社会行为的操练。

(3)社交游戏

幼儿的社交性发展得参差不齐，但无论如何发展仍然无法完全脱离“自我中心”，看别人玩游戏是幼儿成长过程中重要的里程碑。教师在观察到幼儿有该行为时就要为他们提供机会，在幼儿观看的同时，最好向他们解释游戏的方法或规则，当幼儿掌握这种游戏的技能时，会很乐意参与其中。这时，教师不能采取强制措施让幼儿加入社交游戏，而是需要知道幼儿心理发展的程度，循序渐进，鼓励幼儿完成游戏。

(4)竞争游戏

这种类型的游戏在幼儿园游戏中处于不怎么重要的地位，而且经常与其他游戏相重叠，如“猫捉老鼠”的竞争游戏，比单独的赛跑游戏要有意思得多。在幼儿的游戏活动中，存在着由于资源配置不足引发的竞争和为达到预定目标而引发的竞争，特别是幼儿喜欢在他人面前显示出能力，而且希望得到他人的赞美。幼儿的这种竞争游戏，是一种自主的，对幼儿个性发展具有积极作用的行为方式，而作为幼儿教师，则应适时了解，促进并引导这种游戏的正面发展。例如，记载于《张雪门幼儿教育文集·幼稚园组织法》一书中的“比赛建筑房子”游戏，每人手里只拿一块木头，教师进行善意引导，他们一块木头一块木头地搭成了一间理想中的农村小房子，不仅利用有限的资源进行游戏，还培养了幼儿精诚合作的精神。

(5)猜测游戏

猜测游戏提示信息较少，是一种凭借教师的暗示，幼儿进行思考得出答案的游戏，可以在听、说、读、写上都有所侧重，得到锻炼。根据阶段分为三种类型的猜测游戏：第一种需用器具给予幼儿暗示，如听琴寻球；第二种是依靠幼儿自身的感官探测进行的，如听觉类的“盲人捉鸡”、触觉类的“摸鞋猜人”等；第三种是依靠幼儿更高级的推理能力进行的，如著名的“人、枪、虎”游戏。教师根据幼儿心理层次的不同并结合实际的教学内容进行游戏行为，在不断游戏的过程中帮助幼儿激发观察能力和记忆水平，最后培养幼儿的创新思维能力。

3. 幼儿园游戏要求

(1)满足幼儿需要

幼儿园教师对游戏的选择必须是幼儿所需要的，教师一方面应通过反复的实验全面了解每项游戏的性质和作用，另一方面了解幼儿的身心发展状况，平时多接触幼儿，多参与他们的活动，根据条件的变化以及幼儿各个感官共同协作的需要，提供最适合的游戏类型，选择适合于幼儿自我表现能力的游戏。

(2)适合幼儿兴趣

能力与兴趣对于幼儿游戏行为起到了至关重要的作用。就幼儿园游戏来说，幼儿有能力去完成就会产生兴趣，但有时会因为游戏的难度较高，幼儿的能力未达到游戏的要求，就会使他们觉得索然无趣。反之游戏的难度如果过低，幼儿也会对游戏失去兴趣。因此，在游戏的选择上应在幼儿的兴趣范围中，符合他们的身心发展要求，最好简洁并且还含有艺术的形式。

(3)蕴含社会价值

每一种游戏都不是随意开展的，普遍都是有价值的，都含有一种或多种价值，教师在游戏的选择时应考虑给幼儿带来正面的价值。例如，一些集体游戏需要游戏参与者的相互协作，如果教师能在游戏中对幼儿进行团结思想的训练，就体现了一定的社会价值。

4.幼儿园游戏理论的特征

(1)立足本土，融汇中西

20世纪初，中国的幼儿教育多是模仿日本和欧美各国的建构模式，虽有成就，但不适合当时中国社会的基本情况。张雪门明确指出了这类幼儿园的缺点："仅模仿其皮毛，而未窥其原则；且各种制度俱有时间空间之限制；教育亦制度也，故不能离环境而独立。模仿抄袭，自难合于国情；模仿之弊易流于机械，驯致屏弃本国有用之材而惟外人之马首自瞻。"[①]可以看出当时的幼儿园形态是畸形的。在中西文化急剧碰撞的时期，如何保持本土特色，创办出符合中国国情的本土化幼儿教育场所，是当时教育界关心的重点。张雪门认为该时期的幼儿教育并不能将西洋的幼儿教育模式全盘接受，而是吸收他们的材料与方法，用来解决中国社会发展的需要，改造幼儿的生活，做到"中体西用"。

在深入研究过福禄贝尔、蒙台梭利等人的幼儿教育思想之后，张雪门的幼儿园游戏思想中把福禄贝尔的恩物、蒙台梭利的感官游戏等进行了融合。在对待中国传统文化上，张雪门并没有完全的否定，而是不断地汲取传统的优秀文化，如张雪门在感官游戏中坚持中国传统学习文化中的"三到"——口到、心到、眼到，注重幼儿多种感官的相互联系。中国传统文化源远流长，张雪门认为根据实际情况首先应该继承本土优秀的文化，再批判地吸收西方游戏思想。

(2)实践为先，求真探索

张雪门的幼儿园游戏思想的来源主要是教学实践。他通过亲身实践，对游戏教学、游戏设备和材料等进行了长期实验，探索出了适合我国国情的幼儿教育。张雪门认为教育的基础就是实践，例如他经过五次课程改编，将游戏融入课程的种类、方式逐步完善，游戏设备也从模仿他国到自己制作，并且搜集本土游戏设备，充分利用废品和自然物等。[②] 从这点可以看出张雪门十分重视实践，在实践中找到开设和优化幼儿园游戏的方法。

(3)与时俱进，发展创新

张雪门幼儿园游戏思想分类细致，并且融汇了先进的西方理念，在当时的中国社会是极

---

① 戴自俺.张雪门幼儿教育文集.北京：少年儿童出版社，1994：112.

② 向凤玲.张雪门幼儿游戏思想研究.重庆：西南大学，2014：173.

其前卫的。在幼儿园游戏材料工具选择、游戏教学目标等方面强调以社会需要为依据，随时代变迁而不断改进。他的幼儿园游戏思想不是一潭死水、固定不变的，而是随着不同时代的不同需求而不断完善，把幼儿身心发展和社会需要相结合。

(二)幼稚师范教育实习理论

张雪门从事幼儿教育研究和实践活动的场所主要为幼儿园和幼儿师范学校。教育大计，教师为本。因此幼儿教育的发展必须对师资队伍的质量进行提升。近百年前，张雪门凭着自己想改革幼儿教育现状的决心，最初在宁波创办了星荫幼稚园和幼稚师范。张雪门认为："如果我们研究幼教仅限于幼稚园的教育，抛弃了师范教育，这无异于清溪流者不清水源，整枝叶者不整树本，绝不是彻底的办法。"①

1.教育实习的意义

(1)教育实习是解决幼儿和社会隔离问题的有效途径

张雪门指出之前幼儿师范学校培养出来的教师主要存在两个问题：一是不了解幼儿的发展；二是不了解社会的进步。要解决这两个问题，进行专业课的学习无异于杯水车薪，于是张雪门认为要想克服这些教学上、教师业务上以及行政处理社会辅导上存在的种种困难，没有别的办法，只有一条路，那就是实地上实习。② 进行实习需要有专门的场所，比如在师范学校内特别设置幼稚教育实验区。幼稚教育实验区内的各项工作都由学校师范生自行调度和统计，这不仅可以增进他们对幼儿教育工作的认识，提高实践的能力，而且还可以从各种不同的活动中获得基本的社会经验。

(2)教育实习是由书本知识向实践转变的重要手段

张雪门针对教师们使用的是实习教科书，并将教科书看作实习课程唯一的活动的问题，提出："一种真实知识的获得，是应该以直接经验为基础，再来扩充间接的经验(就是书本知识)，才能够融会贯通。"③张雪门著名的"骑马者应从马背上学"的思想，认为会骑马的人是从马背上学会的；离开了马背，尽管骑马术的本领不会忘记，但如果骑马还是会从马背上摔下来的。那么，专从书本讨经验的人，无论对教材或教法的研究下过多深的功夫，一旦实际与儿童面对面，那几十双小眼睛，就可以使你"伤魂落魄""手足无措"了。④ 这个理论不仅适用于教学能力的培养，更适用于与家长沟通、开展课外活动等。对此，张雪门指出解决书本知识向实践转变的困难，关键就是去实际场所进行实习，在实习中体验教育理论的意义，不但可以使你印证书本上的理论，有时还可以丰富理论体系。

(3)教育实习是增进对教师职业热爱的关键因素

张雪门认为一种知识的获得，是以实践直接得来的经验为基础，辅以书本知识等间接经验。但是对一种知识的灵活运用和教师的主观情感密切相关，情感的产生必须基于教育实

① 李晓玲，谷忠玉.张雪门幼稚师范教育实习思想及启示.内蒙古教育(职教版)，2011(11)：19.

②③④ 戴自俺.张雪门幼儿教育文集.北京：少年儿童出版社，1994：982，980，981-982.

习的锻炼。他认为在教育实习中能真切地关注到幼儿的实际问题并能进行解决，也能融入幼儿队伍中去。教育实习让师范生时刻都把学生的利益放在第一位，不断探索，大胆创新，热爱教育，热爱教师这个职业。

2.教育实习的内容及指导

张雪门认为实习应该提前到幼儿师范生入学之后的第一学年，又具体把实习细分为四大阶段：参观、见习、试教和辅导。师范生经过完整的四个阶段的锻炼，对于早日形成未来幼儿教师的专业意识、专业情感和专业能力十分必要。教育实习的四个阶段所包含的具体内容及指导策略等都有所不同，以下分别对不同阶段进行详细的论述。

(1)参观阶段

张雪门把教育实习的第一个阶段定为参观阶段，培养学生形成对幼儿园的基本观念和总体认识。他把参观阶段又细分为两个小阶段：第一个小阶段是学生入学之后的第一学期，为了保证师范学生更顺利地形成正确的理念，活动地点主要在与学校理念一致的中心幼儿园。第二个小阶段是在紧接着的第二学期，时间不超过单学期的五分之二，目的是进一步巩固上一个小阶段已经形成的观念和认识。关于参观的具体范围，张雪门认为应拓展到更多类型的幼儿园、小学低段、社会教育、地方教育行政等。参观的范围并不是随心所欲的，范围主要分为：一是对于教育场所行政及教学行为的参观，应当包括教学用具、教师与幼儿的互动、教学活动的过程、教学活动的设计以及行政等，其中每一项还可以细致地分出具体内容；二是对小学和其他教育或社会场所的参观。他认为师范生更应该去参观社会，以增强对社会的认知，了解社会与幼儿的关系，唤起对社会改造的兴趣与决心。

(2)见习阶段

见习阶段作为实习的第二个阶段，设在第一学年的第二学期。张雪门认为见习主要是把师范生从上一阶段参观中所获得的经验再进行一次，使得他们对此前的认识和观念更加清楚，而且能够加深师范生对于教育的理解，可以促使他们产生更多新的想法，加强教育教学技能，并且怀有热情。

如果说参观阶段师范生的任务主要以“看”和“记”为主的话，那么见习阶段主要就是以“做”为主，在这个阶段主要把参观中所记的一切在见习中进行应用。张雪门强调对见习的准备，认为见习阶段必须是有步骤的。见习地点仍然为与师范学校理念一致的中心幼稚园或者附属幼稚园。见习内容可分为幼儿园行政与事务的见习和教导见习。幼儿园行政与事务的见习的时间多为师范生进行自习的时间，主要参与的事项包括：供招生用的各种簿册，供测验用的各种工具及材料，制作各种统计图表，制作教室用气象日历及检查卫生、出勤等的表格，填写每学期儿童成绩并通知家庭，协助布置教室，预备儿童餐点，协助检查清洁，协助种牛痘，协助量儿童体重及身长，参与外出旅行时的管理，协调各种会议的列席和出席日程等。[①] 而教导见习的主要事项可以概括为教学材料的制作和使用以及教学行为的学习和

① 戴自俺.张雪门幼儿教育文集.北京：少年儿童出版社，1994:1019.

参与。在两大内容中最重要的是教导见习,也就是一定要“做”。这个阶段是一个边看边做的过程,为下一阶段打下稳固的基础。

(3)试教阶段

试教阶段设在师范生入学后的第二学年。在前述阶段学生已经学到了教法的原理、原则,也有了基本的实践经验,为了帮助他们的知识和能力得到提升,也是给他们一个独立实践的机会,应该赶紧给师范生一个较长时间独立负责的机会。同时,他特别提倡师范生可以利用空闲的资源办不收费的平民幼稚园,不仅对师范生自身的知识和能力大有裨益,也增加了幼儿受教育的机会。平民幼稚园的一切工作由师范生进行独立管理,指导教师只是起到部分指导和监督的作用。试教的活动事项包括招生、开学、编制课程、课程实施、月终报告、学期终了,每个事项下又进行具体安排。除上述内容之外,还应包括向社会试教的内容,如种牛痘、通俗讲演、创办新平民幼稚园。此外,张雪门对试教的计划、讨论和报告做了详细的介绍,并提供了对应的范例。

(4)辅导阶段

设在第三学年的辅导阶段是以前三阶段为基础的。但是张雪门认为参观、见习和试教所积累的基础是脆弱的:投入情感不够高亢,职业态度不够积极。因此,只有经历了辅导阶段,才能把理论知识真正转化为实践,升华教育最关键的价值。辅导的范围没有一个明显的界限,可大可小,有妇孺保健、亲职教育等。辅导的内容又可分为横纵两部分:在横的方面是通过社区调查、营养站、卫生站等多种形式与广大社会相联系;在纵的方面是对幼儿队伍进行研究,向幼儿家庭、亲职教育深入,最后直至社会。辅导阶段的工作全部由师范生进行计划、分配和检讨改进。在这一阶段,师范生在了解幼儿的同时,也要对社会进行了解,完美融入社会整体。从最后一个阶段可以反映出张雪门对师范生怀有很大的期望,认为师范生不仅要处理好幼儿教育本身的问题,还应该用专业知识服务社会。

3.幼稚师范教育实习理论的特征

整个实习过程以“教学做合一”思想作为指导,使得三年实习计划的实施很好地解决了幼儿教师职前培养中普遍存在的理论与实践脱节、理性与情感分离以及幼儿教育与社会相隔膜等问题。[①] 张雪门的幼稚师范实习思想使师范教育拥有了良好的理论基础,具有鲜明的特征。

(1)目标指向,详细计划

教育实习不能盲目而为,需要做到有目的、有计划。张雪门明确了指导思想,对于实习进行了四个阶段的详细划分,注重培养师范生的独立性格以及教育工作的能力技巧,对幼儿身心发展起到了引导作用,这在当时是个良好的开端。纵览张雪门的幼儿教育思想,每一年都安排实习的时间来保障师范生的实习效果,并且随着学年的增加循序渐进,逐步巩固实习成果,使师范生较为系统、完整地掌握知识,把握幼儿教育的真谛。

---

① 李莉,于开莲.张雪门教育实习思想对当前幼儿教师职前培养的启示.学前教育研究,2009(12):46.

(2)手脑结合,知行合一

对于师范生来说,进行针对性的实习是十分有必要的。实习带给他们丰富的理论知识,培养他们具体运用所学的幼儿教育思想来解决实际问题的能力,加深他们对教育主体、教育过程等的理解,同时使师范生学会用创新思维审视幼儿教育。通过教育实习阶段,做到“知行合一”,保证知识和技能的“双成长”。

(3)深入工作,服务社会

张雪门重视师范生与社会的联系,培养社会责任感,在社会中学习,最后服务于社会。在实习阶段,不仅强调通过实习使师范生了解幼儿身心状况、深入幼儿园各项工作,更要通过实习培养师范生的社会意识。

(三)幼儿园行为课程理论

张雪门一生的幼儿教育思想众多,行为课程是其理论的精华、实践的结晶,也是他对当时幼儿教育状况的研究成果。行为课程的名称虽然直至他赴台参与幼儿教育研究后才提出,但他在此前对幼儿园课程的论述与解释,前后具有连续性,说明行为课程产生与发展是贯穿始终的。

1.行为课程的含义

1966年张雪门在《增订幼稚园行为课程》一书中首次明确指出:“生活就是教育,五六岁孩子们在幼稚园生活的实践,就是行为课程。”[①]他认为行为课程完全来源于生活,最后又反馈到生活中去,不局限于教材中。

行为课程首先应关注幼儿生活中的实际行为,例如做卫生、植五谷、养动物等小事都应该让他们亲力亲为。因为人的认知从无到有需要个人与环境进行接触,幼儿的心理活动完全在与环境的接触中产生。幼儿常常通过上述实际行为,让个体与环境进行接触,产生直接经验,成为良好的人生基石。至于幼儿园游戏、故事、唱歌等内容,虽然能带给幼儿展示行为的机会,但不是社会中的实际行为。所以张雪门要求教师不要仅凭抽象的言语或图画来传授知识,而是要重视幼儿的实际行为,同时联系自然和社会环境,增强生活经验,提高生活能力。他认为教师的如此做法,就是行为课程的真谛。

张雪门认为“行为课程”中的教材应该是实际的经验,而不是死板的知识,行为课程以行动为中心,把其他相关的条件当成行动的辅助的教学形式,不背离环境,紧密联系社会,实际解决生活上的需要。

2.幼儿园行为课程目标

张雪门认为在面对幼儿园行为课程目标时应强调经验的价值,因此他把经验具体分为自然经验和人为经验两类进行细致解读。自然经验随着周围环境的变化而在幼儿成长过程中不断积累起来,不受时间、空间等因素的限制;人为经验是在具体的时间、空间下,按一定

---

① 张雪门.增订幼稚园行为课程.台北:台湾书店,1966:1.

的步骤，有明确的目的而获得的经验。张雪门认为这种经验存在着零散不全、不系统、不经济等缺陷，不适合进行传授，教师在传授自然经验的同时，也辅之以自己的人为经验。因此幼儿园行为课程的目标如下。

(1)满足幼儿身心发展的需要

张雪门一生致力于幼儿教育的研究，从儿童发展心理学的角度出发，他认为幼儿的身心发展是有阶段性和规律性的，行为课程的制定必须从幼儿的接受度、兴趣和能力水平出发，以此才可能促进幼儿全身心的发展。

(2)养成"扩充经验"的方法与习惯

杜威对于教育和经验的关系表达了"教育即经验的改造或改组"的观点，把经验和生活放在同一层次上进行描述，经验意味着生命活动，包括了全部的生活与历史。张雪门主张着重培养幼儿对之前经验的改造和对新经验的补充，而不是像传统教育一样一味地去灌输一大堆新的经验，那样只会适得其反。

(3)培养生活能力与意识

当时的中国正值社会动荡时期，需要的不仅仅是可以挥洒墨水的书生，而且需要能够自食其力的劳动者和建设者。幼儿园的行为课程不是为了行为而产生相应的行为，更主要的是在行为中培养幼儿今后步入社会所需要的思维能力。

3. 幼儿园行为课程的内容与实施过程

(1)幼儿园行为课程的内容

课程内容的选择与组织是课程编制过程中的一项重点工作，也是许多课程问题的出发点和落脚点。为了达到前文提及的幼儿园行为课程的目标，张雪门规范了行为课程内容的具体标准：①应适合于幼儿的需要。课程编制者根据幼儿的身心发展进行内容的制定。②应兼顾社会生活的意义。个人在社会中并不是独立存在的，幼儿作为个体在进入社会生活时所必备的一些知识，如吃饭、起床、穿衣、文字和数字等，都应成为课程内容的一部分。③应在幼儿自己的环境里搜集材料。由于成人的经验与幼儿的经验并不相同，因此内容的来源也都应该来自于幼儿所处的环境。这一点充分体现了张雪门在行为课程的内容上对幼儿主体的尊重。④应兼顾社会生活的需要。课程内容既要关系到幼儿当前生活的需要，又要考虑幼儿进入社会后的实际情况。

根据内容的标准，张雪门将行为课程的内容分为四个方面：①幼儿自发的诸般活动，即幼儿主动进行的一些活动，如攀登、呼吸等。②幼儿与自然界接触而产生的活动。③幼儿与人事界接触而产生的活动，即与幼儿现在的生活或未来的生活相关的社会生活知识，如"医院是什么样子的?""怎样在商店里买东西?""遇到坏人怎么办?"等。④人类聪明所产生的经验而合于幼儿的需要者。[①] 此外，张雪门强调在教学时应以混合教学为主，各种内容相互交融、互相借鉴，很早之前他就给幼儿教育界带来了课程整体化的思想。

---

① 林小燕.张雪门的行为课程在幼儿园的实践价值探微.湖北函授大学学报.2009(26):85.

(2)幼儿园行为课程的实施过程

张雪门用实施前的准备、实施中的指导和实施后的进展三部分来阐释行为课程的实施，每个阶段都有详细的描述。

①课程实施前的准备

张雪门认为教师在课程具体实施前，应该先做好充分的准备。

第一种是知识上的准备。虽然课程内容对于教师来说是容易的，但课程内容不仅仅是单一的知识，幼儿对知识的需求量往往超出教师的预期，所以教师需要对某一知识彻底了解，同时也需掌握相关知识。例如，教授运动知识，不只教授跑步的姿势或做操的基本要领等知识，还要准备肌肉、营养学等相关的知识，准备得越充分，指导幼儿行为的效果也就越好。

第二种是技术上的准备。课程进行的过程中含有各式各样的技术，教师应该在上课之前就进行预习，时常进行演练，以免在教学活动中漏洞百出，对教学效果产生负面影响。同时应对各种技术进行审评，由难至易，由平至曲，更能激发起幼儿学习的兴趣。

第三种是作业程序分析的准备。因为课程基本上不能够在一天内完成，教师在对幼儿进行指导时，把行为程序化，排定先后的顺序，一步一步按部就班地进行操作，帮助幼儿更快地取得进步。

第四种是工具和材料的准备。在当时的课堂中，幼儿尚无法对所学的知识，例如文学、音乐等自行搜索，因此教师应提前准备好课堂所需要的基本材料，如剪刀、糨糊、纸张、布块、针线等。对于随着课程进行可能需要的其他教具，教师更应该针对内容提前进行准备，不然幼儿想做这件事的时候找不到工具和材料，不但耽误了工作的进行，而且容易失去做事情的兴趣。在保育室的一角，可以放几样玩具，如偶人、皮球、小马车，在点名的时候可以引起他们的注意，但不要陈设太多，否则就会使注意力不易集中了。

第五种是集中心力的准备。上面四项准备都是必要的，但是正式上课前集中心力的准备更为重要。行为课程前要放松心情，使幼儿对所讲的内容感兴趣，以便顺利开展课堂教学。

②课程实施中的指导

课程实施前的准备完成之后，就到了实施阶段。张雪门细分的六种指导能够支持、引导幼儿的行为，并注意教师自身遇到的困难和错误。

第一种是计划上的指导。对于幼儿有兴趣但还没有具体计划去执行的事情，教师应该积极开展发问和讨论，对人员的分配、行为的顺序、工具的准备进行全盘计划，引导幼儿深入课堂学习，而且教师必须自己先有准备，但要指导错误、鼓励发言，不能把自己的思想强加于幼儿。

第二种是知识上的指导。不同的行为对应着不同的知识，但这些知识并不是跟随教师的准备而教授给学生，而是教师要能依照幼儿的具体需要进行指导，不应该做系统的介绍，而是随着行动的不断深入教师随时补充。

第三种是技术上的指导。所有活动失去了技术的支持就会变得困难,比如说幼儿涂糨糊时掌握的“量”,就是技术,太少黏不住,而太多又溢出来。教师在技术上进行指导,亲自示范的效果远没有教师在幼儿行动时给予暗示或鼓励来得好。

第四种是兴趣上的指导。幼儿的兴趣和注意力有着密切的联系,对一种活动的兴趣往往还未持续就转移到他处了。教师为了集中幼儿容易分散的注意力,可以告诉他们完成后的成就,运用各种方法保持幼儿对于课程的专注力。

第五种是习惯上的指导。在对幼儿进行行动课程传授的同时蕴含着对做事习惯的培养,教师对幼儿良好的习惯不必阻止,对不好的习惯需要及时进行纠正。

第六种是态度上的指导。幼儿需养成两种态度,一种是主观态度,有自己的想法,但也能包容周围人的意见;另一种是客观态度,对周围事物有清楚的认识。这两种态度是教师在传授行为课程的过程中,随时随地要给予幼儿指导的。

③课程实施后的进展

行为课程实施后,要有多种后续的手段进行跟进。

第一是对幼儿行为应有的检讨。课程结束后应该及时分析成功或失败的原因,以此作为之后改进的根据,因此教师之间也可以进行讨论,互相了解。具体操作是教师在课程结束时做一个简明的大总结,给幼儿一个总体的印象,然后进行个别的点评。活动的价值除了活动本身,批评并进行修正也必不可少,下一次比上一次的进步显得弥足珍贵。

第二是对幼儿行为应有继续的注意。一般教师在进行完上一个课程后,总是直接进行下一课程,容易忽视对之前行为的反复。而幼儿会从一种行为中进行摸索,从前一行动中产生后一行动的动机,教师应切实注意到行动动机的出现,并进行连续强化。

第三是对幼儿行为应有记录。幼儿每日的行为都在同一目的下进行,教师应该每天把幼儿的动作进行重点记录,以此作为将来相似状况的参考,同时也可以发现自己教学过程中成功或失败的地方。记录的东西不一定有固定的格式,但一定要注重正确且有条理。

第四是对幼儿行为经验应有估计。从张雪门幼儿园行为课程实施过程中可以发现课程设计较为周密,每个环节的设计对教师都有严格的要求和预定的目标,如果教师严格执行,会有良好的收获。在每一个课程结束的时候细心分析,并与之前预定的目标进行比对,看哪些目标达成了,达成了多少,这样才能获得真实的成绩。

4.幼儿园行为课程理论的特征

张雪门的幼儿园行为课程对当时我国的幼儿教育,特别是对20世纪五六十年代以后台湾的幼儿教育做出了重大贡献,其特点如下。

(1)发展个体,兼顾社会

相对于传统课程而言,行为课程是儿童本位的,突出了幼儿在教学中的重要性;而对于以儿童中心主义思想为指导的课程,行为课程也同时突出了社会的重要性。张雪门根据幼儿教育思想和当时社会的需要,将个体和社会有机融合,使行为课程不仅有利于幼儿教育思想的发展,更具有了时代的价值。

因此，在实践层面张雪门倡导幼儿个体应加强和周围社会环境的接触，扩充学习的基础知识，提升他们对社会进行改造的意愿；在选材标准上，张雪门认为教材的作用在于满足幼儿身心发展的需要，养成"扩充经验"的方法与习惯，培养生活的能力与意识，因此行为课程的实质就是幼儿在相应场所生活的实践。幼儿园行为课程从社会生活中来，在社会生活中开展，落脚点也为了服务社会，这体现了行为课程兼顾社会的特点。

(2)活动中心，实际而为

西方的行为主义心理学理论认为外界环境会对人的一切复杂行为产生决定性的影响。张雪门根据该理论指出了活动在实施幼儿园行为课程中的重要性，提出应该积极去引导和激发幼儿的主动行为，并且研究了如何在课程中培养幼儿的思维能力。众所周知，张雪门的幼儿教育思想主要来自于福禄贝尔、蒙台梭利和杜威的教育思想，而这三人的思想都提到了经验的产生，认同了活动的价值作用，强调行为课程的中心是行动，在行动中提高幼儿的思维能力。因此，张雪门在行为课程的意义与目的中明确指出，幼儿园课程"首先应注意的是实际行为，凡扫地、抹桌、熬糖、炒米花以及养鸡、养蚕、种玉蜀黍和各种小花，能够实在行动的，都应让他们实际去行动"。因为只有"从行动中所得的认识，才是真实的认识；从行动中所发生的困难，才是真实的问题；从行动中所获得的胜利，才是真实的制驭环境的能力"①。同时，张雪门认为行为课程的内容可以随着实际的需求进行相应的改动，以适应幼儿实际生活中身心发展的需要。

(3)整体操作，统合教学

张雪门认为幼儿对世间万物没有具体的分辨能力。因此在行为课程实施中切忌对学习过程分类过于细致，这样反而对教学有负面影响。陈鹤琴的"整个教学法"在这方面起到了良好的示范作用。张雪门在行为课程中融入了"整个教学法"的精髓，把行为课程整体形式看成单元活动。从实施过程来看，在进行课程内容时，张雪门提出以节气为中心选择行为课程的内容，进而考察幼儿周围环境的变迁(包括自然环境与社会环境)，从中选出每次课程的内容。再围绕这些内容，收集和它们有关的文学、游戏、音乐、工作上的材料，编成统合的教材，实施课程时就可涉及各个学科的知识。

四、简要评述及其启示

张雪门一生的实践和研究为幼儿教育理论的发展做出了重要贡献，虽然有一定的局限性，但我们仍然可以从"生活"和"生长"两个方面对他的思想进行评价。

(一)幼儿教育思想的历史局限性

张雪门的幼儿教育思想对于中国幼教理论和实践的发展虽然做出了重要贡献，但其

① 戴自俺.张雪门幼儿教育文集.北京：少年儿童出版社，1994：1089.

幼儿教育思想有着特定时代的烙印，存在着历史局限性，特别是幼稚师范教育实习思想更为明显。张雪门强调实践的重要性，认为从中获得的知识是最重要的，并且认为师范生只有在行动中才能收获有效的知识，这在一定程度上忽视了基础理论知识的重要性。此外，张雪门倡导的游戏活动中的感官训练既脱离现实生活也脱离实际；他认为教学活动有细致的划分，但操作步骤和方法却是固定的，这忽视了对幼儿创造力的培养。这些局限性也是不可回避的。

（二）重视生活与教育的融合

张雪门与陶行知都是“生活即教育”思想的推行者。他提出“生活就是教育，五六岁孩子在幼稚园生活的实践，就是行为课程”，可以看出张雪门认为课程的内容取自于幼儿的生活，教师要根据生活中的要素编制行为课程内容，如教师在介绍“春节”时，引入“年”和“爆竹”的故事，这样既贴近了幼儿的生活，引起他们的共鸣，又能让幼儿产生对学习的兴趣。所以张雪门认为教师从生活取得的材料，凡是能符合幼儿的需要，又不与社会需求相背离，都是可以使用的内容。

另外可以看到的是张雪门提出的最有特色的幼稚师范教育实习思想来源于当时的师范生每天只接受理论知识的熏陶，却得不到实践能力的锻炼，造成理论知识与生活实际相脱离的问题。于是他把实习时间加长为三年，希望通过这个举措让师范生更加细致地在实践中积累幼儿教师未来的生活经验。张雪门更是将教育实习分为四个紧密相连的阶段，参观阶段主要是让师范生对幼儿生活环境和学习的基本情况进行了解；见习和试教阶段是在参观之后培养师范生真正的教育热爱感和提高教学能力水平；辅导阶段主要反馈于社会生活，通过妇孺保健、亲职教育等行为，加强与社会的联系，培养社会责任感，在社会中学习，最后能服务于社会。后人曾对张雪门的幼稚师范教育实习思想进行评价：经过四个阶段历练的幼儿师范学生，不仅拥有了熟练的工作能力，还重视与社会的联系，服务社会。

总之，张雪门的幼儿教育思想以人们的实际生活为出发点，又落脚于生活，同时满足个人和社会的双重需要。

（三）重视教育与生长的融合

“生长”，即发展。首先，张雪门的幼儿教育思想推动了当时幼儿教育的大发展。20世纪初各种教育理论思想涌入积重难返的中国幼儿教育领域，传统的幼儿教育思想土崩瓦解。张雪门以中国教育实际为“本”，积极学习西方优秀思想，形成了独树一帜的幼儿教育思想。张雪门不仅是教育学家，更是幼儿教育的传播者，他翻译并宣扬了蒙台梭利等人的幼儿教育思想，加速了本土思想的革新。

其次，张雪门的幼儿教育思想遵循幼儿的身心发展规律，让幼儿进行自由的探索。张雪门认为幼儿自身的行为至关重要，行为中可以获得真实的知识；行为中可以遇到真实的问题;行为中可以培养真正的社会能力。因此,教师要在幼教场所进行角色转变,成为行为的引导者,让幼儿更多地对自己的行为负责来满足他们的兴趣,呈现出一种自由生长的状态。

张雪门遵循幼儿科学的成长规律,主张在尊重幼儿身心发展规律的基础上开展教育。在我国当时的学前教育环境中,存在着日本等国对幼儿思想的侵蚀,对幼儿身心进行压迫的现象。幼儿的生理或心理发展过程均有内在规律,教育必须顺应幼儿的自然发展。

第四章

陶行知的儿童教育

陶行知的教育实践一生，是旨在探索中国“新教育”之路的一生。在长期的儿童教育研究与实践中，陶行知创立了自己的儿童教育理论，对我国现代儿童教育事业影响深远。研讨陶行知儿童教育思想，是进一步创新改革当前儿童教育实践的重要财富。

一、产生与发展

陶行知，原名陶文濬，后改名为知行、行知，1891 年生于安徽歙县，终生致力于教育事业的发展与改革，是中国近现代史上伟大的人民教育家、思想家、文学家和政治家。1946 年 7 月 25 日，积劳成疾的陶行知病逝。毛泽东赞扬他是“伟大的人民教育家”，周恩来评价他是“一个无保留追随党的党外布尔什维克”，宋庆龄也赞颂他是“万世师表”。

1906 年，年幼的陶行知进入本县的教会学校崇一学堂免费读书，开始接触新教育。1914 年毕业于金陵大学，后赴美留学，先后在伊利诺大学、哥伦比亚大学学习，学习杜威实用主义教育思想。1917 年秋回国，先后任南京高等师范学校、国立东南大学教授、教务主任等职，推行平民教育，开始了他富于创意而又充满艰辛的教育生涯。

1927 年，陶行知在南京北郊晓庄创办晓庄师范，后被查封，陶行知也被迫逃往日本，直到他 40 岁才回国。1931 年春，陶行知在上海先后创办了“山海工学团”“报童工学团”“晨更工学团”“流浪儿工学团”等。后来又成立中国教育学会，在重庆创办了育才学校，后又创办重庆社会大学。1946 年 7 月 25 日上午，陶行知因长期劳累过度，不幸逝世于上海。

陶行知为人民教育事业，为中国的民族解放和民主斗争事业鞠躬尽瘁，奋斗终生，做出了不可磨灭的贡献。他在研究西方教育思想的同时，结合中国国情，提出了“生活即教育”“社会即学校”“教学做合一”等教育观点。陶行知的教育思想中非常注重儿童的教育，其儿童教育思想成为我国儿童教育理论的宝贵财富，至今依然闪耀着璀璨的光芒。

(一)萌芽

陶行知在留美期间，就很重视学习德国教育家福禄贝尔和意大利教育家蒙台梭利等人的幼儿教育思想，并对其他国家的幼儿教育事业给予极大的关注，以期待实现教育救国。回国后即开始进行旧教育的改造运动，对全国教育现状进行调查，在调查过程中目睹了当时中国幼稚教育的落后现状，于是开始关注中国幼稚教育的发展并做出了很多开创性的工作。1924 年，他撰文呼吁全社会对中国的幼稚教育事业予以普遍的关注和支持。1925 年陈鹤琴的《家庭教育》一书出版，陶行知在书评中高度赞扬了陈鹤琴为当今父母所做的贡献，认为此书的出版给当时的幼稚儿童带来了福音，使中国的父母可以少受些烦恼。[①]

(二)发展

20 世纪 20 年代，陶行知开始了儿童教育思想的探索与实践。从 1926 年开始，陶行知发表了许多关于幼儿教育的文章，主张改革旧教育，宣传新型的进步教育，呼吁解放儿童的创

① 郑国凤. 陶行知幼儿教育思想及其对当前我国幼教改革的启示. 贵阳：贵州师范大学，2014：25.

造力。他指出中国幼儿教育有三大弊端：一是外国病。弹的是外国钢琴，唱的是外国歌，讲的是外国故事，玩的是外国玩具，甚至吃的是外国点心。二是花钱病。国内幼稚园花钱太多，有时超过小学好几倍。三是富贵病。学费高，只有富贵子弟可以享受幸福。所以幼稚园只是富贵人家的专利品，平民是没有份的。[①] 陶行知意识到要办一个平民的、省钱的、符合中国国情的幼儿园。

20 世纪 30 年代，陶行知的儿童教育理论趋于完善和成熟。在 1922 年担任中华教育改进社主任干事后，他为中国的儿童教育事业做出了许多具有历史意义的开拓性工作，发表了一系列讲话和文章：如在《新教育评论》杂志发表了《创设乡村幼稚园宣言书》等重要文章，陶行知看到了幼儿教育的重要性及意义；在代表中国致送加拿大世界教育会议的报告《中国乡村教育运动之一斑》中，列出专题介绍我国乡村中心幼稚园和试验幼稚园师范院校情况；针对传统儿童教育的弊端，又紧密结合当时的国内社会背景，积极倡导"为工农大众服务的幼儿教育"的思想，建立平民化、中国化的幼稚园。

(三)实践

陶行知在儿童教育理论上做出贡献之际，也开启了一系列儿童教育实践。1924 年，陶行知初步提出自己办幼儿教育的主张：幼儿园既是训练母亲的场所，也是幼儿教育的中心。1927 年，在陶行知的努力下，中国第一个乡村幼儿园——南京燕子矶幼稚园成立。1934 年，陶行知又创办了中国第一个劳工幼儿团。乡村幼儿园和劳工幼儿团的问世，改变了中国幼儿教育的状况，同时也代表着中国幼教事业发展方向的转变。在办学方针上，坚持贯彻和推行"中国的""省钱的""大众的"，不盲目效仿西方国家，由此发展出一条适合我国国情的儿童教育发展道路，也创立了自己的儿童教育理论。因此，陶行知的幼儿教育理论与实践也带有浓厚的时代烙印。

二、新的儿童观

尊重儿童的主体地位是陶行知儿童教育的指导思想。陶先生在《儿童节歌》中指出："从前世界属大人，今后世界属儿童！"我们应该尊重儿童的人权，尊重儿童的主体地位。陶行知认为，儿童的生活是最重要的生活，童年的教育是最重要的教育。

(一)对儿童应有新的认识

开展儿童教育工作，前提是确立合理的儿童教育指导思想。陶行知认为，儿童本位是儿童的教育指导思想。陶行知高度赞扬儿童的潜力，因此他要求师范生变成小孩子，这样才配

---

① 郑国风．陶行知幼儿教育思想及其对当前我国幼教改革的启示．贵阳：贵州师范大学，2014：26.

做小孩子的先生。他主张儿童教育应以儿童为主体，教育者的责任在于引导儿童的自觉、自动，养成儿童独立自主的个性。以儿童为中心的教育指导思想有着极其丰富的内涵。

第一，充分了解儿童的需要和能力。儿童教育首先要承认儿童的存在，眼里有儿童。陶行知认为教师要了解儿童与成人的不同，他们应该和孩子打成一片，进而了解、掌握儿童的生理和心理特点。只有这样，教师才能实施符合儿童特点的教育。加入儿童的队伍，和儿童进行情感上的沟通，做到热爱儿童，教师应在对儿童有足够了解的基础上去教。在旧中国封建礼教的束缚下，儿童身心发展受到了诸多限制，创造力也被禁锢。

第二，重视儿童的天性，充分尊重儿童的生活。陶行知认为儿童是时代的小主人，儿童既是教育的对象，同时也是学习的主人，儿童具有无限发展的可能，因此儿童的世界应该由儿童自己去创造。儿童期是人生中的黄金时期，儿童也是祖国未来的希望，应该让其做自己的主人，归还其自由。传统教育过多的说教和知识训练阻碍了儿童的自然成长。儿童的行动应该由自己的意志支配，养成自主的习惯，减少对大人的依赖。

第三，重视儿童的创造性。陶行知发现儿童具有创造力，并提出培养儿童创造能力需要"六大解放"，即解放儿童的眼睛、头脑、双手、嘴、空间、时间。有了这六大解放，创造力才可以尽量发挥出来，并得到大大提升。陶行知有这样一首诗："人人都说小孩小；谁知人小心不小？你若小看小孩小，便比小孩还要小！"传统封建教育束缚了儿童的创造力。我们应该对儿童实施自主管理，相信儿童的潜力，培养其自主精神，使其成为"学习之主人""生活之主人""创造之主人"。

(二)倡导对儿童要有新认识的意义

1.消除传统教育的弊端

首先，传统教育与儿童实际生活分离。中国的科举制度拥有上千年的历史，中国的学生读的是儒家经典，走的是仕途。儿童教育应该以了解儿童为起点。陶行知反对旧社会对儿童的轻视、蔑视、忽视的错误态度，斥责旧社会对儿童的种种陈腐见解。教育不能把学生培养成书呆子和书痴。传统教育教的是书，考的也是书，但它忽视了学生的健康和道德。其次，传统教育"填鸭式"教学，教师只负责教书，无视学生的发展和自身需要。

2.适应民族振兴的需要

陶行知认为教育要唤起群众，必须从启蒙教育开始，必须从基础教育开始。陶行知在《第一届儿童节献词》中说："从摆在我们眼前的事实上看，儿童所受的压迫，是最为深重，而又最为我们所忽视。甚且公认为合理。父兄们都把儿童当作自己私有的财产，同时更认为儿童们是不识不知，俨然把自己看成伟大的智慧者。"[①]从前的儿童没有地位，正如陶行知所认为：传统教育，是"吃人的教育"，它教学生自己吃自己。教学生吃别人。

① 陶行知.陶行知全集(第11卷，补遗一卷).成都：四川教育出版社，1998：431.

3. 满足儿童潜力发展的需要

陶行知认为儿童自有其伟大的生命。只要有适合的环境，其创造潜能就能表现出来。儿童是未来社会的主人，儿童的前途，即是社会的前途，人类的前途。陶行知在《第一届儿童节献词中》强调，“我们应该发扬儿童们的生命力，使其成为新时代的创造者；绝不容加以桎梏，使其成为旧时代的承继者。父兄与幼稚教育家的手里，实掌握着社会与人类的前途，所以重新估量重新体认把握在自己手里的幼苗的价值与生命，是当前最切要的工作。”①

(三)确立新的儿童教育观

尊重和理解儿童是陶行知儿童教育理念与传统教育中儿童观最大的不同之处。陶行知认为封建教育的弊端是束缚了孩子的创造力，儿童没有言论自由，更没有动手的机会。学校仿佛是一个鸟笼，而孩子就是被囚禁在鸟笼中的小鸟。旧中国的孩子在苦海中成长，不但经济困难，而且受各种封建礼仪束缚，身心得不到充分发展。不同之处具体表现在以下三点。

首先，对儿童的定位不同。陶行知先生极为强调儿童教育的重要性，儿童是未来的创造者。他认为幼儿教育是人一生之中教育的基础，人一生中的态度、习惯、倾向等都是在六岁之前养成的，六岁之前是人格培养的重要时期。因此，他极其重视儿童的启蒙教育，认为应该在幼儿发展的各个时期都要加以正确引导，他创办了第一所乡村幼儿园，并把保障儿童的健康教育放在首位。传统教育中，五六岁的小孩开始学习《大学》《中庸》，陶行知认为这是忽视儿童个体身心发展需要的行为。

其次，培养目标不同。传统教育观念认为，教育即是读书。认识尽量多的文字，掌握尽量多的知识就是文化人。因此，学生学习的教材也脱离实际生活。陶行知的儿童培养目标是：生活需要什么，我们就教什么。同时陶先生也指出，“千教万教教人求真，千学万学学做真人”。他认为，儿童的培养不只是知识的学习，他要儿童做小工人、小农民，关心时事，关心祖国，不做贪图享受的废物。儿童不仅要学会做人，而且更要学会做事。此外，陶行知还强调道德是做人的根本，没有道德，纵使饱腹诗书也无用处。道德培养是儿童教育中必不可少的内容。

最后，教育方法截然不同。陶行知鼓励教育者和家长尊重儿童的天性，把儿童当作儿童看待。儿童有自己的需要和无限发展的可能，所以儿童教育的方式要注重启发，通过解放儿童发展其创造能力。教学方法也要以“教”为中心转向以“学”为中心，注重儿童手脑协调发展，而不只是机械地进行文字训练和道德说教。

---

① 陶行知．陶行知全集(第11卷)．成都：四川教育出版社，2005:377.

三、教育的目标

陶行知一贯反对儿童学习“死”的知识，主张发展“活”的本领，更加强调能力的培养是儿童教育的中心。

(一)培养儿童的生活力

陶行知主张应该从小培养儿童的独立解决问题的能力，使他们能战胜生活中的困难，逐步掌握改造社会的本领。儿童要手脑相长，不能成为书呆子。陶行知对于中国传统“贵耳贱手”“贵知贱行”等教育上的误区进行了猛烈的批判。他深刻指出，传统教育教用脑的人不用手，教用手的人不动脑，最终读书人成了书呆子，劳苦大众成了工呆子。陶行知倡导教育以生活为基础，教材内容的编排具有实践性，教科书的内容不应只是便于教师教，学生听。陶行知创办的育才学校，利用校内外零星空地，种植粮食和蔬菜，目的就是为了培养手脑并用的学生。

(二)培养儿童的创造力

解放和培养儿童创造力是其儿童教育目标之一。陶行知是我国儿童创造教育与实践的先驱，他认为每个儿童都有自己的创造潜能，教育的作用就是在遗传因素的基础上，过滤并运用环境的影响，培养和发挥儿童的创造力。教育不能创造什么，但它能启发和解放儿童的创造力。

1.儿童具有创造的潜力

培养儿童的创造力，首先要相信儿童可以进行创造。陶行知认为，儿童是创造产业的人。因此，儿童从出生起，只要提供适合的环境，其创造性就可以开花结果。教师要具有创造的儿童观和教育观。正如杜威所说：只有傻瓜才把创造视为离奇幻想的事情。陶行知用亲身经历证实了儿童天生具有创造力。陶行知先生认为，儿童创造力发挥的前提是基于遗传因素，能否通过培养，加强发挥儿童的创造力，取决于怎样运用环境；教育能启发、解放儿童的创造力。我们也可以这样理解，父母是孩子的第一任教师，家庭教育对孩子创造力的发展起着至关重要的作用。

孩子的好奇心是与生俱来的。好奇、好动源于孩子的强烈的求知欲，家长和教师应该要保护他们的好奇心。陶行知说：“人之所以比禽兽厉害，就是因为他有手，手能打仗、能生产、能建设、也能创造。”[①]小孩要注意并指导他竭力运用手的活动。要解放小孩的自由，让他们做有意思的活动，发挥他们的才干。给儿童创造一个乐园，成人要把自己摆入

① 梁伯琦，赫连素贞.陶行知教育思想基础.杭州：浙江大学出版社，2010:474.

儿童队伍里，成为孩子当中的一员，与儿童建立彼此相互信任的师生关系，要认识到小孩也有力量。

2.创造力培养的途径

创造力如何培养，陶行知提出儿童创造力的“六大解放”[①]。陶行知认为，认识到儿童具有创造力，就应该通过教育将其解放，归还学生基本自由，否则，就是浪费资源。

陶行知提出“六大解放”，即：第一，解放他的头脑，让其主动思考创造，就必须把迷信、成见、曲解、幻想从儿童的头脑中解放出来。第二，解放他的双手，培养孩子动手操作能力；陶行知先生一针见血地指出中国传统封建教育的弊病是：对小孩子一直是不许动手，动手要打手心，往往因此摧残了儿童的创造力。第三，解放他的眼睛，让其可以走进大自然、走入社会探索发现；传统的封建教育使儿童脱离社会生活实际，成了“书呆子”。应该培养儿童观察大自然，以及对社会进行分析的能力，让孩子在大自然、大社会的怀抱中，陶冶性情、锻炼意志，培养分析问题、解决问题的能力。第四，解放他的嘴，教师给予儿童质疑发问的机会。陶先生说：“小孩子得到言论自由，特别是问的自由，才能充分发挥他的创造力。”小孩子在玩要中，遇到困难，发生疑问，这完全符合人类的科学思维，家长应积极鼓励这种行为，持开放态度。第五，解放他的空间，使他能到大自然、大社会里去取得更丰富的学问。社会即学校，不能把儿童局限在学校这个狭窄的空间里。第六，解放他的时间，不把他的功课表填满，不逼迫他去赶考，不和家长联合起来在功课上夹攻，要给一些时间消化所学，并且学一点他们自己渴望要学的学问，干一点他们自己高兴干的事情。让孩子亲近自然、接触社会，做时间的主人，以此发挥他们的主动精神。

“六大解放”的重点在于调动儿童的积极性和主动性，让儿童的潜能得到最大的发挥。

四、教育的内容

陶行知倡导全面发展的教育。全面发展的教育包括学生德、智、体、美、劳诸方面的教育，因此教育内容亦十分丰富，强调儿童要身心协调发展，

（一）体育

陶行知十分重视学生的体育。他提出“健康第一”的口号，并告诫师生：没有了身体，一切都完了！加强儿童的健康，幼稚教师扮演着重要的角色，陶行知明确要求“幼稚园教师应当做康健之神”。陶行知所倡导的体育是身体锻炼与卫生的、科学的生活相结合的综合教育，以增强学生体质。

他主张幼稚教师必须要经过严格的卫生训练，在实施教育时要根据幼儿的现实生活进

① 周洪宇.陶行知生活教育导读.福州：福建教育出版社，2013：249.

行必要的卫生常识教育，使他们从小养成良好的卫生习惯，从而自觉维护身体健康。此外，他还主张教师应多组织幼儿参加室外活动，在室外活动中锻炼他们的体格，促进他们身体的正常发育，从小培养有生活能力的国民，以便为社会多做贡献。

(二)科学教育

陶行知是我国最早倡导和实行科普教育的教育家之一。科学教育也是儿童教育的主要内容。陶行知在幼儿科学教育的意义、目标、内容和方法等方面都有科学的、独到的见解。

1.实施科学教育的意义

陶行知从两方面探讨科学教育的重要性。一方面他认为，科学教育对于社会的发展、国家的富强、民族的独立具有重大意义。另一方面，科学教育对于幼儿一生发展具有奠基作用。儿童的可塑性高、个性好动，而且天生就拥有对世界的好奇心，教师应结合这些特点，尽早对学生实施科学教育。他运用爬树的例子形象地比喻科学教育应从儿童抓起的原因："你教人爬树，如果从小教起，到了长大，便会爬到树顶。如果教成年人爬树，势必爬到头破血流，非得爬不到顶，并且于他的手足伤害甚多。"[①]陶行知用此例来强调及早实施科学教育的必要性。

2.开展科学教育的必备条件

当时的中国教育资源有限，对儿童实施科学教育绝非易事。陶行知认为，科学教育不一定有钱才能施行，穷国也可以办科学教育。

(1)科学教育内容要全面

陶行知认为，科学教育的内容首先要全面。科学教育不仅包括自然科学的内容，还包括社会科学的内容。在当时的社会背景下，自然科学是陶行知尤其重视的。他认为自然科学是驾驭自然势力的科学，它是最重要的知识技能，具有很强的应用性，能够直接创造财富，最能够帮助中国富强起来。陶行知还设计了一整套完整的科学课程体系，包括儿童的生物、儿童的物理、儿童的化学、儿童的天文、儿童的气象、儿童的地球、儿童的工艺、儿童的农艺、儿童的生理卫生、儿童的科学指导等。[②]

(2)科学教育内容要贴近生活

陶行知指出，科学"并不是很难的东西，高深的科学固然很难研究，但是浅显的科学，我们日常玩着的，人人都会做"[③]。选择科学教育的内容应考虑学生的知识经验，应从学生熟悉的生活环境中去寻找丰富有趣的科学内容。如地质、昆虫、野兽、鸟雀、草药、环境卫生、花草树木、瓜果豆菜、日月星辰等各类事物都可成为教育内容。陶行知认为，每个社会生产和生活单位都具有教育的职能，马路、街道、工厂、农村都可以是儿童接受科学教育的场所，也都可以是儿童学习科学知识的重要来源。因为生活即教育，有什么样的生活就应该受什么样的教育。

①②③ 周洪宇.陶行知生活教育导读.福州:福建教育出版社,2013:96,249.

(3)教师要提升素养、创造教育资源

陶行知特别强调幼儿教师必须提高自身科学素养，在有限的条件下进行创新，师生同心协力，因陋就简创造新材料，开辟新路径。教师学会合理利用生活中的资源。陶行知认为科学教育最好的资源就是社会和大自然。教师和学生可以自己创造新材料，自造仪器。没有玻璃管可以用芦柴管通个孔代替；如果买不到软木塞，可以用湿棉花做瓶塞，破布烂纸都可以利用。陶行知举了一个外国人研究鸟的例子。这个外国人专门研究上海的鸟，他在自家门前种树，等这些树长大，自然就会有很多鸟过来让他观察。冬天，这个外国人再筑鸟巢，庭院撒些谷物，随时随地就可以研究这些鸟类。"从不花钱的地方干去，这是很有兴趣的。如果推而广之，学校之外，也可给你去干，兴趣更浓了。"①

(4)父母学会保护儿童的好奇心

陶行知希望中国的父母要像科学家的家长那样努力，父母对孩子的教育至关重要。在他的著作中，多次提到富兰克林的父亲和爱迪生的母亲的例子来鼓励中国的家长，要像富兰克林的父亲和爱迪生的母亲那样，去保护、指导、鼓励、支持儿童对科学的兴趣和好奇心。前者避雷针的发明者富兰克林对科学的兴趣，就是小时候在父亲的工厂中培养起来的。爱迪生的故事大家也耳熟能详，其母亲一直支持其勇于探索的精神，允许他在家里随心所欲地做科学实验。

(三)道德教育

陶行知特别重视学生的思想品德教育。他指出："道德是做人的根本。根本一坏，纵然你有一些学问和本领，也无用处。"②六岁以前看作是人格陶冶最重要的时期。因此，他对培养幼儿的道德品质和良好的行为习惯非常重视，把培养"真人"当作教育的最终目的，他有一句至理名言"千教万教教人求真，千学万学学做真人"，他强调"真人"的培养需从幼儿抓起。

陶行知认为品行养成的要素是在行动前所做出的判断。教师应该引导学生做出正确的判断。与此同时，他还强调教师应该注重儿童的自治，要求教师教给儿童在团体中学习自治的方法，并且希望通过自治来培养他们集体生活能力、主动精神以及社会责任感。知情意合一是道德教育的方法。知的教育要引起儿童的兴趣与行动的意志；情育是要培养儿童主动追求真理的感情；使儿童追求真理并努力奉行，便是意志教育。儿童人格获得完备的发展就是要在统一的教育中进行。真善美和谐统一是道德教育所追求的目标。

(四)劳动教育

陶行知一贯主张教育与生产劳动相结合，做到"在劳力上劳心"，他认为劳动教育不仅可以促进手脑相长，增进孩子的自立能力，还能使他们通过劳动探获真知，了解劳动者的甘苦，

---

① 虞伟庚.陶行知教育思想概论.武汉：武汉大学出版社，2012：187.

② 邸学群.常青藤蔓蔓.北京：华文出版社，2018：195.

从而培养良好的劳动品质。陶行知在其《自立歌》中曾写道："滴自己的汗。吃自己的饭。自己的事自己干。靠人，靠天，靠祖上，不算是好汉！"[①]为了从小培养孩子的自立能力，培养他们热爱劳动、热爱劳动人民的优秀品质，陶行知特别重视幼儿的劳动教育。由于办园条件艰苦，经费有限，在其所创设的几所乡村幼稚园里，玩具和娱乐场所几乎都为自创。为了让幼儿贴近生活，体验劳动人民的艰辛以及品尝自己的劳动成果，在他创设的幼稚园里专门为幼儿开辟了儿童小农场，让孩子们在里面种植瓜果、栽培花草、养鸡生蛋，干一些自己力所能及的事情。这些做法不仅能够培养幼儿爱劳动、爱劳动人民的优良品质，还能够促进他们智力的开发，进而提高他们的认知能力，通过劳动获取直接经验。

五、教育的方法

陶行知认为集体生活是培育人才幼苗的重要途径。陶行知一方面提出为生活而学习，另一方面提出从生活中学习，生活是个人增长知识，提高生计能力的重要渠道。他也明确指出育才学校教育的基础建立在集体生活上。

(一)何为集体生活

在集体生活中接受教育，是儿童教育的重要原则。何为"集体生活"？陶行知认为集体生活的形成需要两个条件[②]：一是集体生活和社会发展相联系；二是集体中要体现民主、注重个性。陶行知认为，集体生活是用集体的力量创造出来的合理的、进步与丰富的生活。从真正的集体生活中实施集体教育，必定要有共同目的、共同的了解、共同的参与，而这共同目的、共同的了解、共同的参与又不可以由单个团体孤立地树立起来，否则又会变成孤立的生活、孤立的教育，而不能充分发挥集体的精神。

(二)集体教育实施的意义

陶行知认为集体教育是儿童发展的重要推动力。陶行知认为集体生活有三方面意义[③]：第一，集体生活是儿童自我向社会化道路发展的重要推动力。陶行知认为研究和教育儿童不能脱离儿童的生长环境，学校办教育更不能脱离社会。学校要学会利用环境对儿童的助力作用，组织富有教育意义的集体生活，集体与个体之间的相互作用促进儿童个性全面发展。第二，集体生活可以逐渐培养学生的集体精神。集体精神要在集体中培养。在集体生活中，儿童之间相互帮助，可以产生认同感。第三，集体生活可以培养儿童的创造能力。创造性的生活环境与集体生活成员的相互作用，可以使学生进行自我教育。陶行知指出，

---

① 陶行知.知行诗歌集.北京:海豚出版社,2012:53.

②③ 郭笙.为中国教育寻觅曙光——陶行知教育思想研究.沈阳:辽宁教育出版社,1991:187.

养成儿童自我教育的精神，使他们学会学习，掌握独立求知的方法，这比传授知识更重要。学生从老师身上获取的知识有限。无论老师有多么渊博的知识，他给学生的知识也是有限的，重要的是教会学生学会自己去探索。所以，人的一生中，除少部分时间跟着教师学习，大部分时间是靠自己独立学习。学生要向书本学习、向同伴学习，向社会与大自然学习。好的教师不是教书，不是教学生，而是教学生学。正所谓"授之以鱼，不如授之以渔"，让学生具备学习的能力，掌握恰当的学习方法，形成良好的学习习惯，这对学生来说是终身受益的。

(三)如何组织集体生活

如何正确组织集体生活，陶行知指出需要三个要素。首先是集体自治。要求学生学会管理自己，集体自治可以培养学生自动力量，也可以培养自觉的纪律精神。其次是集体探讨。在于集思广益，以集体的力量共同追求真理。陶行知提出"五步探讨法"，即行动、观察、看书、讨论和思考。从行动开始，以思考结束。最后是集体创造。以集体的力量创造新的环境，培养儿童的创造力。集体生活在性质上划分为四种，分别是健康生活、劳动生活、政治生活和文化生活。通过集体创造活动，每个儿童也能受到全面发展的教育，进而促使学生创造精神的发展。育才学校的生活与教育是相互结合的，即教学做合一。与完全不顾学生的实际需要、脱离生活的传统教育截然相反。

(四)集体生活与个性发展兼顾

要正确处理好集体生活与学生个性发展之间的关系，集体生活健康可以促进学生的健康发展。

首先，学校的集体生活与社会发展相联系，不能脱离社会。集体生活与社会相通，可以为集体生活注入丰富的、实际的、促进学生个性发展的养料。其次，集体生活与学生个性发展辩证结合。在集体中发展个性和民主，按照学生的特长，发展学生的能力，因材施教。学生在共同目标的集体生活中集体创造，每个学生发挥各自的创造才能。最后，处理好学生的主体地位与教师的指导作用之间的关系。陶行知强调，集体活动中尊重儿童的主体地位，教师要掌握科学的教育方法，发挥自身的指导作用。教师的责任是教学生学，发展学生独立自觉的创造能力。

其次，也要因材施教。面对特点不同、不断发展变化的儿童，我们要给予儿童适宜的教育。因材施教是培育人才幼苗所必须遵循的客观规律。因材施教的实施涉及教学制度、内容、方法等一系列的改革。陶行知先后对此做了很多论述。比如在育才学校中，学生根据智力测验进入到不同的兴趣组，根据兴趣组的特点考核方法也不同。陶行知非常重视集体生活在学生教育方面的作用。集体生活可以促进学生的自治，培养学生关心他人、关心社会的优秀品质。在集体教育中，陶行知也非常重视学生的个性发展。我们如今的教育也非常重视集体生活的教育意义。教育、教学过程中，班集体的建设和发展也是班主任工作的重点。

陶行知的集体教育思想也可以指导目前学校真正有意义的集体生活的构建。

六、评述与启示

陶行知儿童教育思想受到研究者的重视，并积极推广到各级各类学校的教育实践之中。

(一)重视对陶行知儿童教育思想的学习与研究

从20世纪50年代至今，国内外对陶行知教育思想进行了大量的研究，并且取得了一定的进展，各地都出现了陶行知研究所，出版发行了介绍陶行知教育思想的各种著作。陶行知的教育思想主要集中在《陶行知文集》《陶行知全集》《陶行知教育文选》等著作中。由龚思雪和戴自俺主编的《陶行知幼儿教育的理论与实践》一书集中展现了陶行知的幼儿教育思想。此外，在一些学前著作中也有关于陶行知幼儿教育思想的涉猎，如廖其发主编的《中国幼儿教育史》、唐淑主编的《学前教育史》。

首先，研究者介绍陶行知的儿童观。以高谦民的《儿童教育观》为代表。文中总结了四条陶行知的儿童教育观：知情意合一是儿童教育的宗旨、能力是儿童教育的中心、集体生活是儿童教育的基础、理解是儿童教育的关键。[①] 吴振东在《陶行知的儿童观、方法论及其对当前幼教发展的启示》一文中分析了陶行知重视幼儿教育和尊重儿童人权的儿童观。[②] 刘杰将杜威和陶行知的儿童观进行了比较，指出了两者教育理论的异同。[③]

其次，具体介绍陶行知幼儿教育的思想与实践。如唐淑《中国农村幼教事业的开拓者——陶行知》一文，该文从陶行知的《创设乡村幼稚园宣言书》《幼稚园之新大陆——工厂与农村》《如何使幼稚教育普及》三篇文章入手，分析了陶行知普及幼稚教育的思想、改变幼稚园的方法以及改变训练教师的态度三个方向，并对陶行知的幼稚教育实验进行了论述，对陶行知的幼稚教育思想和实践进行了评价。[④] 蕲阳侠的《浅谈陶行知幼儿教育的理论与实践》一文从幼儿教育的思想主张和幼儿教师的实践活动两个方面对陶行知的幼儿教育理论进行了介绍。[⑤] 林青的《试论陶行知幼儿教育思想与实践》一文则从实践性、继承性和创新性三个方面分析了陶行知幼儿教育思想的特征，并进而探讨了陶行知幼儿教育实践对中国教育科学发展的指导意义。[⑥]

---

① 高谦民.陶行知的儿童教育观.南京师大学报(社会科学版)，1991(4)：65-68.

② 吴振东.陶行知的儿童观、方法论及其对当前幼教发展的启示.幼儿教育，1992(4)：9-10.

③ 刘杰."青"与"蓝"，孰优孰劣？——试比较杜威与陶行知的儿童观.现代教育科学，2010(8)：11-12.

④ 唐淑.中国农村幼教事业的开拓者——陶行知.南京师大学报(社会科学版)，1982(1)：26-29.

⑤ 蕲阳侠.浅论陶行知幼儿教育的理论与实践.华中师范大学学报(哲学社会科学版)，1991(6)：38-42.

⑥ 林青.试论陶行知幼儿教育思想与实践.福建师范大学学报(哲学社会科学版)，1993(2)：126-129.

(二)重视把陶行知儿童教育思想应用到日常学校教育教学工作之中

部分研究者把陶行知儿童教育理论与教育现状相结合,从而挖掘其现实价值。如周颖的硕士学位论文《让更多的中国幼儿接受教育——陶行知农村幼儿教育思想与实践的现代价值》,该文主要对陶行知的乡村幼儿教育思想与实践进行了研究,并联系当前农村幼儿教育发展的现状提出了相应的对策。[①] 许琼华的硕士学位论文《陶行知的幼儿科学教育理论与实践探索》则专门探讨了陶行知幼儿科学教育理论的思想精髓和基本观点,并分析了其对我国幼儿科学教育的现实指导意义。[②] 杨娟和李静婷的《浅谈陶行知幼儿教育理论对当下幼儿创造教育的启示》一文通过探讨陶行知的幼儿教育理论,为当下开展幼儿创造教育实践活动提供借鉴。[③]

通过对陶行知儿童教育相关文献的梳理可见,相关研究成果在逐渐增多,研究内容也不只是对陶行知儿童教育有关思想的简单介绍,而是更加侧重分析其时代意义,为现在儿童教育的健康发展提供理论和实践基础,尤其注重在课堂教学中的具体应用。

陶行知一生致力于中国教育事业,为穷苦大众办教育,为中国教育事业做出了巨大贡献。综上所述,陶行知的儿童教育思想,以集体生活为载体;以理解儿童、尊重儿童需要为出发点;以培养儿童自我学习能力、创造力及动手实践能力为目标,使儿童的人格获得完善的发展。认真学习和研究陶行知的儿童教育思想,有利于促进现代儿童教育事业的发展。陶行知的儿童教育观对现在的儿童教育仍具现实意义。

1.改变对儿童的态度是前提

首先,了解儿童的需要和能力。热爱是儿童教育的基点,我们要尊重学生,信任学生,要像陶行知那样,把学生也当作自己的老师。陶行知提出:“教师应该向幼儿学习,把自己想象成孩子,那你会有很多惊人的发现。”因此,现在的教育急需把儿童从成人的世界中解放出来。陶行知认为:“小学教育是建国之根本,而幼稚教育尤为根本之根本,小学教育应当普及,幼稚教育也应当普及。”[④]因此要解放儿童的空间,扩大其认识的眼界,以发挥其内在之创造力。陶行知认为儿童的生活,是社会的一面镜子。而且,教师不能单单把学生当小孩教。我们要教小孩贡献自己小小的力量为社会服务。培养学生正确的人生观、价值观和世界观。他认为学生最好的服务是做小先生,拿学到的知识教其他人。这其实就是培养奉献精神的教育,这种奉献精神必须在奉献中来学习,绝不能纸上谈兵。

其次,承认儿童的个体差异,不能刻板。每个儿童都有自己独特的个性,教育过程中要

① 周颖.让更多的中国幼儿接受教育——陶行知农村幼儿教育思想与实践的现代价值.上海:华东师范大学,2007.

② 许琼华.陶行知的幼儿科学教育理论与实践探索.福州:福建师范大学,2003.

③ 杨娟,李静婷.浅谈陶行知幼儿教育理论对当下幼儿创造教育的启示.教育教学论坛,2014(27):113-114.

④ 龚光军.陶行知教育思想及其当代价值研究.成都:西南交通大学出版社,2017:51.

因人而异，因材施教。所以教育儿童，也要顺导其能力去做。小学阶段的学生，身心都处于发展阶段。家长和老师遵循儿童的身心发展特点施教，不能违背教育规律。让儿童超前上学、超负荷学习，陶行知认为："他的前途一定是很有限的，将来一定要发生危险的。像这样只顾眼前、不顾后来，就可谓之暂时生活，不是永久的生活。"[①]

2.承认儿童的人权是基础

尊重儿童的主体地位，首先承认儿童的人权。陶行知说，我们应该承认儿童的人权，儿童的人权从怀胎的时候开始。只有承认儿童具有人权，才能真正做到了解和理解儿童，相信小孩是能够办大事的。陶行知始终强调，小孩是有力量的。晓庄师范被封，学校停办，教师离去，孩子们就自己办了一所农村小学，称"儿童自动学校"。

3.理解儿童是关键

陶行知的儿童教育观正是在充分理解儿童的基础上形成的，只有充分地理解儿童，才能更好引导他们健康发展。陶行知认为儿童应该是快乐的，儿童的痛苦多半是家长的不理解造成的。因此，理解的前提是了解，不了解儿童的需要、兴趣和志向，也无法教育他们。所以，正确把握儿童身心特点规律是教育的起点。他在育才学校提出的"迷、悟、爱"的主张，便是这种理解儿童的结晶。陶先生认为，所谓"迷"，即儿童求知欲强。他们常常会因为对某件事情感兴趣而着迷，教育者要充分利用孩子的这种天性，引导他们去探索、去创造。所谓"悟"，即根据儿童的悟性。通过启发式教育，指导他们将个人的特殊爱好与学习结合起来，更多地领会人生，了解宇宙和人类的历史。所谓"爱"，即根据儿童天生的爱心，引导他们将自然的爱上升到对民族和人类的自觉的爱。[②]

尽管时代不同，陶行知根据当时社会实情，从当时社会问题的角度出发，提出的教学思想和教学方法，也许并不能直接用以指导我们当前的儿童教育工作。但是，陶行知教育中的科学的儿童教育理念和实践仍具有现代价值。

---

① 喻琴.陶行知幼儿教育名篇选读.武汉：长江少年儿童出版社，2014：14-15.

② 陶行知.陶行知全集.长沙：湖南教育出版社，2005：492.

第五章

陈鹤琴的儿童教育

陈鹤琴，我国现代著名教育家，尤其在幼儿教育、儿童心理学研究领域享负盛名，在中国现代化进程中，对研究和探索幼儿教育的理论和实践做出了重要贡献。他是我国儿童心理学和幼儿教育学领域最早展开研究的学者之一，被称为“中国幼儿教育之父”。

一、主要贡献简述

陈鹤琴，浙江上虞人，出生在一个商人世家，由于父亲经营不善，家道中落。父亲是一位令陈鹤琴感到严厉而敬畏的人，在他6岁时，父亲因为吸食鸦片身患疾病去世，后他与母亲和大哥、大嫂一同生活，年幼丧父的陈鹤琴从小便懂得了一个道理："人生非奋斗，没有出路。"1899年，不到8岁的陈鹤琴进入了私塾，跟随王星泉先生学习。1906年，他离家去了杭州，本来是随小姐夫学做生意的，由于生意不景气，姐夫决定送他去读书，同年8月，陈鹤琴进入蕙兰学堂。1910年年末，将满19岁的陈鹤琴完成了学业，以优异的成绩从蕙兰学堂毕业，1911年2月，他如愿考入了上海圣约翰大学，开始新的学业。

1914年，陈鹤琴毕业于清华学堂(今清华大学)，而后考取公费留学美国。初到美国的陈鹤琴对所接触的一切都感到好奇和无穷乐趣，他先在霍普金斯大学研修经济学、政治学、市政学、地质学、生物学等课程，其中他最感兴趣的课程是地质学和生物学。在霍普金斯大学的历史上，陈鹤琴是第一个就读于该校的清华学生，也是在该校取得学士学位的第一个中国留学生。

1917年夏天，陈鹤琴从霍普金斯大学毕业后，进入哥伦比亚大学师范学院，师从杜威、桑代克、克伯屈、孟禄等教授，专心研究教育学和心理学。在哥伦比亚大学与陈鹤琴一道学习的有张伯苓、张耀翔等。在哥伦比亚大学期间，陈鹤琴学习的主要课程有教育心理学、教育哲学、中学教育组织机构、学校体制比较学、宗教心理学、思维心理学、特殊儿童心理学等。1918年夏天，陈鹤琴被授予哥伦比亚大学教育社会学硕士学位及教育学教师文凭。由于陈鹤琴当时的官费留学期限至1919年前半学期，无法在此期间内完成博士学位学习和研究任务，等延期申请结果下来时，陈鹤琴已经回到国内了，此后陈鹤琴也再也没有回去攻读博士学位，这也成为他一生的遗憾。

1919年，回国后的陈鹤琴任教于南京高等师范学校(后改为东南大学)，教授教育学和心理学，从此开始了他的教育生涯。他认真研究和借鉴了西方学者研究儿童心理学的方法，开始了中国儿童教育科学化的探索。1920年，他的长子一鸣出生，以儿子一鸣为观察研究对象，对孩子的行为、情绪、表情、动作等进行了持续808天的观察，用文字和照片的形式详细记录下来，并将研究成果撰写成了《儿童心理之研究》一书，于1925年出版发行，他是我国最早运用观察和试验的方法进行儿童心理发展研究的学者。同年，出版了《家庭教育》一书，利用对儿童心理学研究的科学成果，阐述了家庭教育的意义，该书深受广大读者的喜爱。

1923年，陈鹤琴在南京创办了南京鼓楼幼稚园，这是我国第一所由中国人自己开办的幼稚教育实验中心。他对当时国外幼儿教育课程严重充斥中国幼稚园的状况十分不满，与张宗麟等人一起进行了幼稚园课程中国化和科学化的探索，为了改变中国幼儿教育"外国病""花钱病""富贵病"三大弊病，提出了"活教育"思想，极大地推动了中国幼稚园课程的发展。他是我国幼儿园课程改革的先驱。

1927年,他发起并组织幼稚教育研究会,于1928年创办了我国最早的幼稚教育研究刊物《幼稚教育》。1932年,他协助教育部制定了我国历史上第一个《幼稚园课程标准》。

中华人民共和国成立后,陈鹤琴先生以极大的热情投入到社会主义建设之中。他先后担任南京大学师范学院院长和南京师范学院院长兼幼儿教育系主任。在这期间,他讲授儿童心理学课程,继续研究、探索中国幼儿教育事业的发展道路;整理以前有关幼儿教育方面的研究,建立了一套完整的教学和科研体系,完成了他20世纪20—40年代一直未能实现的理想。

然而,从20世纪50年代初起,由于受"左"的思潮的影响,他的"活教育"思想受到错误批判,而他本人在1958年也遭到错误批判,他的儿童教育思想被全盘否定。1959年,他不得不离开自己长期从事而又深为热爱的幼儿教育工作岗位。

"文革"结束后,陈鹤琴先生得到平反。此后,他除了担任社会和政府的一些要职之外,还当选为全国幼儿教育研究会名誉理事长。1981年"六一"儿童节时,他虽然身患重病,但仍然不忘儿童,并为儿童题词:"一切为儿童,一切为教育,一切为四化。"1982年,他在连说话都非常困难的情况下,还写下了"我爱儿童,儿童也爱我"的肺腑之言。由此可见,陈鹤琴先生把毕生的精力全部献给了祖国的儿童教育事业,他不愧为著名的幼儿教育家。

陈鹤琴曾到世界许多国家进行访问和考察,积累了丰富的幼儿教育经验。在长期的实践研究和理论学习的基础上,他提出了许多适合我国国情和儿童心理的教育主张和课程思想,写出了近400万字的幼儿教育著作,影响巨大。

二、理解儿童教育

教育在儿童期具有重大意义。儿童是一种家庭化和社会化的主要分子,也是一种改进家庭、改进社会和促进文化的原动力。[①] 因此,要高度重视儿童教育,把儿童培养成社会有用人才。要培养儿童,开展儿童教育,就要正确理解与认识儿童。

儿童期是可塑的。一方面,儿童期是发展能力的时期;另一方面,儿童期具有可以发展的性质,即所谓的可塑性(plasticity)或可教性(educability)。陈鹤琴说:"初生的婴儿不像小鱼小鸟,鱼鸟的各种活动可以说生来就能做的。我们人的活动大部分是生后学来的。儿童的身体脑筋都要渐渐地发展;儿童的道德要逐渐涵养;儿童的谋生能力也要渐渐地储蓄;人生一切的活动都要在儿童期内发展的。还有一个意思我们要明白的,就是儿童期是发展个人的最好的机会。什么言语,什么习惯,什么道德,什么能力,在儿童的时候学习最速,养成最易,发展最快。"[②]

① 北京市教育科学研究所.陈鹤琴全集(第一卷).南京:江苏教育出版社,1987:60.

② 陈鹤琴.陈鹤琴教育思想读本:儿童心理.南京:南京师范大学出版社,2012:32.

“儿童期就是接受文化的时期。因为成人的学习能力没有儿童期的大，几千年来文化的传递实在是儿童期的功用。”[①]“对于个人而言，儿童期就是可塑性的意思。我们的生活环境既然这样复杂，我们的适应能力就要大，要发展适应能力非有发展的时期和可以发展的性质不可。”[②]“这样看来环境愈复杂，儿童期愈长，学习的机会愈多；天赋的智力发展愈快，然后才可以适应复杂的环境。所以人的儿童期实在是预备适应环境的重要时期。”[③]因此，儿童期的教育是非常重要的。

(一)关于儿童本质

幼稚期是人生最重要的时期，什么习惯、语言、技能、思想、态度、情绪，都要在此时期打下一个基础，若基础打得不牢，那健康的人格就不容易建造了。[④] 陈鹤琴先生的教育实践和文字无处不显露着他是一位关爱儿童、和蔼可亲的学者，对儿童充满耐心与喜爱之情。循循善诱，因势利导，他试图通过文字向我们阐述他的儿童观。[⑤]

(1)儿童不是“小人”，儿童的心理与成人的心理不同，儿童时期不仅作为成人之预备，亦具他的本身的价值，我们应当尊重儿童的人格，爱护他的烂漫天真。

(2)儿童秉性好动，我们不要仍旧用消极的老法，来剥夺他的活泼天性，必须予以适当的环境，能使他充分地发展。

(3)我们教育儿童，亦当利用他的好奇心，好奇心为知识之门径，我们当利导之。我们有些父母常常摧残这点好奇心，禁止儿童“多嘴”“饶舌”，这实在令人痛恨之极。

(4)游戏是儿童的生命。游戏具有种种教育上的价值，我们更加宜利用的，但是我们也要明白这个游戏是随年岁而变迁的。

(二)关于儿童成长规律

传统的儿童观认为“儿童是成人的缩影，是个小大人罢了，与成人没什么差别”。然而，1948年陈鹤琴先生在《怎样做父母》之《小孩子不是出气筒》中谈道：“小孩子有小孩子的意志，小孩子有小孩子的人格。成人应当尊重小孩子的意志，尊重小孩子的人格。”可以看出陈鹤琴先生所提倡的儿童观是：儿童不是成人的缩影，而是有他独特的生理、心理特点的。根据自己的研究，陈鹤琴先生为我们指出儿童不同于成人的七个方面[⑥]：

(1)好动心。儿童的好动心是与生俱来的，同时，儿童的好动心也是他们获得知识、学习劳动、培养道德、养成习惯的基础。

(2)模仿心。儿童的模仿心比成人强，这一点为儿童在不同环境中接受教育提供了心理

---

①② 陈秀云，陈一飞. 陈鹤琴全集(第一卷). 南京：江苏教育出版社，2008：53，7.

③ 陈鹤琴. 陈鹤琴教育思想读本：儿童心理. 南京：南京师范大学出版社，2012：33.

④ 北京市教育科学研究所. 陈鹤琴全集(第二卷). 南京：江苏教育出版社，1989：674.

⑤ 周洪宇. 教育导读(中国卷). 上海：华东师范大学出版社，2013：332.

⑥ 程秀兰. 学前儿童发展心理学. 西安：陕西师范大学出版社，2018：41-42.

基础，具有重大的教育价值。成人应当为儿童提供良好的榜样，便于发展他们的自立心、创造力和发明心。

(3)好奇心。儿童对于一切新的东西都会产生好奇心。好奇心也是儿童获得知识的来源，有时在短期内看不出作用，但具有长期效应。

(4)游戏心。陈鹤琴认为，儿童游戏乃是天然的，游戏可以给小孩子快乐、经验、学识、思想和健康。

(5)合群心。陈鹤琴认为，“儿童是好群的”，儿童很早就产生了对人与人的感觉，尤其是3岁以后，儿童开始与别人一起游戏，发展了许多重要的助人能力、合作能力，促进了儿童的社会适应性发展。

(6)情绪性。陈鹤琴认为，成人的所有情绪反应，“其基础皆在乳儿期中即已开始奠立”，因此，做父母的要与老师协同起来培养儿童的良好情绪，不要暗示、恐吓等，导致儿童不良情绪，应以优美的艺术作品培养儿童的美感，从而培养儿童的积极情绪。

(7)环境要求。陈鹤琴把儿童成长的环境分为游戏、艺术和阅读三类，他高度重视环境在儿童心理发展中的作用。他认为阅读和艺术能有效地开发幼儿的潜在能力，因此，他指出家庭应尽量布置阅读环境，使孩子从小喜欢阅读，这对他们的成长至关重要。

诚然，随着社会的进步与发展，现在几乎人人都承认儿童与成人有着本质的区别，但陈鹤琴指出，错误的儿童观在现实生活中仍然存在，如教育内容成人化，“繁、难、偏、旧”，严重脱离儿童身心发展需要；教育方法简单粗暴，“填鸭式”“满堂灌”，不顾儿童生理、心理特点；不尊重儿童的人格，居高临下地指责、控制儿童，等等。所以我们的儿童观仍然需要进步，实事求是地做到尊重儿童，顺应儿童的天性，给予儿童一定的属于自己的空间，满足儿童的好奇心，这也是当下我们幼儿教育需要反思的；儿童的生理、心理发展也是随着年龄的增长、环境的改变而变化的，只有掌握了幼儿的成长发展规律，研究儿童的心理，施行教育应当根据儿童的心理，才能对其实施有效的教养方式，促进幼儿的健康成长。

(三)关于儿童教育目的

为什么要进行幼稚教育？陈鹤琴先生从科学的角度做了解释：“依据生理心理的发展过程，幼稚时期的教育是很重要的一个阶段。在这个阶段中，幼儿身心健康的增进，身体和行为方面良好习惯的养成，以及各项知能的发展，都是决定他将来人格和体格的重要因素。所以幼儿教育实在是一切教育的基础。”①

幼稚教育的主体是什么？陈鹤琴先生认为，幼稚教育的主体是儿童，教师的作用是度量儿童的能力与个性，用种种最适宜的方法，把教材介绍给儿童。课程与方法则是达到教育目的的工具。

---

① 北京市教育科学研究所.陈鹤琴全集(第五卷).南京：江苏教育出版社，1991：45.

他将幼稚教育的目标归结为四个方面。[①]

(1)引导儿童做人方面

在这一方面,陈鹤琴先生强调要培养儿童具有合作服务的精神和同情心,以及诚实、礼貌等其他品质。

①合作的精神。这种精神从大的方面说来,是人类战胜万物的根本要素和人生最重要的道德。我们不能希望儿童完全达到,因为这时期儿童并没有大的合作能力。但是我们在极细微的地方,也可以训练的。例如,做团体游戏可以训练此种精神;又如玩积木,小号积木一人可以放在桌上玩,至于大号积木,必须大家合起来玩,这样也可以训练合作的精神。虽然有许多学者反对能力的转移,认为是不可能的,但是我们倘能处处注意培养这种习惯,将来就是习惯的应用了,似乎并不矛盾。

②同情心。同情心是人类的特性,所以"闻其声不忍食其肉""见无告之民而生恻隐之心"等,都是同情一事之功。但是以现在社会的恶德张扬,此心渐泯。幼稚生在社会上之日尚少,急宜训练此种美德,以奠定其坚固之基础。

③服务的精神。人哪个无自私?所以我们对于"私"不能厚非。但是人类一天进步一天,"私"字的范围也应该一天扩大一天。起初是个人,渐进而为同居一室,更进而为同乡、同邑,更进而为同业,更进而为全社会、全国到全人类。我们抛开哲学来谈事实,社会上倘若都是为个人的人,我敢说没有文明的进步,对于他自己也很难有进步的希望。服务的精神,从小应该训练的。例如,组织幼童子军,儿童就能格外替他人做事。此外,做人的道德当然还有很多,如谦让、诚实、有礼貌等,也应该培养的。

(2)在身体方面

陈鹤琴认为主要是训练儿童养成各种达到强健体格的习惯,培养儿童一定程度的运动技能。

①健康的体格。要培养儿童有健康的体格,是一件很不容易的事,成人几乎要时刻留心,例如运动、饮食、衣服等,都应该合乎卫生要求。幼稚园也应该负相当的责任去指导家庭,而幼稚园最应注意的是玩具与本园的各种设备,使它们既能引起儿童好动的心理,又能时时刻刻注意卫生条件。

②卫生习惯。要培养儿童体格的健康,成人应该有良好的指导,其中养成儿童卫生习惯,尤为重要。幼稚生因能力关系,当然不能要求过高,下列数项是可实行的:好清洁的观念,洗脸、刷牙、吃东西以前洗手,每晨大便,随身带清洁的手巾等习惯,幼稚生都可做到的。

③技能。要身体健康,必须有相当的运动技能。中国旧式家庭养小孩,怕风怕雨,不让孩子出门去玩,弄得孩子像个半截木偶,何等可怜。在幼稚园里的儿童,对于人生必需的几种基本动作,都应该养成。例如,跑步,跳跃,爬高,掷物,骑脚踏车、雪车,打秋千,溜滑梯等,一方面培养儿童各种技能,另一方面又能培养勇敢精神,使他们稍踏危境而不惧。且荡秋千

① 陈鹤琴.陈鹤琴教育思想读本:幼稚教育.南京:南京师范大学出版社,2012:11-16.

等动作，对于避免晕船还有几分帮助，那么又有其他的功用了。

(3)在智力方面

在这一方面，陈鹤琴先生主张应以丰富儿童的直接经验为主，让儿童充分接触自然和社会，引导儿童对日常事务产生好奇并做研究。智力和知识是很有分别的。知识是以成人为主体的，智力是以儿童为主体的，智力上的能力是活的，积累的许多知识是死的。培养儿童在智力上应该具备的能力包括：

①有研究的态度。儿童的好发问，几乎可以说是与生俱来的天性使然，而成人往往不愿意向他们说明，同他们去研究，有时还要用强烈的手段去禁止儿童发问，致使儿童好发问的态度，被消泯无迹，这是何等可叹的事情。幼稚生因为种种能力的限制，所以谈不上像大学问家那样的研究，但是对日常事物的穷究，也着实够了。例如，日常的食品、油盐酱醋的成因，花草虫鱼鸟兽的考察，都是很容易办得到的，教师也应该教他们的。不过这里有一个最困难之点，就是教师要知识丰富，幼稚教师确是不容易做到。

②有充分的知识。我们对于幼稚生虽然要使他们感觉敏锐，同时也应该使他们有丰富的知识，使他们经验丰富。幼小儿童是富于想象的，但是想象的根据是经验，没有经验就不会有想象的。只要使幼稚生有机会接触自然界和社会，并好好指导他们，就可以使他们有丰富的知识。各种经验都是直接得来的，所以还要使他们有获得经验之工具和技能。例如，看图画、识字等，也应该培养这方面的技能。

③有表意的能力。前两项都是受纳的一方面，这是表现个人之所感。成人对于心有所感必从许多途径表现出来。能文者，作为诗歌；能绘画者，绘成图画，其他如工艺、音乐、雕刻、言语等无一不为表现个人感想之工具。幼稚生因生理上之限制，当然达不到这种地步，但是用简单的语言，叙述简单的故事，画简单的图画、做简单的手工，还是可以做得到的。这类发表的能力，都是可以逐渐训练成功的。

(4)情绪方面

陈鹤琴先生指出，除了要让儿童养成乐于欣赏、快乐等积极情绪外，还要帮助儿童克服发脾气、撒娇、惧怕等不良性格。他希望儿童养成欢天喜地的快乐精神。[①] 心理学研究认为，情绪情感对婴幼儿的心理活动和行为具有非常明显的激发作用，情绪直接影响儿童的行为，驱动、促使儿童做与不做这样或那样的行为，儿童认知活动的无意识性特点也是受情绪影响所致。可见，培养良好的情绪对儿童发展至关重要。

①欣赏。欣赏的东西很多，如自然界之美、山川之幽秀、建筑之雄伟，但这些对幼稚生似乎都还早些；而悦耳的音乐、儿童画、音调顺口的儿歌、可以玩赏的艺术品，幼稚生都能欣赏的。我们大家都感觉到我国国民之缺少欣赏能力，尤其是音乐，雅歌妙舞，几乎成为少数人的专利品，普通人很难领略，这是一个大缺点。我们应该极力设法改变的，首先应在幼稚园里大力提倡，这是不难办到的。只有诗歌一层比较难些，要想搜集合乎幼稚生的诗歌，是一

---

① 北京市教育科学研究所. 陈鹤琴全集(第二卷). 南京：江苏教育出版社，1989：27.

件很不容易的事。

②快乐。我们的教育不能使儿童感到快乐，也是失败之一。所谓快乐，不是用“糖包药丸”的方法，使儿童暂时感到快乐，我们希望儿童养成欢天喜地的快乐精神。教师的人格感化、笑口常开、和蔼可亲，这固然要紧，此外在一切教导上，都应合乎儿童的需要，采取循循善诱的方法，并不是拿了物件，硬装进去的。硬装的方法，就会造成使儿童厌恶一切的后果。例如，读书是一件很有趣的事，教的得法，可以使儿童终身喜欢读书的，但是大多数的儿童不欢喜读书，这都因为教师强迫儿童的缘故，有了这样不好的习惯，可以说是人生最大的不幸。

③打消惧怕。儿童生来所怕的东西不多，惧怕大都是后天养成的。家庭教育之不良，周围邻居之恶劣影响，于是慢慢养成了种种惧怕的习惯，如怕黑暗、怕蚯蚓、怕狗、怕猫、怕昆虫等，都是对于人生有很多不便的影响。幼稚园教师应该常常带儿童去接触万事万物，如捉昆虫、与猫狗玩耍等，又如常带儿童登高、溜滑梯等，这些都是消灭惧怕情绪的好方法。我们常常看到初入幼稚园的儿童，见到什么都怕，过了一些时候，能渐渐地去接近惧怕的东西，教师倘能处处注意，必能把儿童已养成的惧怕情绪打消。这种经验，幼稚教师都有。

总之，“小孩子忽而笑忽而哭，是很容易感受外界刺激的。我们做父母的须要支配他的环境，使他所接触的环境，都可以增加他的快乐，而减少他的痛苦的。[①] 小孩子的许多惧怕，大部分是由父母的暗示养成的，做父母的自己怕这样，怕那样；哪里还希望他们的小孩胆子大呢。小孩子固是很容易受人暗示的……所以我们做父母的应当怎样慎重我们自己的行为和言语，使我们的小孩子不至于胆小如鼠的样子。”[②]

(四)关于儿童教育要求[③]

(1)丰富儿童的经验。从教育的起点来看，儿童经验是教育的起点。教育必须以学习者已经具有的经验作为起点；这种经验和在学习过程中发展起来的能力，又为所有的未来的学习提供了起点。从经验中学习意味着教学要依据儿童的已有经验而进行，要丰富儿童的经验。经验既是儿童学习的起点，也是教师进行教学活动的基础。从教育的过程来看，儿童经验是教育的途径。教育是让儿童的身心各方面得到全面发展的过程，这个过程必须经过儿童的经验让其达到其内在的而不仅仅外显的转变和发展。儿童经验就像是教师传递知识、儿童接受知识和获得能力的“土壤”。在教育过程中，教师一方面要尊重儿童的经验，尊重儿童在学习过程中的主体性；另一方面，教师还需要把要教授的东西进行“心理化”。就是把要教授的东西解释为儿童的生活经验，并指导儿童的经验不断生长。此外，儿童没有分别经验美恶的能力，作为成年人的教育者，应当帮助儿童多获得积极的经验。

(2)有用的动作。陈鹤琴先生认为对于儿童来说有用的动作应当具备以下三个条件：是

---

① 福建省妇女联合会，福建省家庭教育研究会．中华家庭教育论．福州：福建教育出版社，1996：205．

② 陈鹤琴．家庭教育与父母．上海：上海人民出版社，2013：117．

③ 陈鹤琴．陈鹤琴教育思想读本：幼稚教育．南京：南京师范大学出版社，2012：17-27．

否能引起儿童全副精神的；做了以后能否得到有价值的结果；是否可以引起其他有益的动作。

(3)完美的环境。环境的作用对幼儿的影响是至关重要的。家庭和幼稚园是儿童成长的重要场所。家庭的环境、父母的影响对幼儿的影响是潜移默化的。幼稚园的环境最主要的是教师和幼儿园的设备以及适宜的教材。教师是幼儿的支持者、陪伴者、指导者，教师的一言一行将对幼儿产生巨大的影响，因此，"倘能得着优良教授，就能'事半功倍'"。幼儿园的场所应当提供给幼儿玩具、环境布置应当仿照家庭化的模样、教室美化并符合我国特色。教材的选择应当适宜本国国情、符合儿童的身心发展规律、促进儿童思想的发展。

(4)检查体格及智力。幼稚园应当注意晨检的重要性，儿童的身体是虚弱的，有疾病的儿童可能会把疾病传染给其他人，应当注意入学时候的详细检查。

(5)与家庭合作。家园合作对幼儿是十分重要的，良好的家园合作有利于幼儿的发展。幼儿在园时间少，在家时间多，"幼稚园虽然用了最好的方法去教，回到家里，一齐搁起，或者有些要求和做法与幼稚园相反，那就遭了"。因此，应当注意家庭和幼稚园教育的一致性。此外，应当注意对家长的培训，让家长了解育儿知识。

(6)游戏化的教学法。做游戏对于幼儿是快乐的，幼稚园里的课程很容易"游戏化"。教师采用"游戏化"的教学方法更能吸引幼儿的兴趣、增加他们参与游戏活动的积极性。

(7)暗示性的教学法。儿童的行为，于无意中模仿家长、教师及其同伴的地方很多，这种模仿，在成人方面可以设法去利用它。幼稚园里教师若想请学生做某件事情，切勿直接命令，必须转一个弯暗示他愿意去做。譬如：做"猫捉老鼠"游戏的时候，猫是人人喜欢做的，老鼠和油甏[①]往往不很愿意做，这时候一个不小心，就会把一个最有趣的游戏，弄得一哄而散。这时教师就应该用"暗示法"，先把游戏性质说明；活动时偏重于油甏与老鼠，选择选手的时候也要先选老鼠与油甏，然后选猫，因为猫儿童都喜欢做，即使不着重选，被选的儿童也肯去做的。至于怎样去暗示，这要看教师的技术了，在于教师能否活用。

(8)精密的辅导。幼儿因为年龄、性格特点、成长环境、家庭教育的关系导致能力发展有所差异，因此，需要教师在适宜的时间进行个别辅导与关注。团体教学与个别指导一起进行。

(9)充分的预备。充分的教学准备是实施成功教育的前提。教师应当准备好充分的教案、教具，创造一个良好的教学环境等。

(10)美术思想。"教材的美术化，布置上的美术精神，本身服饰的整洁都是在无意中可以养成儿童爱好美术的观念的。"

(11)医药常识。幼稚教师不仅应该具备简单的常用的普通医学常识，而且还应具备遇事沉着、冷静的态度。

(12)和蔼可亲。幼稚教师的态度决定师生关系、与家长及同事相处的关系。因此教师应当和蔼，调整好自己的情绪状态面对幼儿。

---

① 油甏：指瓮、坛子一类的器皿。

(13)公允的态度。“看到服饰整洁、容貌俊秀、智能高卓的儿童,没有一个人不喜欢”。教师应该一视同仁,公平公正地对待每个幼儿,才能促进每个孩子全面发展。

(五)加强和改进家庭的儿童教育

在教育子女的问题上,陈鹤琴先生主张,父母在教育孩子时态度要保持一致。他提倡“教养孩子,应该父亲母亲同样负责。严父慈母在中国家庭里十分普遍,但在孩子面前,父母采取的态度不一致,往往会使孩子感到无所适从”。在教育子女的方法上,陈鹤琴不赞成“棍棒下面出孝子”或“溺爱放纵”,他主张积极的暗示优于消极的命令,严厉的批评反而会刺伤孩子的自尊心,丧失信心。同时增加了与孩子之间的距离。[①]

关于怎样做父母,陈鹤琴对父母提出的要求[②]:

(1)要以身作则。

(2)要研究儿童的生理与心理。

(3)不要自信太深。

(4)不要迁怒。

(5)要小孩子每天做件好事。

都说父母是孩子的第一任教师,陈鹤琴先生十分强调环境的重要性。在陈鹤琴看来,儿童应有良好的环境。他写道:“小孩子生来大概都是好的。到了后来,或者是好,或者变坏,这是环境的关系。环境好,小孩子就容易变好;环境坏,小孩子就容易变坏。”[③]

在儿童的成长过程中,其早期的生活环境和家庭教育被认为是主要的影响因素。家庭是人格形成的摇篮,孩子是家长的影子。家庭中以父母为主导的亲子角色的互动,父母的价值观、信念与教养方式息息相关,对儿童的各方面发展都颇有深远影响。总而言之,怎样的环境,就得到怎样的刺激,得到怎样的印象,从而潜移默化地形成习惯,养成个性。陈鹤琴认为父母应该为孩子创建的环境要包含以下五个要素,来满足孩子的不同需要,给孩子一个完整的童年[④]:

(1)游戏的环境。“小孩子在家里,一定要有相当玩的东西,相当做的事情。要晓得不动不做,小孩子是不会发展的。”

(2)劳动的环境。“在可能范围内,我们应当让小孩子有劳动的机会来发展他做事的能力。要知道做父母的主要工作,是培养儿童自己劳动的习惯,培养儿童自己独立的能力。”

(3)科学的环境。“根据小孩子好动的心理,我们又应当在家庭里给他一种科学的环境,以引起他研究科学的兴趣。”

(4)艺术的环境。包括音乐的环境、图画的环境和审美的环境。

(5)阅读的环境。“要小孩子喜欢阅读,我们的家庭,我们的社会,必定要先有阅读的环境。”

---

① 柯小卫.陈鹤琴画传.成都:四川教育出版社,2012:64.

②③ 北京市教育科学研究所.陈鹤琴全集(第二卷).南京:江苏教育出版社,1989:880,863.

④ 陈鹤琴.陈鹤琴教育思想读本:儿童游戏与玩具.南京:南京师范大学出版社,2013:101-108.

三、幼稚园的建设

要发展儿童教育，使儿童教育规范、有序，就需要建立儿童教育机构。因此，如何建设幼稚园，是陈鹤琴先生毕生努力的目标，也是其教育实践创新的亮点。

（一）幼稚园的建设与发展要符合国情特点

1903年，清政府颁布施行“癸卯学制”，第一次以国家学制的形式把幼儿教育（当时称为蒙养院）正式确立下来。到20世纪20年代，我国幼儿教育事业已有一定的发展，但是在半殖民地、半封建社会的中国，幼儿教育也成为西方列强殖民中国的手段，幼儿教育西化、外国化现象严重。1921年，基督教幼稚园达139所，在园幼儿4324人。根据1924年南京第一女子师范的调查统计，1923年全国幼稚园190所中，由教会办理者达到156所，占幼稚园总数的80%以上。”[①]

不仅教会幼儿园为国外掌握，成为西方货物和文化贩卖场，中国自己办的幼儿园也是使用国外的课程和教材，任用日本或欧美的园长、教师，它们同样成为外国化的幼儿园。这是因为中国没有自己的课程和教材，没有自己的师资培训机构，有也是外国人开办或由外国人控制的。因此，“在20世纪头20年，教会幼儿师范教育控制了整个幼教界”[②]这造成了中国幼儿教育严重的外国化倾向。

针对陶行知所指当时中国幼稚教育存在的三大弊病：“外国病”“花钱病”和“富贵病”。陈鹤琴说：“今日抄袭日本，明日抄袭美国，抄来抄去，到底弄不出什么好的教育来。”[③]由此，陈鹤琴下定决心要把外国的幼稚园化成中国的幼稚园。为推进幼儿教育的中国化和科学化，陈鹤琴开始进行“活教育”的实验和实践。

陈鹤琴先生在借鉴西方教育学说的过程中，更注重中国的国情，他指出：“要晓得我们的小孩子不是美国的小孩子，我们的历史、我们的环境均与美国不同，我们的国情与美国的国情又不是一律；所以他们视为好的东西，在我们用起来未必都是优良的。”[④]我们现在的现实环境也证明了这一点，不仅我们的历史、我们的环境跟美国不同，而且我们整个的教育文化生态以及我们现在的家长需求也跟美国不同。当然也不可否认，在外来教育思想侵蚀下的中国教育，不乏很多家长盲目崇拜西式教育方式，把小小的孩子送到国外就读，等等。“总之，幼稚园的设施，应当处处以适应本国国情为主体，至于那些具有世界性的教材和教法，也可以采用，总以不违反国情为唯一条件。”[⑤]陈鹤琴先生强调了要借鉴国外优秀的教育理念，但

① 何晓夏.简明中国学前教育史.北京：北京师范大学出版社，1990：132.

② 北京市教育科学研究所.陈鹤琴全集（第六卷）.南京：江苏教育出版社，1992：586.

③ 陈秀云.我所知道的陈鹤琴.北京：金城出版社，2012：238.

④⑤ 陈鹤琴.陈鹤琴教育文集（下）.北京：北京出版社，1985：8.

是一定要与本国国情相结合，不能脱离当下教育问题与现状。这一点仍然是我们现在进行改革时需要高度重视的问题。比如幼儿教育理论研究的广度和深度不够，幼儿教育理论的研究仍处在旧的框架内，缺乏对新形势、新时代出现的新问题的相关探讨，缺乏本土化的创新。

我们学习陈鹤琴先生，走科学化的中国幼儿教育道路应该遵循四个方面的原则：追求理想，不脱离中国实际；借鉴西方，不盲目模仿西方；重视理论，不忽视立足实践；全面育人，不放松生态改善。[①]

改革开放以后引进国外的理论和国外的实践模式是必要的，在一段时间里面模仿也是必要的，但是如果只是一味地模仿，而不依据国情、园情来有思考地分析，中国的幼儿教育将难以适应现在时代的发展以及广大家长的需求。路漫漫其修远兮，任重而道远。所以，陈鹤琴先生为我们如何真正走中国幼儿教育道路提出了指南。

陈鹤琴先生还指出："今日抄日本，明日抄美国，抄来抄去到底弄不出什么好的教育来。"这句话是值得我们深思的。陈鹤琴先生研究教育理论，借用了很多国外的研究方法，但是在借鉴的基础上形成了自己的理论，符合中国国情和中国儿童的现状。他从幼儿教育实践入手，探索出一条符合中国幼儿身心发展特点和规律的，适合中国国情的科学化、民主化、大众化的现代幼儿教育之路。至今，仍值得我们学习和借鉴。

(二)以"活教育"思想引领课程建设

陈鹤琴先生认为，幼稚园的课程应当遵从以下课程原则：课程的目的最重要的是帮助儿童目前生活，至于将来生活的帮助还在其次；所有的课程都要从人生实际生活与经验里选出来；富于弹性的课程，可以适应个别不同的兴趣与能力的儿童；所有的课程允许重编；非但要适应儿童目前的需要，尤其应该适应其他的新需要。[②]

在幼稚园课程组织方面，陈鹤琴先生认为应当"要有目标，又要合于生活"。每学期有一个总设计，以决定本学期应该注重的目标。每星期又有一个预定的课程表，拟定一星期里教导的中心。但是此项课程预定表，并不是固定的、不能变换的，儿童或社会上发生临时的事情，教师就可以采为课程内容，可以把一切预先所定的暂时搁起，重新再来做一番筹备的工作。倘若发生的事情与预定的有些相像，那就要把它容纳进去。[③]

在幼稚园的课程分科上面，分科有两派不同的主张：以论理的分类法而分的；以儿童活动为根据而分的。陈鹤琴先生认为，以上两种分法，在形式上似乎大不相同，但是在实施上只要能活用，二者毫无分别。例如做一个"请客"的设计，以第一种分法，图画、手工、读法三科是做请柬和装饰房间；音乐、节奏、游戏、谈话，故事开始的时候用得到；如何做客、如何做主人是公民科；买东西、烧东西等就是常识；利用吃的物品、装饰房子的花草就可以教自然；计算来客、付买东西的钱是引起数目观念的好材料。再看看这个设计合乎第二种分法吗？

---

① 陶西平．走科学化的中国幼儿教育道路——纪念教育家陈鹤琴先生．北京广播电视大学学报，2015(4)：2．

②③ 陈鹤琴．陈鹤琴教育思想读本：幼稚教育．南京：南京师范大学出版社，2012：58-62．

体力的、家庭的、社会的三项活动包含得最多了;做请柬、烧东西等不适要精细的活动? 至于开始的活动,那随处包含在里面。[①]

在美国留学期间,受杜威、克伯屈、孟禄、桑代克、罗格等实验主义和进步主义教育思想影响的陈鹤琴先生,回国以后,面对旧中国教育脱离现实生活的现状,便立志改革旧教育、创造新教育。陶行知在 20 世纪 20 年代末描写中国教育腐朽僵化的情形为:"教死书,死教书,教书死;读死书,死读书,读书死。"受到陶行知"生活教育"理论的启发和影响,极大地推动了陈鹤琴对"活教育"的研究。

而后,1934 年,陈鹤琴前往欧洲 11 国考察教育,通过对欧、美新教育的深入研究与认识,受到新的启发。1940 年,陈鹤琴在江西发表过一次演讲,题目是"什么叫作'活的教育'",这可以说是"活教育"的开始。1941 年《活教育》月刊的创立,确立了"活教育"的基本观点,是"活教育"理论诞生的标志。江西办学强化了他的理想——创办幼稚师范,目的在于实验"活教育"理论,使"活教育"能成为全国广泛的教育运动。"活教育"的立意在于创造中国化的新教育。

陈鹤琴在阐述他创造的"活教育"与欧美进步主义教育之间的关系时曾这样论述,"活教育"并不是一项新的发明,虽然其活教育与杜威"活教育"的出发点相同,所走的路子相同,所用的方法也相同,但是陈鹤琴的"活教育"理论是他长期教育实践的总结和理论探索的结晶,是有自己的特色之处的。如他在解释"活教育"教学方法的基本原则时——"做中教,做中学,做中求进步"时说道,"这一原则,可以说是脱胎于杜威当年在芝加哥所主张的'从做中学',但是比杜威的主张更进了一步,不但是要在'做'中学,还要在'做'中教,不但要在'做'中教与学,还要不断地在'做'中争取进步。"[②]

"活教育"形成了一个完整的理论体系,它包括:三大目标,十七条教学原则,学习的四个步骤,"五指活动"计划,"活教育"的十个特点,训育的十三条基本原则。整个体系由三大目标组成:做人,做中国人,做现代中国人;大自然、大社会是活教材;做中学,做中教,做中求进步。

"活教育"是一套比较完整的理论体系,它为我国幼儿教育理论体系的建立提供了切实可行的科学方法,奠定了理论基础。

1."活教育"的目的论

陈鹤琴提出"活教育"的目的是做人,做中国人,做现代中国人。[③]教育的对象和出发点是人,教育的目的还是促进人的全面发展,人之所以异于其他的动物,就是因为人是一种社会的动物。自有人类历史以来,人都是过着社会生活的,人不能离开社会而独立。所以活教育要讲做人,应当努力来学习如何做人,如何求得社会的进步,人类的发展。[④] 他从"做人"开

① 陈鹤琴.陈鹤琴教育思想读本:幼稚教育.南京:南京师范大学出版社,2012:64.

②③ 北京市教育科学研究所.陈鹤琴全集(第四卷).南京:江苏教育出版社,1991:366,356.

④ 北京市教育科学研究所.陈鹤琴全集(第五卷).南京:江苏教育出版社,1991:62.

始，把教育目的划分为依次递进的三个层次。

首先，做人是教育的基本任务，教育必须从人的基本形态，人的活动范围，人与人、人与社会及人与自然的关系出发，并最终归结到做人的意义以及人生的价值。

其次，“做中国人”体现了传统的民族性特征。“因为我们生在中国，是一个中国人，做一个中国人与其他国家的人不同”[①]。由此，也体现了陈鹤琴强烈的民族责任感和民族认同感，呼吁每一个中国人，在学会做人的基础上，接受教育的同时不能脱离中国的现实情境。人一出生，就必然生活在一定的社会和国家里，作为中国人也就不可避免地要把自己的命运与国家、社会的命运联系在一起。学会爱自己的国家，与国家同呼吸，共命运。

最后，“做现代中国人”则进一步体现了时代的精神，当时处在半殖民地半封建社会的中国，人民大众处于水深火热之中，呼吁建立科学民主的时代，需要培养有科学素养和民主思想的现代中国人。而“活教育”就在要求培养做这样的现代中国人。1944 年，陈鹤琴明确提出了现代中国人应具备的五个条件：第一，要有健全的身体；第二，要有建设的能力；第三，要有创造的能力；第四，要能够合作；第五，要服务。[②]

陈鹤琴先生认为人和动物的区别就在于社会性的有无。动物基本上是利己的，人也有利己心，但教育的目的就在于克服人的利己心而养成一种服务社会的崇高德性。如果人只有利己心而没有大众心，也就丧失了社会性，失去了和一般动物的分界，“与禽兽也就相去不远了”[③]。

“活教育”致力于培养人们的建设观念和建设能力，“活教育”的目的就在于继承中华民族优良传统的基础上对国民性进行更新改造，以提高整个中华民族的素质。“活教育”目的论是随着形势和认识的发展而发展的，随着对人的认识从一般逐渐走向具体，对人的要求也依次递进。它从要求教育对象具有普遍的人类情感和认识理性出发，逐层赋予它以国家意识、民族观念、现代精神直至全人类的胸怀，是一个包容了民族性、现代性、世界性等丰富内涵的教育目的论体系。[④]

在陈鹤琴先生看来，首先要教儿童学会做人，做一个中国人，这个中国人不是古代的，也不是近代的，而是现代的中国人。作为现代中国人，他必须具备以下条件：第一，要有健康的身体。身体是一个人生活幸福与事业有成的重要保证。第二，要有创新的精神。儿童生来就喜欢创新，并且能够创新，教育者必须十分珍视儿童创新意识的萌芽，努力保护他们的创新积极性，逐步培养他们的创新精神和创造能力。只有这样，民族的振兴才大有希望。第三，要有服务的意识。如果我们的教育只让儿童掌握知识和技能，而不知将所学本领为他人服务，为国家做贡献，那么这种教育是毫无意义的，教育者要引导儿童确立为大众服务的意识，指导他们切实地去帮助别人，去报效国家，这才符合一个现代中国人的要求。第四，要有合作的态度。在现代社会中，各项事业都需要团体合作，才能顺利进行，并取得成效。第五，

① 北京市教育科学研究所.陈鹤琴全集(第五卷).南京：江苏教育出版社，1991：63.

②③ 王伦信.教育家陈鹤琴研究.济南：山东人民出版社，2016：242-243.

④ 王伦信.陈鹤琴教育思想研究.沈阳：辽宁教育出版社，1995：241.

要有世界的眼光。现代社会的发展,使国与国之间的交往日益频繁,相互影响越来越大,任何一个国家只有在与其他国家的协调与合作中才能获得发展。因此,现代中国的儿童,应当从小了解国情,了解世界的潮流,成为胸襟豁达,视野开阔,知识渊博,思想开放的现代中国人。这是一个包容了民族性、现代性、世界性等丰富内涵的教育目的论体系。①

2."活教育"的课程论

现代教育的任务不再仅是教人以知识,授人以学问,更为重要的是要培养学习者正确的学习方法,教会他们如何学习。幼儿时期,正是培养学习习惯的奠基期,因而更会被人重视。幼教工作者必须深刻认识幼儿,反思幼儿园的课程,思考什么样的学习才是幼儿真正有意义的学习。

陈鹤琴认为儿童的课程是可以以自然、社会为中心的,在教学的过程中不能漫无限制、毫无系统地去教儿童。幼儿园的课程不仅仅限制于教室之内,要把与自然、社会有关的课程转移到教室外去实施,这样才能真正做到结合实际去教学。

针对读死书、死读书的传统教育,陈鹤琴提出了"大自然、大社会都是活教材的'活教育'课程论"。陈鹤琴认为,传统的书本教育严重脱离了自然、社会和儿童的生活,是把学校与社会、自然隔离的。在传统教育中儿童的观念被书本严重束缚住了,限制了儿童的视野,束缚了儿童的思想,这样的读书只能造就"书呆子"。他希望儿童更加热爱生活、热爱大自然。

陈鹤琴认为教育要把儿童培养成适应现代社会的人,必须逐渐扩大和丰富儿童对自然、社会的了解,而这又必须以儿童现有的生活经验和儿童的兴趣做根据。要让儿童直接体验参与其中,通过对自然、社会的亲自观察获取经验和知识。同时,他还鼓励儿童自我探究的精神。书本上的知识是间接的、形式化的,只有大自然、大社会才是知识的直接来源。它提供给儿童的知识是最直观形象、最生动有趣的,也是儿童最容易接受的。便于儿童形成对事物正确的观念,能激发幼儿的兴趣。"活教育"的课程论并不摒弃书本,只是强调历来为教育所忽视的活生生的自然和社会。书本知识应当是现实生活的真实写照,应能在自然、社会中得到印证,并能反映儿童的生活和身心发展规律。要让自然、社会、学校教育内容和儿童生活形成一个统一的、相互联系的有机整体。"活教育"课程总的目标是要把学校教育的环境安排得更像生活的环境。

在"活教育"课程的基础上,以大自然、大社会为教材,重视直接经验,强调各科之间是一个整体,相互关联。因此,陈鹤琴先生从儿童生活、心理特点出发,提出了"五指活动",让幼儿在做中学,鼓励幼儿在实践中获得直接经验。"五指活动"以自然、社会为中心,选择和组织课程内容,包含以下五个方面:①儿童健康活动。通过体育活动、个人卫生、心理卫生等方面来培养儿童健全的身心。②儿童社会活动。通过公民、历史、地理、时事等活动,使儿童了解个人与社会的关系等。③儿童科学活动。以生物、饲养动物,研究自然、认识环境等,增进儿童科学知识,培养儿童实验的兴趣,启迪儿童创造能力。④儿童艺术活动。包括音乐、美

---

① 李文文.陈鹤琴"活教育"思想对当今幼儿教育的启示.天津市教科院学报,2010(3):46.

术、手工、戏剧等活动。⑤儿童文学活动。包括童话、诗歌、谜语、故事、剧本等。

虽然这五种活动是分离的，但是它们就像五个手指一样，构成了具有整体功能的手掌。但是它们又分别有所侧重。五指是活的，可以伸缩，互相联系；课程是一个整体，相互联系。因此，他在教学法上提倡“整体教学法”，也称为“单元教学法”。就是把儿童所应该学的东西整个地、有系统地去交给儿童，每个幼儿都是独一无二的个体，他们的智力发展水平不一，兴趣不同。充分考虑儿童的兴趣和心理特点，不仅使得教学法富有很强的科学性和生命力，同时能使处于不同发展水平的幼儿在相互作用中都有所提高和成长。陈鹤琴先生的“五指活动”奠定了我国幼儿教育课程的“框架”，一直到今天，“五指活动”课程的思想、观点和方法与现在幼儿园五大领域的活动还是相一致的，对我国现阶段的幼儿教育课程的改革和编制仍然有积极的指导作用。

陈鹤琴先生的课程论从根本上批判了以往的“书本万能”的观念，把书本教材转移到大自然、大社会中，不仅从儿童的生活实际出发，扩大儿童知识的范围，还尤为符合儿童心理的发展特点。

3.“活教育”的方法论

“做中教，做中学，做中求进步”，这是“活教育”的方法论。“做”是活教育方法论的出发点，是知行的统一，强调了儿童在学习中的主体地位，同时强调了直接经验的作用。唯有做才能获得经验，使理论与实践相结合。“做”是身心的参与，“做”实际上包含了手脑并用的内容。“学”是知识的积累，把已有的经验运用到生活实践中，从而求得进步。在教学中，应当鼓励儿童自己去做，去思考，去发现，去探索大自然与生活的奥秘。“凡是儿童自己能够想的，应当让他自己想。”[①]让儿童由学习中的被动接受者变为“自己活动”“自己思想”的主动创造者。“做”有两个不可忽视的意义，也是对当今课程改革不可忽视的两个具有指导性的意义。

首先，课程改革应注重对儿童主体地位的强调。强调“做”，以确立学生在教学活动中的主体地位。积极、主动、自觉的心理状态是最佳状态，教学中学生的参与程度直接影响他对技能、知识掌握和理解的熟练深刻程度，怎样调动儿童的主体性？“活教育”十分重视的一点就是做，“做”是身心的积极参与。儿童在做某件事的时候，他必须投入目的性注意，必须与事物发生直接的接触，促使他去了解事物发展的过程，认识事物的性质。因此。在教学中，鼓励儿童自己去做，去思考，去发现，是激发学生主体性的有效手段。

其次，重视教学中的直观性和感性经验。感性形象在人的认识活动中的地位是不言而喻的，在教学中直观性原则对学生所学的知识缺乏必要的感性基础的前提下，教师可以通过直观教具或组织学生对事物的直接观察，以获得对学习对象的感知基础，从而保证教学中理性知识和感性经验间的可靠联系。“活教育”对感性经验的强调实则超出一般教学原则的要

① 刘艳英，曲萍.陈鹤琴教育名著导读.长春：吉林文史出版社，2016：68.

求，具有课程论的意义。[①]

传统教育往往脱离儿童的生活实际，在教学中往往注重书本上固定知识的灌输，而忽略了教学的直观性和感性经验，因而不利于儿童的发展，这样的教育培养出来的学生毫无创新能力，只知被动地接受。有鉴于此，我们应该遵循“活教育”注重以“做”为核心的方法论思想，在当今课程改革中借鉴这一思想，并用于指导实践，在教学中注重直观性和感性经验，使儿童处于主动学习的地位。

(三)以标准推动幼稚园的规范管理

20 世纪 20 年代初期，中国化的幼稚园还处在实验和初创阶段，缺乏全国统一的幼稚园办园标准和规程。在 1924 年陈鹤琴先生主持鼓楼幼稚园实验之初就将缺乏具体目标作为当时中国幼稚园的四大弊病之一提了出来，他说：“我们办幼稚园究竟为什么？我们教养儿童究竟要教养到什么地步？什么技能、什么习惯儿童应当养成的？什么知识、什么做人态度儿童应当学得的？”[②]

当时的幼稚园相对于其他教育机构，一般具有人员少，人、财、物、事等各种因素及其相互关系较为单纯的特点，所以幼儿园的管理主要是以受教育者——幼儿为对象的管理，幼儿身心发展特点和对幼稚园在学前儿童教育中重要性的认识决定了幼稚园管理的基本特色，即以儿童为中心的管理。根据幼儿的身心发展特点，幼稚园在目标要求上应表现为具体、明确、分化的特点，便于进行对照检查。在对幼儿的检查、督察等各个方面，应结合幼儿心理和认识上的特点，尽量运用形象、生动、直观的方法。此外，幼稚园管理还应注意与家庭的联系和合作。陈鹤琴反复强调，幼稚园、家庭、社会三方面都负有对幼儿进行教育的责任，三者在幼儿教育中起着相互联系、相互促进的作用。比如安排形式多样的活动，促进家庭与学校的合作和联系，如恳亲会、讨论会、报告家庭、探访家庭等。

陈鹤琴先生在强调幼稚园的管理在过程上要做到规范化、制度化。鼓楼幼稚园制定的一天、一星期、一月、一学期和一年的生活历，这些不同的时间单元的生活历系列包含了对幼儿的制度化管理的内容。对后来我国幼稚园日常管理的一般模式的形成有直接的先导作用。

幼稚园教育活动的开展，必须有赖于一定的条件和资源，如设备、环境、师资等，因此对这些设置的管理活动也属于幼稚园管理的范畴。[③] 在当时的条件下，陈鹤琴先生虽未对此做出明确要求，但是在其著作中已对这些有所关注。如针对幼稚园的设备，他谈及了置办幼稚园设备的标准与怎样置办设备，以及鼓励采用分类陈列法、设计陈列法来运用设备；同时要重视教师的指导；还特别强调了审美的环境与科学的环境对儿童的重要影响，在儿童日常的

---

①② 王伦信.陈鹤琴教育思想研究.沈阳：辽宁教育出版社，1995：250，175.

③ 张燕.幼儿园管理.北京：人民教育出版社，2008：18.

生活中，提倡为儿童创设有益的、游戏的、劳动的、科学的、艺术的以及阅读的环境。[①]

在办学理念上，陈鹤琴先生强调一校之长要树立正确的儿童观和教育观，学校设施无论大小、学校管理无论巨细，都要适合儿童心理、生理的特点和需要。此外，陈鹤琴先生还强调儿童的健康，校长应当引起重视，要特别注意卫生教育、卫生设施及卫生的训练。

五四运动之后，陈鹤琴先生深感幼儿教育不符合实际需要，也不符合儿童身心的发展特点，而幼儿教育又是最基本的教育，必须开展对儿童教育和儿童心理的切实的探索，他决定发起建立鼓楼幼稚园。经过实验、研究，至 1927 年，他们总结出 15 条办幼稚教育的主张[②]：

(1)幼稚园要适应国情；

(2)儿童教育是幼稚园与家庭共同的责任；

(3)凡儿童能学的而又应当学的，我们都应当教他们；

(4)幼稚园的课程应以了解周围的自然和社会为中心；

(5)幼稚园课程既要预定但又要机动；

(6)幼稚园必须首先注意儿童的健康；

(7)幼稚园必须养成儿童良好的习惯；

(8)幼稚园应特别注意音乐；

(9)幼稚园应当有充分而适当的设备；

(10)幼稚园应当采取游戏式的教学法；

(11)幼稚生的活动应多利用户外生活；

(12)幼稚园应采用小团体进行教学；

(13)幼稚园的教师应是儿童的朋友；

(14)幼稚园的教师应当有充分的训练；

(15)幼稚园应当有各种标准以考查儿童的成绩。

陈鹤琴先生对幼儿园建设和管理的思想以及在鼓楼幼稚园的实验，对后来我国幼儿园日常管理的一般模式的形成有着奠基作用。

四、幼儿师范教育的实践

1947 年，在《战后中国的幼稚教育》一文中，陈鹤琴先生呼吁“要发展幼教，师资问题必须解决”；“全国要设立国立幼稚教育专科学校，以造就幼教的专才与工作干部。同时各大学师范学院应设立幼稚教育系……各省应当设立一所幼稚师范学校，训练省内的幼稚教育师资。各师范学校，也应附设幼稚师范科，以补助独立的幼稚师范学校之不足”。[③]

① 王伦信．教育家陈鹤琴研究．济南：山东人民出版社，2016：183.

② 北京市教育科学研究所．陈鹤琴教育文集(下卷)．北京：北京出版社，1985：867.

③ 陈秀云，陈一飞．陈鹤琴全集(第二卷)．南京：江苏教育出版社，2008：423.

陈鹤琴先生十分重视师范教育，认为“师范教育是一般师资的出产处，也就是教育进行中的船舵”，然而，他也强调，“好的师范教育，绝对不是纸上空谈所能奏效的。必须要实事求是，在事实上去用功夫才好”[①]。他说：“我们的主张是：‘师范教育一定要实验。’……通过实验和研究，才能产生一部恰当而完整的师范学校新课程，适合中国国情的师范教材和教法，然后才有完美的师范新学制。”他认为，研究师范学制，实验课程内容和教育方法，要“吸收欧美教育的长处而去其短处”，“且要发扬我国固有教育方法的优良传统”，使之中国化。[②]

(一)幼儿教师师资培养意义

活教育的开展，要求活教师、活干部；幼稚教育的开展，同样地要求幼教师资与幼教干部。陈鹤琴先生提倡“活教育”是立意创造中国化的新教育，“我创办南京鼓楼幼稚园，立意是建立中国化的幼稚园。中国化的幼稚园需要中国化的师资，这一点在 20 年前就已经体会到了，那时候鼓楼幼稚园虽说要求中国化，可是师资的来源，还是外国化的，因为大部分的师资都来自教会办的幼稚师范学校与幼稚师范科，她们因为所受的是外国化的训练，在教、学、做方面，未免缺乏中国的特色，结果很难发生广泛的影响以配合全国的要求，所以，那时我就认为要建立真正的中国化的幼稚园，必须要同时建立中国化的幼教师资训练机构。”[③]

陈鹤琴先生在长期幼儿教育实践中深刻认识到幼儿教师在幼儿教育中的重要性，他认为：“教师是最伟大而又是最辛勤的雕塑匠，是人类灵魂的工程师。”[④]“幼稚教育是人生最基本的教育，也是人生最重要的一个教育历程。因此，做一个幼稚园教师，其任务是更加重大。”[⑤]因此，他非常重视幼儿师范教育，认为“师范教育是一般师资的出产处，也就是教育进行中的船舵。”[⑥]

陈鹤琴先生认为：“小孩子是不容易教的，幼稚园的教师是不容易做的，因为幼稚园的教师要善于唱歌，善于弹琴，善于绘图，善于讲话及其他种种技能。并且要熟悉自然界的现象与社会的状况，要有很丰富的常识，要明了儿童的心理，想要满足以上这许多的标准，非要有充分的训练不可。”[⑦]

中国幼儿教育的实现，要建立符合中国国情和儿童实际需要的中国化的幼稚教育，需要构建专门的、独立的、系统的、中国化的幼儿教师教育体系作为保证。重视和加强幼儿师范教育，实现幼儿师范教育的中国化。

(二)幼儿师资培养课程

1950 年，陈鹤琴先生在《怎样做人民的幼稚园教师》一文中，在政治思想、专业技术、教学方法、品质等方面提出了具体要做好一名人民满意的幼稚园教师所应该具备的素养。

此外，陈鹤琴先生在江西广昌为幼稚师范学校师范部起草了三份课程标准草案，即《幼

---

①②⑥　陈秀云，陈一飞．陈鹤琴全集(第五卷)．南京：江苏教育出版社，2008：26，28.

③④⑤　陈鹤琴．陈鹤琴教育思想读本：活教育．南京：南京师范大学出版社，2012：175-176，143.

⑦　陈秀云，陈一飞．陈鹤琴全集(第二卷)．南京：江苏教育出版社，2008：83-84.

稚教育课程标准草案》《家庭教育课程标准草案》《幼稚园行政课程标准》。这三个课程标准草案(以下简称课程标准),正如文中所述,是参照"部原订之幼稚师范课程标准,并根据本校六年来研究实验结果暨现代新教育之趋势,采用心理组织原则拟就"。它的独特之处有三:其一,可以认为这是我国第一所公立幼儿师范学校的第一个创造性的幼儿教育、家庭教育和办幼稚园的课程标准;其二,它充分体现了陈鹤琴幼儿教育和家庭教育思想及其办学思想,贯穿了"活教育"的理念与实践;其三,它是中国化、科学化、民主化的幼师教程实验研究的成果。[①]

江西实验幼稚师范学校的课程科目丰富广泛,课程主要分为精神训练、文化训练和专业训练,该校的课外活动也十分丰富。陈鹤琴先生认为"凡百事务都要知道一些,有一些事物要彻底知道"[②]。他要求幼稚师范学校开设广博而又有专业特色的课程,主张"要把现有的师范课程中教育学科的内容扩展起来,把它的职能发挥起来"[③]。课程强调专业性与广博性的同时,也十分注重实践性与研究性。

在江西实验幼稚师范学校附设有幼稚园、婴儿园,为学生提供了便利的实习和研究基地。在江西实验幼稚师范学校,规定每个学生一入学,首先就要到幼稚园、婴儿园和孩子交朋友,并认定一个孩子做研究对象,定期、定项做出详细的记录,然后在全班互相交流观察研究的结果。其次,他注重让学生进行研究性学习。在教学方法上,陈鹤琴反对灌输死的知识的注入式教学法,提倡"分组学习、共同研究",采用"观察实验""参考阅读""发表创作""批评研究"的四步教学法[④],即要求学生从实际观察和做中去认识、了解事物、发现问题,然后从人类已积累的知识经验的宝库中去寻找资料和答案,经过自己的消化、吸收、思考,大胆地表达出来,然后通过集体讨论,共同研究,找出事物的规律和解决问题的办法。陈鹤琴提倡的四步教学法,目的是使学生养成研究的态度和创新的精神,掌握观察记录、收集、整理和分析资料的能力。

五、评述及其启示

陈鹤琴先生的儿童教育思想是系统性的、科学化的。视儿童时期为人生极其重要的历程,他的儿童教育思想引领了"儿童本位"的教育观、儿童观。重视家庭教育,认为父母是孩子的第一任教师,确立了幼儿教育的一些基本原则。同时,活教育理论以其独特的教育见解和理论指导幼儿园深化改革;在目的上,陈鹤琴先生的"做人教育"与当今的幼儿园教育重视幼儿社会性发展、社会适应性相吻合;在内容上,陈鹤琴先生主张建构的"五指活动"与我国

① 陈秀云,陈一飞.陈鹤琴全集(第五卷).南京:江苏教育出版社,2008:44.

② 北京市教育科学研究所.陈鹤琴全集(第六卷).南京:江苏教育出版社,1991:586.

③ 北京市教育科学研究所.陈鹤琴全集(第五卷).南京:江苏教育出版社,1991:40.

④ 北京市教育科学研究所.陈鹤琴全集(第二卷).南京:江苏教育出版社,1989:550.

实行的“五大领域”课程也有相吻合之处，其所强调的大自然、大社会课程观与如今课程的整合化、本土化、生活化、幼儿化、现代化的特点相呼应。这一理论所体现的整体教育观、生活教育观、社会教育观与当下的幼儿园课程改革所提倡的生活化、社会化、幼儿化、渗透化的课程理念也不谋而合，是指导我国幼儿园课程改革必须坚持的重要理念。在对幼儿教师师资培训方面进行职前教育和职后教育一体化的探索等，既具有理论意义又有很强的现实意义。

做幼儿教育时，首先要热爱儿童、了解儿童，才能更好地对儿童施以成功的教育。我们在做幼儿教育研究时，也应该走进幼儿园、融入幼儿的一日生活，观察与反思相结合，发现问题从而解决问题。只有掌握了强有力的国内幼儿教育第一手丰富材料，才能对国外教育做深入的比较研究，才能识别出哪些对我国幼儿教育有帮助，适合我国当下的国情，哪些是不适合的，不能盲目照搬。由于不同的地区受经济因素制约和师资力量的影响也存在相当的教育差异，因此，广大幼儿教育实践者在教育实践研究中也要结合当地的条件以及分析本园情况，探索出一条真正适合幼儿的中国化幼儿教育路子。随着我国社会经济的发展，以及2018年《关于学前教育深化改革规范发展的若干意见》的颁布，对幼师人才的培养也提出了更高的要求。我国的幼儿教师教育正面临较大的改革，我们可以学习陈鹤琴先生当时以审视的目光，来分析幼儿教师教育现状，构建我国幼儿教师教育未来的发展之路。在积极进行幼儿教育改革实践中，以儿童为主体，吸收和借鉴国内外优秀教育成果，丰富学前教育课程内容和形式，注重实践教育和环境教育，构建专业化、高素质的学前教育师资队伍，建设有中国特色、时代特色、区域特色的学前教育。

第六章

蒙台梭利的儿童教育

玛丽亚·蒙台梭利(Maria Montessori,1870—1952年)是意大利幼儿教育学家,20世纪最伟大的教育家之一,被称为"儿童世纪的代表",蒙台梭利教育法的创始人。

蒙台梭利26岁获罗马大学医学博士学位,是罗马大学和意大利第一位医学女博士。在临床医学工作中,她对低能儿童、特殊儿童的研究发生了浓厚的兴趣。她总结了卢梭、裴斯泰洛齐、福禄贝尔等人的教育思想,集当时世界上先进的医学、生物学、心理学、教育学等学科知识之大成,结合自身创办的"儿童之家"以及观察和研究儿童基础上形成自己的儿童观。其中影响最大是她的自由教育思想。她认为"儿童存在着与生俱来的"内在生命力",这种生命力是一种积极的、活动的、发展着的存在,它具有无穷无尽的力量。"[①]同时,她也认为"科学教育学的基本原则应该是儿童自由的原则——这个原则允许儿童个性的发展,允许儿童天性的自然表现"[②]。这就是说,服从儿童本性的自然发展和自由发展构成蒙台梭利教育理论的核心理念,遵循自由与自主发展成为建构其教育体系的一条基本原则,这些关于儿童教育的基本观点,对儿童教育产生了深远的影响。因此,探讨蒙台梭利儿童教育思想是一项极其有意义的工作。

---

① 蒙台梭利.蒙台梭利幼儿教育科学方法.任代文,译.北京:人民教育出版社,2001:12.

② 张辉.蒙台梭利自由教育思想体系浅析.河北师范大学学报(教育科学版),2007(3):59.

一、儿童教育思想的产生背景

尽管欧洲社会经历了文艺复兴、思想启蒙，但是学校教育封闭、思想保守、观念陈旧仍占主导地位。即便到了20世纪初，这种教育问题并没有得到彻底改观。由于传统教育思想根深蒂固，管理和约束学生发展成为教师面临的首要问题。他们考虑的是如何限制学生，对于约束、训诫甚至惩罚学生的手段一般运用谙熟，得心应手，根本不去考虑、尊重学生的人格。学校教学以教师口授和学生机械诵记为主要形式，学生缺乏操作和动手的机会。

这些问题引起了启蒙思想家的反思，他们以理性、民主的理念研究学校教育问题，开启学校教育的新观念、新范式。比如卢梭、裴斯泰洛齐、福禄倍尔等思想家提出“重视儿童本能”的呼号，对转变教育观产生了积极的影响。也引起了如何把这些教育观念更扎实地落实到日常教育工作之中的探讨，这正是蒙台梭利的儿童教育思想与实践产生的重要社会背景。

随着工业革命的发展，科学技术的进步，社会生产力的提高，世界已经进入到一个新的历史时期。这个时候资本主义国家之间的政治和经济竞争，以及各国人民争取自由和民主的运动日益激烈。垄断资产阶级意识到教育是促进科学技术发展，加速工业化进程，增强经济实力，维护统治秩序的主要因素和手段。传统的旧教育已经不能适应新的历史时期社会发展的需要，所以他们提出改革学校教育制度、加快教育发展步伐、改革教育内容和方法、提高教育效率，于是在欧美兴起了各种教育思潮。这为蒙台梭利自由教育思想的形成奠定了社会基础。

1898年蒙台梭利开始从事病残儿童的研究。在她的指导下，成立了国立特殊儿童学校。经过教育和训练，这些儿童的智力及与人交往的能力有了明显的变化，很多智力落后的儿童也能学习读、写、算，并进入正常儿童的学校。蒙台梭利认为有缺陷的儿童可以达到正常儿童的标准，那么正常儿童是不是可以达到更好的水平。于是她于1901年离开了低能儿童学校，步入正常儿童的教育工作。从此，她开始着重研究3～6岁儿童的教育问题，在很多国家举办师资培训班，开办幼儿学校。她还创建了一种教育方法——蒙台梭利教育法，对世界儿童教育产生了持久而广泛的影响。很多国家相继成立了蒙台梭利协会，开设蒙台梭利学校和师资训练班。苏联、日本、加拿大、德国、澳大利亚、荷兰、印度等国先后开展了蒙台梭利运动。

蒙台梭利重视儿童研究，通过举办“儿童之家”，形成的儿童思想，还继续了当时欧洲社会盛行的自由教育思想传统。“自由教育”思想于19世纪末20世纪初产生于欧洲教育革命运动之中，并在20世纪前半期成为一种影响广泛的西方教育思潮。“自由教育”思想批判传统的旧教育，提倡尊重和热爱儿童，强调儿童个性的自由发展。蒙台梭利是该思想的重要代表人之一。

自由教育是一个演变中的历史概念，在不同的时代具有不同的含义。最早提出这一概念的是古希腊哲学家亚里士多德。在亚里士多德的眼中,教育就是自由人的教育。[①] 自由教育是“自由人”(即奴隶主贵族)所应享有的,以自由发展理性为目标的教育,实施自由教育适合于“自由人的价值”,可以获得智慧、道德和身体的和谐发展。18世纪,法国启蒙思想家和教育家卢梭在《爱弥儿》开卷即写道,“出自造物主的东西都是好的,而一到了人的手里,就全变坏了。”可见,教育应该是培养自由的、独立的和自食其力的自然人。教育必须按照人类自然的天性,根据人成长的不同阶段,实施不同的教学内容,运用不同的教学方法,以达到不同的教育目的,实现个体自由的教育。[②] 因此,卢梭反对那种不顾儿童的特点,干涉并限制儿童自由发展,违背儿童天性的传统的古典教育,提出了教育要顺应自然的思想。19世纪德国教育家福禄贝尔立足顺应自然的法则,要求儿童不受外部干扰的自由发展,通过自觉性的活动,将其本质充分展现出来,这也是教育的任务和目的。[③] 德国哲学家雅斯贝尔斯说过:“所谓教育,不过是人对人的主体间灵肉交流活动,包括知识内容的传授、生命内涵的领悟、意志行为的规范……使他们自由地生成,并启迪其自由天性”[④]。蒙台梭利总结了以上思想家关于自由教育的观点,最终形成了自己的自由教育思想,其核心主张是提倡尊重和热爱儿童,强调儿童的个性自由与发展;以现代生物学和心理学为理论依据,强调对儿童的观察和研究;该思想在教育实验的基础上形成;该思想具有一定的辩证性,强调儿童个性自由发展的同时,并没有把自由和纪律对立起来。

二、儿童教育主要观点的解析

蒙台梭利儿童教育思想内容丰富,从儿童教育目的观、价值观、方法观、教学组织观等四方面梳理蒙台梭利儿童教育的基本观点。在此基础上,单独就蒙台梭利特殊儿童教育观做一介绍。

(一)适应儿童发展的教育目的观

蒙台梭利自由教育思想的形成源于她的儿童观。她从儿童的生理和心理两个方面分别论证了自然发展的儿童观。她总结了儿童自然发展观认为,从儿童的生理方面来说,具有主导本能和工作本能。“当一个新的生命诞生时,他自身包含神秘的主导本能,这将是它的活动、特性和适应环境的源泉。”[⑤]“人是通过工作构造自己”[⑥]。儿童从出生开始就具备主导和工作的本能,这为蒙台梭利自由教育思想奠定了天然的基础。

---

① 孟景舟.自由教育的实用性追问:从亚里士多德到纽曼.教育学术月刊,2013(6):7.

② 邓玉函.论卢梭教育思想中的道德自由原理.教育理论与实践,2009(34):39.

③ 焦依平,朱成科.福禄贝尔与蒙台梭利两种儿童教育观之比较.教育科学研究,2017(11):72.

④ 雅斯贝尔斯.什么是教育.邹进,译.北京:生活·读书·新知三联书店,1991:2-3.

⑤⑥ 玛丽亚·蒙台梭利.童年的秘密.马荣根,译.北京:人民教育出版社,2005:34,183-184.

蒙台梭利自然发展的儿童观从儿童心理方面来解释是，儿童心理发展是天赋能力在适宜环境中的自然表现。她认为儿童心理发展具有敏感期、具有阶段性。儿童心理发展是在工作中实现的，这种发展具有“心理胚胎期”“肉体化过程”“潜在的能力”和“吸收性心智”几个过程。这种自然发展的儿童观是针对儿童的本来面目，他指出儿童是精神胚胎，有着种种需要。尊重儿童自然表现的教育就应该还原儿童本来的面目，顺应儿童自身发展的需要。这正如蒙台梭利在《童年的秘密》一书中描述的：“新教育的基本目的就是发现和解放儿童，与之有关的首要问题是儿童的存在。”[①]蒙台梭利认为，为了促使儿童的心理发展，儿童的教育应该始于诞生时。教育可以通过保护儿童和培育儿童，帮助他们自然发展，对他们的自然特性产生影响。她以儿童生理和心理的自然基础作为出发点，很好地解释了自然发展的儿童观，这也成为她自由教育思想形成的儿童观基础。

（二）引导儿童内在发展的教育价值观

教育的对象是人，此“人”已经进入卢梭所说的生命第一个时期的人，已不再是“他活着，他意识不到他自己的生命”的时期，他有自己的思想，他能感觉到自身的存在。[②] 科学的教育观必须把“人”摆在教育的首要位置，尊重生命，保障生命权利。蒙台梭利认为教育者必须像一个受到对生命的真诚崇拜所鼓舞的人那样，当他以极大的兴趣进行观察时，他必须尊重儿童生命的发展。[③] 那么儿童的生命发展又是怎么样的呢？她认为，儿童有成长着的身体，有发展着的心灵，即由生理和心理构成一个神圣整体。如果只是从生物学的角度来讲尊重生命，那么仅仅赋予儿童生长即可，但是蒙台梭利很好地界定了儿童成长。她说儿童成长并非由于给予营养，由于他呼吸，由于他被置于适宜的温度条件下；儿童成长是由于其内部潜在的生命在发展。[④]内在生命的发展就是不通过强迫，不通过外部法规的力量支配儿童，而是从内心去征服儿童，指引儿童的灵魂，实现儿童内在发展。

成人绝对不能把儿童塑造成自己的复制品，而应该不加干预，让儿童依照对自己的深刻了解去工作、活动。身体的运动源于儿童的内在，且由儿童内在的生命来整合。除非儿童自己愿意活动，否则儿童的肌肉不可能正常发展，因为肢体运动乃是自我意愿的表达。对于这一切，我们无能为力，只能静待儿童自己的内在生命来加以安排。教育家将婴儿和只有几岁大的幼儿定义为“软蜡”，意思是对这个时期的儿童，可以用适当的方式加以塑造。“软蜡”的观念本身没有错误，错就错在教育家认为儿童必须由他们来塑造，事实上正相反，儿童必须自己塑造自己。[⑤]

---

① 玛丽亚·蒙台梭利.童年的秘密.马荣根，译.北京：人民教育出版社，2005：116.

② 卢梭.爱弥儿：论教育（上卷）.李平沤，译.北京：人民教育出版社，2001：65.

③④ 蒙台梭利.蒙台梭利幼儿教育科学方法.任代文，译.北京：人民教育出版社，2001：126.

⑤ 蒙台梭利.家庭中的儿童.郭景皓，郑艳，译.北京：中国发展出版社，2012：42-43.

(三)遵循自主自由的教育方法观

蒙台梭利儿童教育思想以儿童的自然发展观为基础,从生物学和心理发展的角度要求教育遵循儿童独立、自由的法则,把儿童看成是一个独立的个体生命存在,把自由看成自然赋予儿童的权利。从生物学的观点来看,儿童的生命不是一个抽象的概念,而是一个个活生生的自由独立的个体,他具有自发的内在生命力,需要自由地展现和自然地发展。在蒙台梭利看来,儿童自出生开始就追求独立,他们适应一连串异于子宫的环境,通过吸收、模仿和练习,使身心逐渐发展起来①,并获得越来越多的独立。由于独立是自由的先决条件,儿童获得越来越多的独立的同时为以后的自由做好了准备。儿童通过自己的工作寻求独立。儿童期望通过自己的双手达成自己的独立,排斥成人所给予的过多帮助。因此,蒙台梭利要求成人不能给予儿童多于绝对必要的援助,而是应该帮助儿童向独立之路迈进。

没有独立何来自由,独立是自由的前提。谁若不能独立,谁就没有自由。② 蒙台梭利把自由看作是人类与生俱来的权利,自然在赋予儿童生命的同时也赋予了儿童自由。她认为,儿童工作中会根据自己的需要自由地选择工作材料,自由地选择自己喜爱的工作。因此,蒙台梭利主张应该充分尊重儿童的自由,允许他们自由地选择教具和"工作"以及"工作"时间的长短和"工作"速度的快慢。③ 但这种自由的前提是有条件的。卢梭曾经说过:"人生而自由,但无往不在枷锁之中。"蒙台梭利所讲的自由也是有限制的、有规则的。她指出,自由是不能离开纪律的。她认为尊重儿童的自由,在儿童的自由活动中帮助他的个性自然发展,并不是说儿童想做什么就做什么。在"儿童之家"里,儿童的自由活动必须遵守两条原则,一是儿童的自由活动应以集体利益为限度,不允许干扰和侵犯他人;二是儿童必须按照规定的程序使用教具。因此儿童实际上是一种纪律的自由。④

(四)践行教学效果最大化的教学组织观

1.区域化的教育内容

在蒙台梭利教育法中,教育的内容是通过教具来实现的,她将创造的教具称为工作材料,儿童在自由地操作工作材料中获得直接经验。蒙台梭利教育法的内容主要分为七大部分:感官教育区、日常生活练习区、语言教育区、数学教育区、科学教育区、文化教育区和艺术教育区。每一活动区都有相应的教具,且分为不同的层次,供不同年龄阶段的儿童使用。心理学家一致同意,教育教学方法只有一个,那就是让学生保持高度的兴趣和强烈、持续的注意力。那么教育所要求的就一项,利用他们的内在力量实现他们的自我学习。为了发展儿

---

① 梁志燊.蒙台梭利教育在幼儿园中的成功运用.上海:第二军医大学出版社,2004:162.

② 蒙台梭利.蒙台梭利幼儿教育科学方法.任代文,译.北京:人民教育出版社,2001:119.

③ 霍力岩.试论蒙台梭利的儿童观.比较教育研究,2000(6):56.

④ 单中惠.西方教育思想史.太原:山西人民出版社,1996:555.

童的专注力,我们必须渐渐激发他们的注意力。一开始的时候最好选择吸引孩子感官的东西,因为他们容易识别而且有兴趣。例如各类大小不同、颜色各异的圆柱体,发出明显声音不同的乐器或教具,用触觉可以分辨的粗糙表面。随后我们再教儿童字母、书写、阅读、语法、设计、较为复杂的数学运算、历史和科学。儿童的知识就是这样建构起来的。①

2.个性化的教育方法

思想是行动的指南。蒙台梭利自由教育的思想和原则在其教育实践中得到了广泛的应用。她强调儿童之间存在着显著的个性差异,每个儿童都有着与别人不同的内在需要。每个儿童的敏感期出现的时间和程度也是不相同的,因此在教学工作中,应采用"个别作业"的形式,使每一个儿童能够根据自己的需要和作业速度,自由选择作业,确定作业的完成进度。为此,在"儿童之家"的教学活动中,蒙台梭利打破传统的班级授课制,不设集体性教学活动,采用个别化和个性化的教学方式。在那里儿童都有目的、自愿地活动,每个人忙于做自己的"工作",按照自己的意愿选择材料、教具,按自己的速度进行练习。教师只将教具提供给儿童,用最简单的语言帮助儿童,任由他们按自己的方式"工作"。在教学活动中,蒙台梭利主张分组教学,但组与组之间的界线极不明确,孩子们可以任意选择。而且每个组由不同年龄的孩子组成,在小组中年长的儿童能够主动地帮助年幼的儿童,为他们提供灵感和树立榜样。他们之间还可以自由交流情感、思想,培养年长儿童对年幼儿童的爱护及年幼儿童对年长儿童的尊重,从而培养孩子们的社会道德,这在传统教育中是不容易做到的。

3.自主化的教育环境

环境适宜,孩子才能独立自由地发展。教育活动都是在教育环境中展开的,如果我们的教育不恰当,就可能会造成儿童因"环境经验"的缺失而逆转或减缓。适宜的环境是指能够保证孩子的天赋能力得到完全自主自由发展的教育环境。蒙台梭利强调这种环境不是为了取悦或溺爱孩子,而是提示我们要通过调整教育观念来使教育方法与自然规律相协调。创设的教育环境里应该帮助儿童清除学习环境中的种种障碍。如干净整洁的教室,方便拿取归还的教具摆放等。孩子是天生的学习者,通过环境可以刺激、诱发孩子的学习兴趣,引导孩子的学习兴趣。她反对传统注重管制、约束的学习,提倡将学习融入孩子的生活环境,孩子可以根据自己的兴趣、能力自由选择。归根结底,适当的教育环境就是在教育中创设一切可以帮助孩子自由发挥天性、禀赋,获得克服困难、实现独立快感的学习环境。

给儿童布置有吸引力的环境。如果儿童犯的每一个小错误都十分明显地呈现在他面前,家长和老师就不需要干预,只要在一旁充当安静的观察者,因为环境本身就会教导儿童。另外,环境本身和物品的美感也能唤起活泼好动的儿童的注意。因此儿童用的每一样东西最好都能吸引他们。抹布最好颜色多样,刷子用颜色鲜艳的,肥皂也应该有很多有趣的形状等。这些东西本身具有吸引儿童的魔力,儿童自然会去学习使用他们。此时儿童能够自立,

---

① 蒙台梭利.家庭中的儿童.郭景皓,郑艳,译.北京:中国发展出版社,2012:68-69.

他的喜悦和成就感就反映出了人性的尊严，而这是从独立自主得来的。[①]

4. 多样化的教育者角色

激发生命，让生命自由发展，这是教育者的首要任务。如果教师用科学的方法触摸到每个学生的心灵，那他就像一个看不见的神灵，能唤醒和鼓舞他们的生命，她的一个手势、一句话，就足以支配每一个学生的心灵，满足每一个学生的愿望。教师永远都不能忘记他是一位教师以及他的使命就是教育。[②] 教育者可以是一位悉心的观察者，也可以是自觉的引导者，还可以是全方位的组织者。

(1)悉心的观察者

蒙台梭利强调必须在自然条件下，在儿童的自由活动中去观察研究“自由儿童”及其表现，而不是在实验室或者特殊控制下的儿童。她还指出，人是社会的产物，教师不仅要观察研究儿童本身及其表现，而且还要了解家庭和周围环境对他的影响。[③]儿童的世界与成人的世界有很大的不同，儿童关注的事情和表达方式都需要教育者耐心观察、仔细分辨。人类在幼年时期所表现出来的智慧就像初升的太阳，像含苞待放的花朵。我们必须虔诚地尊重孩子个性的初次展现。在自由教育思想中，教育者并不是一个主动并施加影响的观察者，而是相对被动的观察者。这种被动性应该体现在对观察对象的好奇心，而且对所观察到的一切表示绝对的尊重。因此，作为教育者要充分理解和遵守作为一名观察者的立场，这也是自由教育观的体现。通过自由制度，学生在学校里可以表现他们的自然倾向……教师不仅要观察还要进行实验，上一次课就相当于做一次实验。[④]

(2)自觉的引导者

幼儿教师必须是一位明察秋毫、反应敏锐、冷静沉着、精明能干，有教育艺术才能的、儿童活动的自觉指导者。[⑤]儿童的生活经验不足，在没有引导的时候会因为做出错误的选择而遭遇挫折，甚至危险，致使错过学习真正需要的知识的机会。因此蒙台梭利认为教育者有承担引导角色的必要，她曾这样描述自己作为引导者的作用：“我们只是引导孩子去欣赏生命中最美好和最重要的东西，以免他们在没意义的东西上浪费时间和精力，让他们在人生朝圣的路上得到最大的快乐和满足。”[⑥]另外，引导者首先应当在某种程度上是儿童的模仿对象，所以引导者还可以增加一层示范的含义。

(3)全方位的组织者

儿童的教育活动是一个复杂的综合体，需要教育者做好多方面的规划安排并有序执行。在儿童整体发展过程中需要组织身体不同生长阶段所需要的不同营养、身体锻炼；心智不同发展阶段所需要的不同心理辅导、情感培养。孩子成长关键期是宏观上组织儿童教育活动

---

① 蒙台梭利. 家庭中的儿童. 郭景皓，郑艳，译. 北京：中国发展出版社，2012：60-61.

②③④⑤ 蒙台梭利. 蒙台梭利幼儿教育科学方法. 任代文，译. 北京：人民教育出版社，2001：154，23，128，24.

⑥ 玛丽亚·蒙台梭利. 蒙台梭利家庭教育全书. 吴启桐，金海涛，译. 南宁：广西科学技术出版社，2009：52.

的主要依据。在儿童日常生活学习中，教育者的组织职能会更加具体，如安排合理的作息时间、餐点营养均衡、教师环境布置与课程安排等。组织者的工作既体现了有序的纪律性，又体现了从儿童需要出发的自由性。

三、建构特殊儿童教育的思路

蒙台梭利在从事教育活动的早期，对特殊儿童特别是低能儿童进行了较为系统的研究，可以说蒙台梭利的教育实践始于特殊儿童教育。在多年系统研究和借鉴他人经验的基础上，形成了对后世影响深远的特殊教育思想和方法。在20世纪初，人们对于特殊儿童教育认识比较肤浅、片面和错误，蒙台梭利尊重和理解特殊儿童的心理存在个体差异，提出了早期教育和感官教育的思想，在特殊教育史上留下了浓墨重彩的一笔。在当时人们对特殊儿童认识片面、错误的情况下，她的特殊儿童教育思想，给了人们很大的启示和鼓励，有助于人们改变不正确的观点。她提出的对特殊儿童进行早期教育和尊重特殊儿童的心理特点、个体差异的思想，对后世影响很大。

（一）对特殊儿童应有一个正确的认识

蒙台梭利认为，儿童具有巨大的潜能，他的生命发展是走向独立。具体的练习如生活基本能力练习、五官感觉练习、智能练习（语言、数学、科学）等形式，是儿童形成健全人格的基础。蒙台梭利的课程包括感觉、动作、技能、语言和道德发展等，儿童通过各种练习，学习解决困难，适应新的环境；学会尊重别人、接受别人；成为“自由”与“纪律”合一、“个性”与“群体”兼顾的身心统整合一的人。同理，智障儿童也可以朝着身心合一的方向努力，虽然与健全儿童相比仍然存在巨大的差距，但这可以成为教育努力的方向。

蒙台梭利认为，教育和训练是特殊儿童教育的正确途径，而不是当作一个医学上的治疗问题。她博士毕业后留在罗马大学附属精神病诊所担任助理医生，在此期间，她首次接触到身心缺陷的儿童。在诊断和治疗这些儿童的同时，蒙台梭利“亲身体会到他们依然保持着讨游戏的要求和欲望”，这就促使她对教育这些儿童的可行性进行了研究。1898年，蒙台梭利在德国都灵召开的教师代表大会上指出，“儿童在心理方面的缺陷实际上属于教育的问题，而非是医学上的问题，因此训练和教育比治疗更加必要”。这引起了与会人员的强烈反响。她认为仅仅以药物治疗智障儿童的做法完全忽视了其本身能力的发展。通过合适的教育方法，可以提高智障儿童的智力。

儿童拥有吸收性心智。儿童具有一种天赋本能，能直接把知识转化为心理能力，知识不仅仅进入大脑，知识促使大脑的形成，是大脑不可或缺的组成部分，蒙台梭利把这种心理现象定义为吸收性心智。正常儿童和特殊儿童都具备这种吸收性心智。儿童通过他们周围的环境，建立了自己的精神世界，特殊儿童在建立他们的精神世界时受到了一些阻挠，他们接受外界的信息比普通儿童要困难，在蒙台梭利的环境里有丰富的、能吸引他们的教具，特殊儿童通过教具学习知识、培养专注力和独立性，在此过程中蒙台梭利教具只是作为一个载体，使特殊儿童与周围环境更好地建立起联系。特殊儿童早期的发展模式和学习及行为习惯将影响和决定他们后续发展的步调，在蒙台梭利环境里，吸收性心智特殊儿童能建立良好的发展模式和学习及行为习惯。

没有规律的敏感期。每个儿童发展到某一个时期时，都会表现出一种创造性的力量，这种力量驱使他们对所喜欢的事物产生迷恋甚至狂热，并投以专心致志，主动学习，对事物充满耐心，而对这个事物以外的事物则表现出冷淡的态度。蒙台梭利把这样的一个时期称为儿童的敏感期。与普通儿童相比，特殊儿童的敏感期没有规律性，个体差异大。

(二)探索切合特殊儿童特征的教育方法

当我们对特殊儿童有了一个新的认识之后，对于特殊儿童的教育方法也应该重新梳理与归纳。特殊儿童与正常儿童有很多共性之处，但两者之间存在偏差，蒙台梭利根据自身的实践探索出特殊儿童的教育方法。

1.活动作业

蒙台梭利的儿童发展观认为，通过活动，儿童的生命力和个性不但得到表现和满足，而且能够得到进一步的发展。所以蒙台梭利在教育特殊儿童时，安排了大量的活动作业，她认为这不仅有助于肌肉的协调和控制，而且可以训练他们的动作灵活，具有适应周围环境的能力，另外还可以培养独立性和意志力。

2.生活技能

生活技能练习，促进智障儿童的正常化发展。蒙台梭利认为，正常化是指身心和谐发展，而这个过程需要通过“工作”。智障儿童由于自身有障碍，几乎总是处于非正常化的状态，因此为智障儿童准备适宜的环境(物质、心理)尤为重要。非正常化发展的智障儿童会丧失自我教育的能力，很难对教具做出自由选择，注意力很难集中。教育者要通过内在动机与外在动机的激发，促进智障儿童的正常化发展。

3.早期干预

早期干预是特殊儿童教育的必要手段。儿童都有学习的敏感期，特殊儿童也不例外，在敏感期进行针对性的教育，可以让特殊儿童教育成效显著，事半功倍。而儿童敏感期大多主要集中在出生后到六岁前这一阶段，即学龄前阶段。所以，在这一阶段是幼儿特殊教育教师对特殊儿童进行早期干预的最佳时期，教学效果也最好。

4.感官训练

感觉发展敏感期是对特殊儿童进行感官训练的关键时期。特殊儿童在这一关键时期接受训练，有利于纠正感官缺陷，如果错过了这段最佳时期，对于有缺陷的儿童来说更是勤苦而难成。双手成为他们理解事物的直接器官。由此可见，只要掌握了智障特殊儿童感官敏感期的发展规律，充分地加以利用，不仅可以提高智障儿童的学习能力和效率，而且可以把握住智障儿童感觉器官逐渐从不成熟到完善的发展机会。蒙台梭利指出，特殊儿童的某些障碍和缺陷只要在敏感期之前进行教育，就能得到很大的改善。同时蒙台梭利也指出，如果儿童感官敏感期已经过去，再加以练习，不仅增加了训练困难度，而且也不可能达到完善的地步。

四、儿童教育思想的现实意义

蒙台梭利在实践基础上形成的儿童教育思想，引起了当前儿童教育研究者的重视。学者们的结论主要体现在环境的创设与权利的尊重两个方面。第一，为儿童个性发展准备适宜的环境。有学者研究认为，为儿童个性发展提供的有准备环境不仅仅是硬件环境，也包括民主、自由、宽松、和谐良好氛围的软件环境。[①] 也有学者认为只有宽松、自由、和谐的环境才有利于儿童个性的张扬，创造力、想象力的发展。[②] 第二，给予儿童一定的权利和自由。有学者提出在现实环境中给儿童“独立工作”的权利和“自主选择”的自由。[③] 也有教育工作者提出，自由教育要注重学生的自由选择和自主建构。自由教育的目的是使个体在自由、宽松的环境中实现“自我生成”，促进个性的解放，使各方面得到和谐自由的发展；在教育活动中，学生可以根据内在需求和兴趣进行自由选择，反对不加区别的以权威来束缚个体的自我发展和自我实现。[④] 综上所述，蒙台梭利儿童教育思想对当前儿童教育的启示还可以从儿童客观生命的视角去研究，尊重生命自由，弘扬生命个性的光辉理念。

（一）尊重生命自由，保障儿童权利

蒙台梭利主张保障儿童发展的自由，她所谓的自由是指使人从妨碍其身心和谐发展的障碍中解放出来的自由。她认为如果要建立一种合乎科学的教育，其基本原则必须是使儿童获得自由，这种自由将使儿童的天性得到自然表现。只有符合尊重自由的教育观才是科学的教育观。有学者认为对儿童的关爱，对儿童权利的关注，是蒙氏教育精神的宝贵遗产，蒙台梭利在所有的作品和演讲中都呼吁社会尊重儿童权利。[⑤] 在蒙台梭利教育方法体系中基本因素是“自发冲动，自发活动和个体自由”，她把教育看作促使儿童内在力量自我发展的过程，强调要给儿童设置一个良好的环境，让儿童有充分的自由。她说要帮助一个儿童，我们就必须给他提供一个使他能自由发展的环境。在一个不受约束的环境中，即在一个适宜

---

① 刘雯，杨丽珠．论蒙台梭利儿童个性发展理论的现实意义．教育科学，1997(3)：41-43．

② 沈娟．论蒙台梭利的自由教育及其对当前幼儿教育的启示．四川职业技术学院学报，2006(4)：81．

③ 陈兴强．蒙台梭利儿童教育思想的启示．贵州教育学院学报，2007(5)：9．

④ 李世萍．自由教育思想对当前教育的启示．现代教育科学，2011(4)：45．

⑤ 袁梅，倪志勇．蒙台梭利教育思想价值新探．比较教育研究，2015(2)：82．

他年龄的环境中，儿童的精神生命会自然得到发展并揭示他的内在秘密。[①] 她认为尊重儿童自由首先要从环境入手，其次对教育方法体系进行设计。她认为教育方法的基本内容可以概括为“自由教育、自我教育、感官教育”，其中自由教育就应当绝对服从儿童自己本性发展的规律。[②] 她强调，“科学教育学的基本原理将是学生的自由：允许个人的发展和儿童天性的自由表现。她把尊重自由作为科学教育学的基本原理，这也是教育学史上的一次重大改变。如何尊重儿童自由，教育如何让儿童赢得自由，蒙台梭利通过教育活动给出了自己的答案。她说对儿童的训练应帮助儿童把限制他的活动的社会束缚尽可能地减到最少……因此，教育介入的首要形式，必须引导孩子向独立自主的方向发展。[③] 同时她也从一个教育工作者的角度给出了自己的答案。她说，“激发生命，让生命自由发展，这是教育者的首要任务”[④]。蒙台梭利作为一名教育工作者，践行“尊重生命自由，保障儿童权利”的理念在教育史上是一大创举，对当前儿童教育发展与改革具有重要的指导意义。

（二）弘扬生命个性，彰显生命特质

蒙台梭利根据儿童不同阶段的发展观给予儿童不同的任务，表现出对儿童个性的尊重，这与当今社会倡导的弘扬个性的科学教育观思想是一致的。她指出：“从生物学观点来看，幼儿早期教育的自由概念必须理解为：他们的环境必须适合幼儿个性最有利的发展。”[⑤] 可见，蒙台梭利对儿童个性培养环境的重视。她从教育目的方面对儿童的个性发展做了阐述，她认为，直到现在，教育者的唯一目的，他全部精力所指向的目的，就是给儿童为他将来必须参与的社会生活做好准备。因此，由于所要达到的目的主要是儿童应该知道如何去模仿成年人，他就在模仿本能的掩护下，被迫地窒息了他的精神创造力。[⑥] 她认为不能以“教育是为儿童将来生活做准备”为目的，教育应该尊重儿童的个性特点，在教育过程中实现它的个性价值。儿童是个性独立的个体，教育者应该认识到“儿童是成人之父”[⑦]。在教育方式上，她强调不能奴化儿童，扼杀儿童的主动性和创造性。她说，我们习惯于服侍小孩，这对他们不仅是一种奴化，而且也是危险的，因为这很容易窒息他们自发的活动和独立自主的意识，扼杀他们十分有益的主动性和创造性。[⑧] 她认为教育很多时候把儿童的真实心灵都隐藏起来了，掩盖了儿童自我实现的努力，使他不能展示他的真正个性。她认为作为教育工作者所面临的最紧迫的任务，就是去了解这个尚未被认识的儿童，并把他从所有的障碍物中解放出来。[⑨] 只有把儿童作为一个有潜力的个体的存在，然后去发掘，去认识，才能使儿童真正发挥他的个性特点，实现真正意义上的个性教育，弘扬儿童的生命个性。

---

①⑦　玛丽亚·蒙台梭利．童年的秘密．马荣根，译．北京：人民教育出版社，2005：116，49.

②　戴本博．外国教育史．北京：人民教育出版社，1990：50-51.

③④⑤⑧⑨　蒙台梭利．蒙台梭利幼儿教育科学方法．任代文，译．北京：人民教育出版社，2001：119，134，126，121，115.

⑥　王承绪．西方现代教育论著选．北京：人民教育出版社，2001：93.

(三)教育方法的现实意义

蒙台梭利教育方法对当今幼儿教育具有现实指导意义。首先,蒙台梭利教育方法认为幼儿环境很重要,必须将真实与自然内在化,才能发挥自制力,敏锐地观察他所处的环境。因此,幼儿园教室必须尽量依照真实环境布置,如冰箱、柜子、水槽、电话、熨斗、小刀等,都是真实的物品。桌椅等家具要轻,水果刀是锐利的,器具上面的灰尘也是真的,而且很多图书只有一本,幼儿必须学会尊重与等待别人使用完毕,这些都是在反映真实的生活现象。幼儿需有机会接近大自然,教室的四周要有幼儿可以照顾的动、植物。另外,还要有幼儿可操作的实验器材,如放大镜、显微镜等,让幼儿有机会及时间接触大自然,进而体会它、欣赏它的合谐与美。其次,在蒙台梭利教学法中,教具的作用举足轻重。因为它是具体可见之物,所以许多人认为蒙台梭利教学法不过就是使幼儿操作教具而已,其实蒙式教具的最终目的,是在帮助幼儿自我建构与精神发展,尝试经由内心来帮助幼儿成长,教具可以吸引幼儿的注意力,使其内在产生专注。

蒙台梭利教育注重开发学生的个性,遵循幼儿的性格发展规律,所以蒙氏教育的幼儿园强调家长参与幼儿园课程设计,参与幼儿园亲子活动,家长的支持和配合是蒙氏课程本土化实践的一大重点。蒙台梭利幼儿园一方面加强与家长的沟通与交流,另一方面通过诸如家长会、家长开放日这样的活动形式让家长对蒙氏教学理念及课程等有一个比较清晰的认识和理解。另外,一旦进入幼儿园,幼儿就将面临"师幼关系""同伴关系"等,良好的亲子关系将有助于处理这些人际关系,所以蒙氏幼儿园内根据这些设置了亲子课程,同时在实施过程中,倾听家长对课程的反馈,使得教师在选择一些主题活动的时候能够更好地融入儿童感兴趣的内容,同时符合儿童的经验,促进他们更好、更顺利地发展。

第七章

苏霍姆林斯基的学习困难儿童教育

苏霍姆林斯基(Sukhomlinsky,1918—1970年)曾说过,困难学生是教育工作中最难啃的任务之一。时至今日,学困生同样是整个教育领域中令教师和专家感到棘手的问题。如果对学习困难学生少一点关注、缺乏有效的教育举措,就会给学习困难的学生的成长带来障碍,甚至导致学生走上违法犯罪的邪路,变成社会的负担,从而对整个社会造成不利的影响。所以,帮助他们走向成功,成为教师十分重要的任务,要做到这一点,需要每个教师的努力和智慧。本章介绍苏霍姆林斯基关于学习困难学生的教育思想。苏霍姆林斯基通过对3700多名学生长期细致的观察,结合自身开展对学习困难学生的教育实践,形成了关于学习困难学生的教育思想。

一、从教经历

苏霍姆林斯基是乌克兰卓越的教育家、教师、思想家和作家，1918年出生在乌克兰基洛沃格勒一个贫民家庭，并在家乡农村学校度过了小学和中学时代。17岁起，苏霍姆林斯基担任过农村小学教师、中学语文教师、中学教导主任、中学校长、区教育局长等职，后任帕夫雷什学校校长直至1970年去世。他在短暂的一生中，一边教学，一边坚持教育科学研究，一生写了40多本书，600多篇论文，1000多篇供儿童阅读的童话、故事和短篇小说，其中很多作品被后人称为“活的教育学”“学校生活的百科全书”。

苏霍姆林斯基担任校长后，用了三年时间自学完学校所有的教科书和主要教学参考书；他把学校教科书里的全部习题都解答了出来，还补充演算了许多题目；他不断注视学校教学大纲有关的最新科学成就和进展，工作室放着一堆堆笔记本，每一门学科都用一个笔记本，里面有几千条从杂志里摘记的材料和从报纸上剪辑下来的资料，他对3700多名特殊学生的资料都有专门记录。

在第二次世界大战期间，苏联爆发了卫国战争。许多教师和青年学生都相应号召参加了战斗，苏霍姆林斯基也加入到战争行列之中。战争的经历使他的意志变得更加坚定，苏霍姆林斯基内心对祖国、对人民的挚爱和责任感在战争的激发下越来越凸显，战争中发生的一切经历，对他今后教育思想的形成影响深刻。

卫国战争给苏联留下了一堆烂摊子，国家的政治、经济危机亟待解决，孩子的教育问题一时间成了棘手的问题。首先面临的难题就是不少难以教育的孩子——困难儿童、难教儿童，战争夺去了他们原本美好的生活，苏霍姆林斯基深深地意识到，战争对孩子的伤害远没有想象中的这么简单。因此，他们更应该得到正确的教育和合理的对待，为了使小孩子恢复对美好生活的憧憬，苏霍姆林斯基进行了深入的钻研探索和实践，他创设了“快乐学校”来帮助这些困难学生。“快乐学校”的成功举办和对“困难儿童”问题研究的经验，逐渐使他形成了困难学生教育思想。

苏霍姆林斯基在校任教将近35年，这么多年的教学经历这使他有充分的机会去细心观察学生在学习生活中遇到的种种不同的情况。在教学中，苏霍姆林斯基对他的每个学生都写了观察记录，他与学生就像亲密的朋友，更加感受到了这之中困难儿童的不容易，他深深地意识到卫国战争给这些孩子带来的伤痛、不幸和灾难是沉重的，不可能很快就被磨灭。因此，他认为绝不能再用粗暴对待粗暴，用残忍对待残忍，用凶狠对待凶狠，而必须以善良和对人的关怀来抵制冷酷无情，对这些困难儿童采用强行改造和硬性压制的办法无济于事。

通过长期的对困难儿童的研究，促使和鼓励苏霍姆林斯基开办“快乐学校”来帮助那些即将进入一年级学习的潜在困难学生顺利渡过这一年龄的重大转折期，从而能够正常成长。“快乐学校”的教育活动丰富多彩，讲故事、玩游戏，苏霍姆林斯基深信，故事和游戏能够打开学生的心扉，可以启发学生智慧的萌芽。“快乐学校”还采用了许多活动和措施来帮助儿童健康成长，比如去大自然寻找童真、定期组织劳动、开展童话故事会活动，等等。这些特殊的经历都为他思考和研究困难学生教育提供了丰富的材料。

二、辨析原因

苏霍姆林斯基在《与青年校长的谈话》一书中花了整整一节讲述了这个问题，他发现困难学生的形成有着非常复杂的原因，只有弄清楚每个困难学生的特殊性，才能提供最适合这些学生的教育，才能起到教育他们的效果。为此他开始整理、反思自己的理论和教育实践来寻找这些原因，梳理了学生出现学习困难的主要原因。

一是遗传和疾病引起身体不适。苏霍姆林斯基通过长期的实践和对困难学生的观察研究，发现在他所教的困难学生中有85%的学生是因为身体体质差，健康状况不佳，使得学习效率低下，学习跟不上。而身体方面的不适有时候连学生自己都不知道，很多时候他们都处在一种亚健康的状态，这种状态长期下去会导致他们的精神状态不佳，会使得学生难以集中注意力，难以专心致志地进行脑力劳动，而亚健康一般是难以被发现的，教师往往在没有弄明白原因之前就会责备这些学生懒惰、学习态度差、学习不努力，等等。

二是家庭环境和早期教育。苏霍姆林斯基说过幼儿对母亲的微笑有着特殊的情感，母亲的教育是幼儿兴趣和才能的发展萌芽。而在这些困难儿童之中，有许多学生的家庭长期处于繁杂混乱之中，在这些家庭里自然就谈不上家庭对孩子的正常和正确的照顾、管理、抚养和教育问题，他们也就得不到正确的早期教育了，而早期教育直接影响一个孩子的智力发展，缺乏早期教育孩子的智力发展进度也就延期了。苏霍姆林斯基发现提出疑惑是每一个人思维的开端，心理学上认为儿童在1～2岁这一年龄段内，已经具备用肉眼来观察的能力了，刚接触到这个世界必然会有很多的疑惑，而这些疑惑也就是他们的好奇心和求知欲的集中体现，智力的萌芽也因此显现。所以，在这个阶段，保护好孩子思维智力的萌芽才是重中之重，家长要仔细耐心地为孩子解答疑惑，带着他多去接触外面的世界，疑惑越多，他的智力发展也就越快。但很多困难学生的家长并没有这样的耐心，对孩子的疑惑置之不理，长此以往，他们智力的萌芽也会被扼杀在摇篮里，比如苏霍姆林斯基说到他的学生瓦连金。

在瓦连金一年级时，苏霍姆林斯基就发现他的智力相对于其他小朋友有明显的差距，知识的记忆能力也较弱，花了很长时间记住的内容过了一段时间就会忘记。通过家访后苏霍姆林斯基发现瓦连金的父母极少和他说话，家里还有很高的围墙，使得孩子长期接触不到美好的大自然，这些都导致了他的知觉发展缓慢，言语迟钝。家庭教育的缺失使得他的思维得不到正常的发展。为此苏霍姆林斯基给他制定了一个健康的作息制度，加强他的体质，布置特殊的作业，带他去大自然，去观察、惊奇和感叹大自然醒目的东西，整整三年时间，瓦连金的思维过程逐渐活跃起来，对人和事时刻都抱有兴趣，不到四年级他已经成了一个正常的学生。

三是教师教育方法不当。苏霍姆林斯基认为“儿童出现问题的原因大部分不在于儿童本身,可以说不正确的教育是造成学生学习困难的原因”①,可以说每一个孩子都是希望自己能够好好学习的,每一个孩子一开始都是热爱学习的,他们把自己完完全全地交给了老师,但是教师不正当的教育很可能就在无形中打破了孩子好好学习的希望。学校教育中一直都有这样的一个错误的想法,即学生学习成绩好,那么他就是好孩子,成绩差的就是坏孩子,就是没有出息的。学校、教师对学生表现的唯一评价标准往往都是分数,而学生的品行好坏并不仅仅是分数能决定的。这个片面的想法,导致了教师在教育教学中过于重视分数,甚至一部分教师将自己班学生的成绩作为炫耀的资本,为了得到这个资本过度严格要求学生,学生为了追求分数而死记硬背。这些都违背了教育的初衷,学习除了成绩更重要的是学习为人处世的道理,学习生存的技能本领。

三、教育原则

苏霍姆林斯基说过教育中最难搞定的工作之一就是转化困难学生。这些困难学生比普通学生在识记和理解教材上要多花好几倍的时间,然而第二天他们又都会忘记之前所学的知识,这些困难学生往往还伴随着行为上的问题,比如上课不专心听讲、打扰其他学生学习,埋怨课堂等行为。许多教师对这些困难学生十分头疼,甚至想放弃他们,而苏霍姆林斯基心中的教师使命感推动着他去帮助这些学生,推动着他不断地去钻研,他发现困难学生是“特殊”的,对于他们的教育也应该是特殊的,教师在教学中要时刻注意启发他们的智力,很多困难儿童出现难教的原因并不是因为他自己本身,而是因为他所处的环境和受到的教育,一个懂得儿童心理世界的教师,一个能够激发儿童求知欲和好奇心的教师,一个能够帮助他们形成良好学习习惯的教师,就显得尤为重要,因此他提出了以下几点教育原则来帮助每一位教师成为学习困难学生所需要的心灵和学习上的益友。

(一)相信学生是可教育的原则

苏霍姆林斯基曾反复强调过,没有一个学生是不能被教育的,每一个学生都会有他的天赋,他相信在正常情况下通过教育是可以让每一个孩子的潜能和才能都得到发展的,包括这些困难学生。每个班都会有许多学习差生,作为教师我们应该承认他们都具有巨大的发展潜能,通过教育,他们的这些潜能都能够被激发出来,这就需要我们有丰富的教学方法并坚信每一个学生都是可以教育的。教育方法本身也没有好坏之分,有时一个简单的方法就能解决看似复杂的教育问题。作为教育者,我们不要妄图用一种教育方法教育好一百个学生,也不要认为用了几种教育方法无效,解决不了问题,就认为无可救药了,特别是对于这些学

① 王天一.苏霍姆林斯基教育理论体系.北京:人民教育出版社,1992:25.

习困难学生。而是需要我们坚定信念，相信每个学生都是可以教育的，教师的教学武器库里应该要有丰富的教学方法，并从中找出一种真正能起到作用的方法，能够被困难学生接受的方法，才能最大限度地发挥教育的作用。

（二）热爱每一个学生的原则

苏霍姆林斯基说过，一个好老师既应该掌握书本内的知识，更要热爱他所从事的教育事业，热爱他的每一个学生，把每一个孩子都当作是自己最珍贵的礼物。当教师面对学生的时候，要想学生所想，每一个学生都有自己不同的性格和经历，教师要了解他们真正需要的是什么，尤其对于那些因悲惨遭遇而心灵上蒙受了创伤的困难学生，要给予特别的关注，要专门去了解他们的内心的那些经历，用真诚的关爱和理解去感化他们，同时在教育他们的过程中，教师尤其注意要抱着一种万分耐心、仔细的态度，平等地对待他们，少一份抱怨，少一份责备，他们的内心就会多一份自信，多一份感动。同情、耐心、细心，做到了这些并坚持下去，告诉他们老师的期望，告诉他们老师对他们的爱，困难学生总会感觉到教师的期望和爱，然后渐渐改变自己的想法，当他们完成了一个个期望的时候，教师要及时地鼓励他们，并告诉他们接下去应该怎么做，直到他们的困难得到解决为止。

（三）坚持学生能够进步的因材施教的原则

当教师将“困难学生”放在与其他能力较强的学生一起上课时，要认识到他们的基础是不一样的，知识水平和理解能力也是不同的，因此教师不应该以同样的标准来要求不同的学生，尤其是困难学生。如果用共同性的教学方式来教育所有的学生，结果只能是一部分学生的自信心受到打击，另一部分学生的能力得不到充分的发挥和发展。所以教师要深入了解困难学生的智力水平和他们对知识的掌握程度，以及对知识的理解能力，有的放矢地进行教学，及时地调整自己的教学目标，使他们能够在每节课上都能或多或少地学到知识，能够完成自己水平之内的学习任务，从而享受到学习所带来的乐趣。

除了可以对他们进行适当的课外辅导之外，在平时作业和学习任务的难度、数量以及完成所需要的时间上应当与其他学生有一定的区别，其次，教师还应该对他们实行多元评价，建议不唯成绩是主的评价体系，运用多种指标、活动和资源去评估他们，评价重点应该是他们有没有进步，是否更加主动地参与到学习之中。更重要的是教师应该对这些困难学生保持充分的耐心，要始终坚持如一，充分地体谅他们头脑上的慢一拍。

（四）促进学困生确立自信心的原则

自信心是转变困难学生的催化剂，一旦他们有了自信心，相信能学好，他们的问题也就不是那么棘手了。但困难学生往往会有许多的忧虑和烦恼，这些忧虑和烦恼都会打击到他们的信心，这时候教师应该关注到他们，同时设身处地地为他们着想，给予他们身心上的力所能及的帮助，消除他们的忧虑和烦恼，从而建立自信心。教师在面对这些困难学生时，教师要使他们在任何时候都感到自己是受到老师关注的，要让他们对自己充满信心，要让他们相信自己是可以进步的，因此苏霍姆林斯基希望教师能够多花些时间，去指导、关注他们，帮助解决难题，因为难题的突破会给他们带来前所未有的成就感，学习成绩的进步，是治疗他们内心最好的药物。同时教师也应该善于发现他们的闪光点，从他们的兴趣入手，及时表扬、鼓励他们，帮助他们找回成就感，让他们感觉到教师并不是看不起他们，而是在老师的眼中自己是能行的，是可以被教育的。苏霍姆林斯基曾在《给教师的建议》一书中讲述过一个叫巴甫里克孩子的故事，刚入学的时候他分不清字母的区别，也记不住短诗，无论教师教他多少遍都是徒劳无功。一直到四年级，他都被认为是学习困难学生，直到五年级遇上植物课，他的动手能力让全体老师都感到惊讶，用自然老师的话来说是“表现在手指上”，他会做的事情是有经验的园艺师也很少能做成功的。从此之后他开始自信起来，课堂表现更加积极，会独立思考，老师们也开始关注到他的闪光点，毕业之后他成了农艺师，从他身上苏意识到每个学生特别是困难学生，找到适合的领域真的很重要。

每一个教师在对待困难学生时都要打起万分精神，充分了解困难的形成原因，做到个别对待，因材施教，同时也要对他们充满耐心，发掘他们的闪光点，了解、爱护、关心他们。

四、教育方法

苏霍姆林斯基说过困难学生是一个严峻的问题，也是一个难题，他认为实际上这是最复杂的教育问题之一，如果教育工作者忽视了这个问题就要为此付出严重的代价，而他本人一直都致力于转变这些困难学生，将自己的理论运用到教学实践中，并且成功转变了100多个学习困难学生。

(一)运用劳动与体育开展教育的方法

苏霍姆林斯基说过：“没有健康的身体，没有充沛旺盛的精力，就很难朝气蓬勃地认识世界，变革世界，很难永远保持坚强的意志和耐久的毅力去克服种种困难，战胜重重障碍”[①]，苏霍姆林斯基曾做了20多年的考察，他发现在学习困难生中有85％的学生学业落后的主要原因就是健康状况不佳，为此，苏霍姆林斯基提出要重视加强体育和劳动教育工作，通过劳动教育和体育教育以促进学习困难学生的转化，并就如何开展体育和劳动教育提出基本要求。

(1)共建良好的校园环境。苏霍姆林斯基认为一个良好的健康的环境不仅能使师生心旷神怡，还能给师生提供新鲜干净的空气，从而提高师生的学习、教学效率，所以他时常带领全体师生一起创造绿色健康的校园环境。

(2)组织户外活动。苏霍姆林斯基认为大自然的空气、水和阳光都能给学生带来健康，

① 苏霍姆林斯基.给教师的一百条建议.天津：天津人民出版社，1981：229.

所以他多次组织学生去户外活动，开展爬山、秋游等活动。

(3)建立有益身心健康的作息制度。苏霍姆林斯基为各年级学生规定了“桌子脑子劳动时限”，同时，他认识到人体的抵抗力春弱冬强的特点，适当降低学生在春天时的脑力活动强度，取而代之的是更多的户外观察活动。苏认为学生不应该把全部时间都用在学习上，而应该拥有充足的自由支配的时间，才能够更好地去学习，为此规定上半天用来学习，下半天用来休息活动。

(4)帮助学生养成积极休息的好习惯。苏认为适当的午休及课下休息能够提高学习的效率，同时他反对增加学生的课业负担，应该轻松快乐地学习。

(5)组织学生参加创造性劳动。苏霍姆林斯基认为创造性劳动是蕴含无限威力的教育源泉，是充满丰富智慧的体力活动，比如帕夫雷什学校建造绿色实验室这一创造性课题。

(6)组织体育锻炼和体育教学。苏霍姆林斯基在对帕夫雷什学校学习的全体学生进行了普遍的体格检查，将“困难学生”划分在了特殊组，进行有针对性的短训和操练，为他们编排矫形体操。苏霍姆林斯基认为，体育应当保证学生能自觉地对待自己的身体，养成爱护健康的本领。

(7)制定营养午餐，为每个学生提供所必需的营养，给那些较差的学生补充特殊的营养品。

(二)家校结合的方法

苏霍姆林斯基深刻地认识到了家庭因素对困难学生的影响，他认为能否顺利转化这些“困难”学生最关键的问题还在于家长，家长对孩子的学习和成长的关注程度直接影响到教师教育的结果，也决定了孩子能否健康成长。因此，1958年，苏霍姆林斯基决定成立家长学校，让学生家长进入家长学校，学习如何积极配合学校更好地教育学生，使每一个学生都能健康顺利地成长。苏霍姆林斯基认为困难学生出现思维发展较慢，记忆较差以及行为上的问题等的主要原因在于各种疾病、不正常的作息制度及家长的酗酒，而对思维起决定性的损害则来自童年早期不正当的教育，以及缺乏健康的家庭教育。因此，家长要对自己有严格的要求，提高自己的教育素养，同时也要重视自己的教育方式，过高的期望和一味的责骂往往会适得其反，尤其是对这些困难学生，鼓励和耐心地等待，才是这些孩子最需要的，一个温暖的家会让这些孩子感到安全，感到有依靠，才能无忧无虑地努力学习，回报父母的期望。

(三)智育的方法

苏霍姆林斯基认为很大一部分的困难学生是由于思维未觉醒，而思维始于异者，所以在困难学生所读的和在周围世界所能看到的东西中，应当常常出现能够使他们感到疑惑诧异和惊讶的东西，苏经过多次观察发现，惊奇和诧异能够给脑子带来一种强烈的刺激感，这种刺激感能够唤起沉睡的思维也就是人脑，促使人脑进行积极的运作，直接推动了思维的觉醒。因此，苏霍姆林斯基独创了“思维课”，带领学生去大自然学习，向学生展现世界上美好的事物，在大自然中他们能够不断地感受到惊奇，随时随地提出疑问，而教师能够随时地解决他们的疑惑，从而让思考从直观形象转到对有关形象的信息加工，同时要求学生去分析事物之间的各种联系，从而得出事物的具体形象的认识来锻炼自己的思维能力，养成独立思考的习惯，这种“思维课”对于“思维未觉醒”的“困难”学生来说无疑是像空气一样必要。

（四）自我教育的方法

“阅读书籍是发展精神力量的一项重要脑力劳动，也是学生自我教育的有效途径。”①阅读能够开阔学生的智力眼界，阅读的同时大脑也在飞速的运作，阅读的时间越长，阅读越主动，那么他的思维就会越发散，他理解知识的能力也就越强。越是学习上有困难的学生越是要去主动地阅读书籍，因为阅读能够告诉他们如何去思考，而思考反过来会刺激他们的智力，唤醒沉睡的思维，这思维是富有活力的，是防止他们死读书的最有力的武器。我们教师要做的就是教会他们如何去阅读课外书籍，如何选择自己需要的适合自己的书籍阅读。同时教师应该要求学生带着疑惑去读书，然后带着疑惑来向自己寻找答案。每一个学生包括“困难”学生，阅读量越大，能自我调节的学习时间也就越多，智力参与程度也就越高，因为在书籍的广阔天空里，与课堂里学的教材都是有交集的，是相辅相成的。费佳是学校里出了名的困难学生，应用题和乘法口诀对他而言始终存在困难，为此苏霍姆林斯基给他编了一本特别的习题，里面的题目都是一个个引人入胜的民间小故事，费佳把解出的习题写在自己的小本子里，还在文字题旁边画上了各种动植物。除此之外，苏霍姆林斯基还给他准备了一套专门供他阅读的书籍，到了五年级费佳的学业成绩终于赶上来了，他不再害怕应用题，毕业后他还成了机床调整技术专家。思维意识不强、思维意识不清是学习困难学生最大的问题，不会思考，也就是不会学习，这个时候应该让他们自由阅读，阅读自己感兴趣的文字故事，在阅读中学会思考。

五、获得启示

苏霍姆林斯基认为当时的学习困难学生与他所处时代的社会背景有很大的关系，这些学生学习困难的形成原因很多是由于当时的战争造成的，战争给儿童的心灵和肉体都带来了严重的创伤，而随着教育社会大背景的变化，现在的学习困难学生的形成原因也发生了很大的变化，从现阶段困难学生总体情况来看，他们学习困难的形成原因更多的是与家长从小的家庭教育、不良的生活习惯、评价标准、社会风气等方面有直接的联系，而对于这类困难学生，苏霍姆林斯基学习困难学生教育观同样具有现实意义与启示。

（一）启示一：热爱学生，平等对待每一个学生

在教育教学过程中，这样的一个现象实在是太普遍了：一节普通的课堂中学优生回答问

---

① 王天一.苏霍姆林斯基教育理论体系.北京：人民教育出版社，1992：55.

题的机会很多，而学困生回答的机会则寥寥无几，教师更喜欢正确的答案，往往得到答案之后就不顾这些学困生是否理解，就径直往下讲了。很明显，教师这样的做法是错误的，每一个学生都有平等的得到学习的权利和机会，学困生更是，教师应该对所有同学都一视同仁。

2012年我国教育部正式公布了幼儿园、小学和中学教师专业标准，在这三个专业标准中都突出了教师应该尊重学生的人格，平等对待每一位学生，除了课堂中举手和座位的不平等。其实生活中教师不平等对待学生的现象随处可见，比如某校的一位"差生"因为调皮做了一套班主任的表情包，被老师学校"劝退"，等等，该学生戏弄老师固然不对，但也不至于到劝退的程度，更多的是由于他是一名难管的"差生"，老师借此机会放弃了他。苏霍姆林斯基认为教师对学生的关注应该是公平、公正的，热爱每一位学生，要相信每一位学生都是不断发展的个体，包括困难学生，要从长远的角度去看待他们，标签化的做法只会伤害他们，教师要肯定他们的表现，给予他们足够的关注和期望，而不是像这位老师一样放弃学困生。当学生体会、了解并接受教师的期望之后，他们渴望成功的信心就会大大增强，而当教师对一些困难学生的希望较低，甚至没有抱有希望，冷淡地对待他们以后，那些困难学生便会觉得老师已经不再管他了，于是他们认真努力的念头就会大大降低，唯一的上进也会被慢慢磨去，课上纪律松懈，学习态度随意，成绩越来越差。所以，这个事件里老师的做法已经对这位学生带来了伤害，也可能因此改变他的一生，这位教师如果能再给他一次机会，能真正深入地去了解他为什么这么做的原因，和家长一同进行教育，耐心地等待他的成长，相信这个学生总会看到家长和教师对他的期望，也会改变自己的做法，脱掉困难学生的标签。

(二)启示二：减轻学生的课业负担，完善多元评价标准

在现在的教育社会大背景下，应试教育仍然处于重要的地位，在大部分家长、教师和学生眼里，成绩仍然是评价的重要指标，教师为了完成升学指标，大量的作业、补习加重了学生的学习负担，使得学生的厌学情绪越来越强烈，社会上的学生厌学现象屡见不鲜，类如"16岁少女厌学离家三年，找到时孩子已2岁""每天做12道数学题、写5个汉字，5岁孩子没上学就厌学"，等等，这类现象的出现给每一位老师和家长都敲响了警钟。要减少这种现象的发生需要教师和家长、社会共同的努力，从苏霍姆林斯基的学习困难学生教育观中，我们就能找到一些解决这个问题的启示。苏霍姆林斯基不止一次地强调过要给学生足够的自由支配的时间，他建立了科学的作息制度来减轻学生的课业负担，因为学生的学习是建立在广阔的智力背景的基础上的，仅仅局限于应试教育，而不能进行课外活动比如体育、阅读、实验等，违反了全面和谐发展的教育目标，长久这样下去，势必会使学生的智力背景变得更加狭窄，智力的发展缓慢，导致学困生增多，学生厌学的现象也会更加严重。因此，学校和教师应该减轻学生的课业负担，建立不唯成绩为主的多元的评价标准，丰富学生的学习和精神生活，使学生能够有充足的自己的时间，从而提高学生的综合素质，才能减少厌学现象的出现。

(三)启示三：搭好家校联系的桥梁，加强家校沟通

教育社会大背景在不断地发生着变化，苏霍姆林斯基时期那些家庭问题同样存在着，比如

父母离异、父母酗酒、赌博等。但是也出现了当今时代特有的家庭教育问题，家长对孩子的期望过高，比起跑线抢报补习班，拿孩子与别家的孩子比较，等等。父母对孩子的要求太高，只顾盲目地打击孩子的成绩，反而不去关心、鼓励孩子，不注意培养孩子的自信心，使得孩子的心理负担越来越重，从而出现一系列的问题和现象。针对当今社会的这一现象我们同样能从苏霍姆林斯基学习困难学生教育观中得到一些启示，苏霍姆林斯基早期举办的家长学校的方法也同样适用于当今教育，比如宁波世外小学在招收学生的时候特别考察了家庭教育中父亲的参与程度，在学生上学前对家长进行一系列的讲座，平时也会组织家长座谈会，等等。苏霍姆林斯基希望教师能够与家长保持紧密的联系，搭好家校联系的桥梁，多组织家长课程，提高家长的文化素质，才能更好地共同教育学生，更好地进行家庭教育，引导家长去真正地了解孩子，减少孩子的压力，多鼓励孩子，从而帮助学习困难学生有一个良好的家庭学习环境。

（四）启示四：重视鼓励性评价，重视学生的个性心理

比厌学现象更严重的是，近年来我们中小学校园欺凌现象日趋严重，中国青少年研究中心2015年的调查显示，中小学生中经常受到欺凌的占到6.1%，偶尔受到欺凌的占到32.5%。挪威伯根大学的心理学教授丹·奥维斯认为当一名学生在一段时间内重复遭受来自另外一个或多个儿童消极行为的侵扰时，这个学生就是遭受了欺凌。而这些被欺凌者很大一部分都是学习困难学生，他们因为遭受欺凌往往会出现情绪抑郁、焦虑、失眠等现象，从而导致学习成绩下降、逃学，严重者会出现自残，甚至自杀现象，严重影响了他们的身心健康发展，被欺凌的学生由于自尊受到伤害，自我评价和自我价值感也会逐渐降低，因为害怕遭到欺凌者的报复，这些学生往往不愿意对别人说自己的这一遭遇，而是默默压抑在心里，久而久之会形成内向、孤僻、自卑等消极人格，还会对学习带来极大的负面影响。如果教师不能及时发现这些孩子们的特殊情况，没有及时采取行动，原本正常的学生很可能成为学习困难学生或者是问题学生，如何应对这一现象，苏霍姆林斯基同样给予了教师启示。教师应充分重视校园欺凌现象，不仅要对欺凌者进行批评教育，对被欺凌者进行心理疏导，还要深究欺凌行为产生的原因，可能是家庭教育缺乏，可能是长时间学习上的压抑厌学，等等，这样对困难学生同样需要找出原因对症下药。平时教师多给予鼓励性评价，培养学生的社交能力，一些中小学生因为自身生理上的缺陷而往往成为班上不被人喜欢或重视的对象，在学校和班级活动中被孤立、被边缘化，没有或只有很少的朋友，缺乏社会交往技巧，社交能力低下，易与人发生矛盾和纠纷，造成人际关系紧张，容易遭受欺凌。社交心理状况越差的中小学生，欺凌别人或受欺凌现象就越厉害。鼓励性评价能让学生充分意识到自己的存在价值，是受到同学和老师肯定和重视的，从而增强了学生社交的信心。同时教师也应该充分关注学生的心理发展，一旦发现学生有骄横跋扈、恃强凌弱、敏感多疑等不良人格特点时，要第一时间进行心理疏导，预防其发展成为欺凌者。

第八章

李普曼的儿童哲学教育

美国著名哲学家、哥伦比亚大学哲学教授马修·李普曼(Matthew Lipman,1923—2010年)是儿童哲学的建立者,被称为"儿童哲学之父"。1969年,李普曼出版了哲学小说《哈利·史图特迈尔的发现》(*Harry Stotlemeiner's Discovery*),中文版译作《聪聪的发现》。该书的出版奠定了李普曼建立儿童哲学的基础,宣告了儿童哲学的诞生。

李普曼通过阅读推理小说的方式,把哲学引进儿童生活,促进儿童的思考和推理能力,最终把儿童培养成为"更有理想、更有创见、考虑周到、通情达理的人"[①]。李普曼的儿童哲学教育思想从西方哲学的历史渊源和现代教育特征中寻找启示和方法,并用一种儿童能够且乐意接受的方式,让哲学在孩子们心中生根,启迪孩子们的思维。它揭示了一种全新的哲学教育理念,打破了那种认为哲学是不适合儿童学习的、抽象理性理论的陈旧观点,实现了美国教育理念的重构。后来,儿童哲学教育被越来越多的国家接受。它启示我们改进传统的哲学教育方式,培养出能够真正灵活运用哲学思考的、富有理性和创建的完善个体。

虽然我国在20世纪八九十年代已有儿童哲学的译介研究和课程实践,上海、云南等地也有借鉴国外教育理论开始自主开发儿童哲学校本课程,但当前的研究和实践还处于起步阶段。目前的儿童哲学教育研究是以介绍与评述美国儿童哲学教育研究成果为主,以西方哲学为理论范式来探究儿童哲学教育的内涵与实践,其中李普曼儿童哲学教育思想阐释是极其重要的工作。本章试图通过对其理论观点和教育改革实践成果的介绍,为儿童哲学教育的开展提供别开生面的思路。

---

① 李普曼.教室里的哲学.张爱琳,张爱维,译.太原:山西教育出版社,1997:16.

一、教育贡献

李普曼于1923年8月24日出生在美国的一个俄罗斯犹太移民家庭。李普曼小时候得益于家庭的生产作坊,生活相对宽裕。但后来由于大萧条的影响,作坊生产受到损失,受家庭条件的限制,李普曼失去了到高等院校深造的机会。第二次世界大战期间,李普曼在服兵役的时候有机会在斯坦福大学听过两个学期的课,并从该校的一位教授那儿了解到杜威的哲学思想。李普曼对杜威的哲学思想很感兴趣,即使在战场上,李普曼也不忘记学习。第二次世界大战结束后,美国政府实行了安置退伍军人就学就业的措施,李普曼才有机会到哥伦比亚大学学习哲学,还亲自拜访了当时已经退休的杜威先生。从哥伦比亚大学毕业后,李普曼留校做了教授。从教20年后,李普曼开始研究杜威的教育思想。20世纪60年代末,美国教育问题突出,李普曼转向儿童教育研究。1969年,李普曼发表哲学小说《哈利·史图特迈尔的发现》,利用小说来教导人们进行推理,尤其重视教导儿童学会推理。1970年开始,李普曼用国家人文捐赠委员会(National Endowment for the Humanities,NEH)的奖学金,在新泽西蒙特克雷尔设立了兰德学校。1970—1971年,李普曼在那里用《哈利·史图特迈尔的发现》来教导中学生。

1974年,李普曼和他的研究所助理在州立蒙特克雷尔学院(Montclair State College)成立儿童哲学促进研究所(Institute for the Advancement of Philosophy for Children,IAPC),试图从理论角度探讨儿童哲学问题,同时把理论研究成果应用到中小学教育实践中,以此改革中小学课程、教材及教学方法。为此,研究所从课程、教材、教学三方面确立儿童哲学研究方向,同时也设计了很多种方法来提升中小学生的思考技巧。此外,研究所还重视开展师资培训工作,从理论与实践相结合的视角推进儿童教育研究工作。

编写教材是研究所开展儿童哲学研究的又一项重要工作。研究所对编写教材有明确的理念与思路,通常以一系列的儿童哲学小说表达教育理念,这些小说被称为"IAPC"版教材,是儿童哲学教育思想的核心资料,为儿童哲学的发展提供了重要学习内容。

20世纪80年代中期以后,李普曼开始拓展儿童哲学教育思想的海外视野。儿童哲学教育在国际上的影响迅速扩大。迄今为止,已经有50多个国家和地区在推广、普及儿童哲学教育,也包括中国在内。李普曼的儿童哲学教育思想对全球教育发展产生了影响。

二、形成背景

李普曼认为哲学不是思想家、哲学家的"专属",而是培养人类思维的重要工具。"思维过程的完美最充分地体现在哲学之中,所以哲学就首先是人们为达到思维过程的完美而设计出的最佳工具。”[①]李普曼认为教育应该以思维为对象，而培养思维恰是哲学的目的所在。所以，以李普曼为主的一批美国教育者独辟蹊径，建立了儿童哲学教育。

（一）教育问题的反思与重建

1957年，人类首颗人造卫星在苏联发射成功，这给美国带来了极大打击。美国开始反思国内的教育问题，试图通过教育改革来增强国家军事实力。1958年，美国颁布了《国防教育法》，开始进行大规模的中小学课程改革。为了培养能给国防事业做出贡献的高素质人才，这次课程改革在教材里引入高、新、难的科学知识。由于教学内容偏难，忽视基础知识和基本技能的训练，这次改革没有达到预期效果，还给基础教育发展造成许多问题。于是，美国在20世纪60年代后期又开始了“回归基础”的教育运动，强调传统文化的重要性和道德教育的价值，试图恢复学校的基础学科教学。李普曼认为，试图通过各种各样的教育改革去抵消前面一种不适当的教育制度产生的不良后果只是一种“补救性教育”，并不是“改正的途径方式”。因此，在李普曼看来，教育中存在的问题不是简单的修修补补就能解决的，任何一种补救性改革都只是表面的掩饰或逃避问题，并没有真正地面对问题或从根本上解决问题。

受杜威教育思想的影响，李普曼认为，杜威之后的教育思考没有从哲学的深度对教育的根本问题进行反思，也没有在实践中制定具体有效的实施方案。在李普曼看来，解决教育中的问题要“在实践方面发展杜威的教育哲学”[②]。所以，李普曼尝试从哲学入手来重新思考并且设计教育方案。

（二）从儿童哲学视角探索教育

杜威教育哲学中的“进步主义”（progressivism），也叫“实验主义”（experimentalism）或“实用主义”（pragmatism），是美国最具代表性的教育思潮之一。实验主义的哲学思想十分重视学习过程中的思维训练，主张教育应该针对实际问题，发展受教育者的思维。杜威的实验主义哲学思想对美国社会产生了深远影响。在杜威之后，美国的教育受到越来越多的批评，批判者普遍认为，教育传递的多是知识，缺少智慧，人们生活在一个缺少哲学思考的社会里。这样的教育束缚了儿童的想象力和探索精神，减弱了儿童的批判意识和理性思维能力，没有充分展现教育的意义。

早在20世纪60年代初，李普曼在哥伦比亚大学任职哲学教授时，就发现他的学生不了解推理，也不了解推理的方法，很多大学生缺乏周全的辩证思考能力，严重缺少最基本的好奇心和探究精神。正是因为哲学没有在教育中完成批判性思维的训练任务，教育才会失败，没有使人的理性思维能力得到发展。李普曼认为，教育最主要的目标应致力于培养人的批判性思维，增强人的理性思维能力。于是，他开始关注儿童的思想发展，构思如何教导他们

---

① 李普曼.教室里的哲学.张爱琳，张爱维，译.太原：山西教育出版社，1997：1.

② 李普曼.哲学探究.廖伯琴，张诗德，译.太原：山西教育出版社，1997：2.

运用推理的方法，提高推理能力和批判性思维能力。在他看来，只有通过改造哲学教育，从小注重孩子们的思维培养，才能真正实现教育的重建。

三、理论基础

任何一种理论或思想的建立都必须有哲学基础，才能充实内容，不然，缺乏哲学基础的理论或思想，其内容会相当贫乏。李普曼的儿童哲学教育思想，在苏格拉底的哲学理论和美国哲学的基础之上，确立了"培养儿童批判思维能力"的主要目标。

（一）苏格拉底的对话哲学

古希腊哲学家们进行哲学探讨的最主要方式就是对话。苏格拉底就是用对话的形式来不断修正对手对某一问题和现象的认识，其目的不是为了击败对手，而是在一次次的提问与回答中引导对方逐渐发现真理。对话都是始于生活中的小事，最终上升为"人应该如何生存"的哲学问题。对话双方关系平等，苏格拉底不会以权威者的身份告诉别人真理，而是鼓励大家积极参与讨论，当讨论出现偏差时，苏格拉底会及时用发问的方式引导对方走向正确的方向。他不厌其烦地引导学生，要采取"智慧的探险"(intellectual risk-taker)，鼓励学生自己思考，帮助他们去为假设发现事实，协助他们去寻找全面解决问题的方法，而这些课题的达成，就要靠"哲学的对话"(philosophical dialogue)，实际上，学生也很需要有哲学对话的行为，才能达到一种自觉自悟、自我发现的效果。

受苏格拉底对话哲学思想的启发，李普曼的儿童哲学教育的设计方式是以儿童对话为主，创设群体探究的教育情境，来实现对儿童批判性思维的培养。

（二）杜威的实用主义哲学

杜威的教育哲学思想对美国的教育具有重大影响，他提出了实用主义哲学，成为美国早期的哲学思想主流。杜威的哲学思想与教育思想都对美国有很大的影响。因此，他的思想也影响到了儿童哲学方面。

传统教育只注重向学生传授书本知识，强调以"教师为中心""教材为中心""课堂为中心"的教育理念，比较忽视学生思维能力的发展。针对这一弊端，杜威以实用主义哲学为理论基础，创建了不同于传统教育的新教育体系，杜威倡导教育应以"学生为中心""活动为中心""经验为中心"。杜威重视学生的思维能力和判断力，他强调学生要在"做中学"，能利用以往的个体经验，自主探讨社会中的现实问题，而不是听取僵硬的课堂说教。因此，杜威把教师身份定位为引导者，而不是决定者。教师不能只向学生提问，还要引导学生学会发现问题、解决问题，以实现学生思维能力的发展。

杜威和李普曼都把自己的理论建立在对传统教育弊端的批判上，强调学生的自主探究活动,这是两人的共同特征。但杜威只把儿童哲学重心放在对教育基本问题的讨论上,而他并没有提出一个具体的实践方案,李普曼则直接把哲学变成儿童学习的一门课程。在他看来,儿童哲学是以适合儿童的方式再现哲学思维,发展儿童推理能力和反思能力的一种方法途径。在教学中,哲学既是教学指导思想,又是儿童学习的具体内容。

(三)奥斯坎扬的哲学思想

奥斯坎扬是美国教育哲学家,他的哲学思想影响到李普曼的思想。他关于儿童哲学的思想,对李普曼多有启发。

奥斯坎扬重视儿童的逻辑训练,特别是他认为教育应该使用逻辑,才能使思想井井有条。在他看来,儿童天生具备学习逻辑与其他理性技巧的条件。尤其表现为儿童能够了解"假如—那么"的逻辑形式所传达的意义。例如,儿童了解"假如你去摸它,那么你就会受伤"的意义,也就是说,为了避免受伤,就不要去摸它。这种情形就是,儿童不了解那些驾驭的逻辑规则,他们所了解的只是他们所做的。奥斯坎扬认为:教育应当尽量教导儿童去推理,即有逻辑的思考。

因此,奥斯坎扬主张,要有计划地培养儿童的自然推理能力,并引导儿童学会推理过程。这些观点影响到李普曼的思想,李普曼在其儿童哲学教育思想中认为,年龄小的儿童所具有的能力,还不足以形成一股巨大的推理力量,但是这种推理力量却可以慢慢地自然发展。儿童哲学是有计划地改善儿童推理的能力,传导思想,使儿童有更完善的思想。

四、基本主张

李普曼把儿童哲学教育的研究,界定在教导儿童如何去思考思想的本质。他带给我们的不仅仅是一门学科或者一个研究方向,更是让我们看到一片新的教育视野,让哲学成为真正的教育而存在,不断向上改进人的生存状态。在教育目标上,李普曼将其定位于"为自己思考"(thinking for themselves);在教育内容上,他创编了各个阶段的儿童哲学教材和教师辅导手册;在教学方法上,他重新引入苏格拉底的对话方式,创设了具有启发性和民主合作精神的群体探究。李普曼从教育目标设置、教育内容和教育方法上的革新践行了如何进行儿童哲学教育。

(一)儿童哲学教育的目标

教育的核心价值在于启迪学生的智慧,培养学生的思维。古今中外的很多教育家都十分重视学生在学习中的"思考"。我国自古就有"道而弗牵,强而弗抑,开而弗达"的教育格言,苏格拉底也说"没有思想的生活是没有价值的"。这与儿童哲学教育的教育目标不谋而合。李普曼尤其重视学生的批判思维能力和独立思考能力的养成,他认为"教育的目的之一在于使学生摒弃那种对什么事情都不做质疑、不加批判的思想习惯，以使其独立思考的能力、确定人生方向的能力，以及为达此目的而自我设计方案的能力能更好地发展”[①]。教育中没有了思考，学习便是僵死的，毫无生命力的。因此，李普曼将儿童哲学教育的目标定位于“thinking for themselves”，直译成为“为自己思考”。这是从认识论角度来理解的，因为思考的过程只能靠儿童自己才能完成，别人不可能取而代之。儿童哲学教育就是让儿童学会如何思考、如何发展思维，让学生在学习中能有自己的判断标准，能够进行“为自己的思考”“找出自己的意义”，让教育焕发生命活力。

在“为自己思考”的总目标之下，李普曼又设置了五个具体目标，即提高儿童的推理能力、发展儿童的创造力、促进儿童个人成长与人际交往能力、发展儿童的道德理解与判断力、培养儿童从经验与生活中发现意义的能力。五项具体目标共同促进了儿童思考能力和语言能力的发展。

(二)儿童哲学教育的内容

李普曼主张把哲学引进儿童课堂，通过儿童哲学教育让儿童养成有批判意识，能独立思考的思维习惯，以提升儿童的智慧。所以在教育内容选择上，李普曼和儿童哲学教育促进研究所的成员根据各阶段儿童的身心特点精心设计了儿童哲学教育的配套教材（IAPC 教材）和教师使用手册，来启迪儿童智慧。

李普曼在教育内容设计上，利用哲学小说或哲学小故事来引出哲学问题并进行探讨。小说里的主人公是和学生年龄相仿的儿童，他们在遇到问题后会扮演哲学家的角色，以哲学思维方式来提出问题、思考问题。书中涉及的问题也都源于儿童的日常生活，在与教材的对话中实现对儿童的哲学教育，引导他们学会思考。这一系列完善的哲学小说便成为儿童哲学教育起初的教材，具体如表 8-1 所示。

表 8-1 儿童哲学教育各学段使用的教材

各学段划分	学生教材	教师辅导手册	教材主要内容	培养方向	探究范围
幼儿园	《爱菲》(*Elfie*)	《让我们想法一致》(*Getting Our Thoughts Together*)	幼儿园儿童如何克服害羞的故事	对简单事物能够进行鉴别、比较	事物间的联系和区别
一、二年级	《思思》(*Pixie*)	《寻找意义》(*Looking for Meaning*)	女孩独白讲故事	获得语言能力，培养推理方式	探究感性认识和对情感的合理分析

① 李普曼. 教室里的哲学. 张爱琳，张爱维，译. 太原：山西教育出版社，1997：100.

续表

各学段划分	学生教材	教师辅导手册	教材主要内容	培养方向	探究范围
三、四年级	《冬冬和南南》(*Kio and Gus*)	《好奇世界》(*Wondering at the World*)	一名六岁男孩和一盲童女孩的对话及交往过程	为下一阶段正式推理的学习打好基础	接触因果、时空等抽象的哲学概念
五、六年级	《聪聪的发现》(*Harry Sottlem's Discovery*)	《哲学探究》(*Philosophy Inquiry*)	以对话的形式描绘儿童群体课内外的各种活动并写出儿童围绕兴趣共同探讨的过程	发展不同的思维方式;提升想象力,启发儿童互相学习	了解形式逻辑和非形式逻辑的知识
七、八年级	《李莎》(*Lisa*)	《伦理探究》(*Ethical Iquiry*)	探讨伦理和社会问题,如公平、自然、撒谎以及规则的性质和标准等	鼓励儿童去思考,去判断符合道德和规范的行为	伦理道德、语言艺术和社会科学三方面的初步哲学知识
九、十年级	《苏琪》(*Suki*)	《为什么写,怎样写》(*Writing:How and Why*)	探讨如何克服写作障碍,以及经验和事物的意义、思维和写作的关系等相关问题	培养儿童的推理技巧和逻辑能力	侧重美的探究
十一、十二年级	《马克》(*Mark*)	《社会探究》(*Social Inquiry*)	借马克破坏学校公物一事,探讨社会问题	培养儿童的公民意识,让儿童学会理性思考	了解生活的意义,学会理性思考

IAPC教材以小说的形式把儿童日常的生活问题清晰地呈现出来,并通过小说主人公的哲学思考和哲学推理过程引发儿童和教材之间的对话与反思,使“哲学”和“文学”有效结合,使得哲学不再曲高和寡,反而变得饶有趣味,通俗易懂,儿童在潜移默化中得到哲学启蒙,循序渐进地提高自己思考问题的能力。

(三)儿童哲学教育的方法

李普曼认为儿童哲学教育的主要内容是以研究思想和推理为主。他把儿童哲学教育研究界定在“教导儿童如何去思考”的思想本质上。为了使问题意识和自我思考品质能够真正走进儿童内心,李普曼在教育方法上选择以儿童的对话为主,尤其提倡教室里的“群体探究”。他倡导让儿童在教师的协助下,根据小说描写的情景和自己的生活经历,用询问、假设等形式进行深入对话,让孩子们在自由、平等、开放的学习环境里进行有目的、有组织的交流,在探究的过程中激发孩子们的思考热情和智慧火花,让孩子们学会倾听和思考,同时促进相互学习,能够根据别人的观点来矫正和完善自己的思维,进而获取自己对生活经历的理解。

1. 对话

儿童哲学教育的理论是透过对话的方式呈现的，在苏格拉底“产婆术”方法的实践基础上，对话成为儿童哲学研究上的一个重要方法。李普曼很是推崇苏格拉底的教学方法，不仅在于这一方法的对话形式，更在于它高度的针对性和灵活性。李普曼采用对话设计，以儿童为中心，展开人与人之间的对话，给儿童思维带来启发性的效果。在李普曼的哲学小说《哈利·史图特迈尔的发现》一书的第六章中，儿童以对话形式讨论有关“心灵”(mind)的问题，最能表明儿童哲学教育重视儿童的学习体验，让儿童在文学性的对话思考中完成一种理性的探究。现引述如下，以做详细说明[①]：

学生佛兰·乌德(Fran Wood)与劳拉·奥玛拉(Laura O'Mara)二人，在吉尔·波尔多(Jill Porto)家过夜，时间已经很晚了，女孩子们谈过关于“妖魔的学徒”(The Sorcerer's Apprentice)的故事，提到梦、死亡等情节后，她们的谈话转移到有关思想方面。对于思想，佛兰·乌德(以下简称佛兰)很惊奇地大声说道：

“什么是心灵？你如何知道你的心灵？”

劳拉·奥玛拉(以下简称劳拉)打了个哈欠，把被子底下的脚伸直，摇动摇动，几乎在同时说道：“我知道，我有一个心灵。”她回答：“就如同我知道，我有一个身体一样。”

吉尔·波尔多(以下简称吉尔)的父亲敲门，告诉女孩子们已经过了半夜，是睡觉的时间了。女孩子们答应停止谈话(至少吉尔已做到，其他的人则傻笑)，但是过不久，她们又回到同样的主题。

佛兰还在坚持，人可以看到和摸到自己的身体，但是人无法看到或摸到自己的心灵。如何使任何人知道心灵是真实的，假如他不能看到或摸到？“当你说到心灵”，佛兰下结论说，“你所说的是有关于你的头脑。”

“有很多东西是真实的，甚至我们看不见或摸不到，但我们还是要肯定它们的存在。”劳拉反对而说道：“例如，假如我去游泳，真的有个东西叫游泳吗？如果我去散步或骑车，真的有个东西叫散步或骑车吗？”

“你说怎么样？”劳拉问。

“我认为劳拉所说的那些，”吉尔说，“就是指那些我们所谓的所想的与所做的，如游泳或散步或骑车之类。”

“那就对了，”劳拉同意，“那正合我意，我说过我有一个心灵，我的意思是我留意一些东西，例如我留意电话、我留意保姆、我留意我自己的事，有一个心灵，只不过是留心而已！”

但是佛兰对吉尔与劳拉所提到的感到不悦，她说：“我同意，心灵与头脑并不完

① Tony W Johnson. Philosophy for Children: An Approach to Critical Thinking. Bloomington, Indiana: The Phi Delta Kappa Educational Foundation, 1984:21-22.

全是一样的东西，我刚才说过它们完全一样，但现在我已经改变了我的说法。”每一个都笑了起来，在笑了一会儿以后，佛兰继续说道：“我的意见是，我们看不见电流，但电却是真的，所以为什么不可说，我们的思想是在脑中类似电流的一些东西？”

此时，吉尔的母亲告诉女孩子们，不该在凌晨还继续谈话。

“妈妈，”吉尔说，“什么是心灵？”

波尔多太太认为她们的谈话应该结束了，不过，她不愿意让吉尔难过，所以她说：“当我像你们这样单纯的时候，吉尔，我认为心灵是薄薄的，像烟尘一样的东西，就像一个人的呼吸……”

“你是认为可以在寒冷的天气中看到它，这种方法就像你可以在寒冷的天气中看到呼吸，是不是？”吉尔插话。

“不是。”她的妈妈回答：“我确实想到，心灵是真实的，但是看不见。你永远看不见心灵，但是你的思想、你的感觉、你的记忆、你的想象，都是这薄薄的、像底片的东西所造成的。”

“哦。”吉尔惊呼叫道：“这是真的！对心灵而言，那是极为正确的！”

波尔多太太笑着说：“或许是。”

“好，那么其实是怎么样？”吉尔进一步问道。

波尔多太太把手放在吉尔的头上说：“我实在不知道。”过了一会儿，她加上：“我刚刚说我不知道，并不是因为太晚，而是我不想讨论。不过，说真的，我真的不知道，不过，有时候我想，那只是语言。”

“语言？”吉尔问道。

“当儿童开始说话，他们对别人说话，”波尔多太太说：“当其他人不在身边回话，他们还是继续在说话，好像别人还是在那儿似的。换句话说，他们是在对自己说话（自言自语）。他们自言自语，渐渐地静下来，一直到没有声音，这就叫作思想。”

“你的意思是，”佛兰说，“首先，儿童看到的东西是出现在他们眼前的，但是假如那些东西不出现在他们眼前，儿童还能记得或想象那些东西吗？所以思想在我们心目中，就好像事物在我们记忆中的痕迹而已！”

“我的天，佛兰，我不知道，我从来没有想过，思想会真的像这样。”波尔多太太回答。

从以上所引的对话案例可以看出，李普曼的儿童哲学教育是用对话的方式让儿童将其思想表达出来，因为思想要靠语言来表达，而表达是儿童根据对话情境不断思考展开进行的，所以，思考与对话有着密切的关系。儿童要在对话中学习、提炼自己的观点，并为自己的观点论证，还要对他人的观点做出肯定或否定的判断，并从中学习借鉴，以让自己在对话中受到教育。这样的过程就是儿童思想不断探究，完成自我教育的过程。因此，李普曼说“哲学的核心即是对话”“这即是为什么教育离不开哲学，哲学也离不开教育的原因”[①]。对话是儿童哲学教育的重要方法之一，对话的内容也是儿童哲学教育的内容。可见儿童哲学教育恰恰旨在促进儿童的逻辑思维和应对实际问题的能力。

2. 群体探究

通过对话的形式，李普曼创造了兼具启发性和合作精神的哲学教室。尊重儿童，鼓励儿童以对话、谈论的方式增进彼此对问题的认识是哲学教室的最大特点。儿童在讨论问题时，既要说清楚自己的看法，也要说清楚产生这一看法的理由。阐述理由比答案本身更重要。因为哲学教室的重点就是探讨培养儿童的推理能力。普曼认为儿童哲学教育的最重要方式就是把常态下的班集体转变成一个探究群体，这样才能保证哲学训练是在推进思考。

群体探究在儿童哲学教育的课堂上大致分为以下几个步骤：呈现教材、建立探究、群体发展、课后讨论。其中，呈现教材包括轮流朗读、倾听，让儿童意识到教材是探究群体的范本；建立探究应让儿童自由地对教材发问，确定探究问题，开始对话；群体发展即对话方法的使用，是儿童哲学教育课堂上最重要的一个环节。在这个过程中，教师扮演的是“思维技术顾问”的角色，参与群体探究，但不向儿童强迫提供观念，也不提供最终答案，只是为儿童创设一个民主、合作的学习环境。学生能够在群体探究中开放且互相尊重地交换意见，并做到认真倾听、互相学习，群体探究是实现儿童哲学教育的一种切实可行的方法和途径。

五、感悟启示

李普曼的儿童哲学教育是把哲学引进儿童课程，通过哲学小说，呈现儿童日常遇到的问题，利用群体探究的对话引发儿童思考，使其“成为更有思想、更有创见、考虑周到、通情达理的人”[②]。在李普曼看来，教育的目的不是向学生灌输知识技能，而是帮助学生学会思考，在这种关注“人”的教育思想下，学生才能更好地在独立自主中又相互合作，形成良好的思想品质和行为个性。

当然，李普曼的儿童哲学教育思想也并非完美无缺，在某些方面它也有其自身的局限性，其中，最明显的一方面就是哲学小说中没有插图。李普曼在创作儿童哲学读物时，为了给儿童提供更大的想象空间，从不在儿童哲学故事里配插图。而心理学家则认为，儿童读物应该有插图，这样可以更好地引起儿童的阅读兴趣，激发儿童的想象空间。我们在学习和借鉴该思想时，要根据我国的实际情况做到适当的改进，以更好地促进我国儿童教育事业的发展。

---

① Matthew Lipman，Ann Margaret Sharp. Growing up with Philosophy. Philadelphia：Temple University Press，1978：259.

② 徐湘荷. 李普曼的儿童哲学计划. 上海教育科研，2005(1)：53.

不可否认的是，我国传统教育的弊端至今也还存在，主要表现为过于看重学生考试分数，学生的学习方式偏向被动学习。这种教育模式下的学生缺少个性，不善于独立思考，缺乏丰富的想象力和较强的逻辑思维能力，不能十分清楚地表达自己的想法和观点，也不会真正尊重他人意见。儿童哲学教育正是治疗这一弊病的良药。儿童哲学教育为我国推行素质教育和新课程改革提供了借鉴思路。儿童哲学教育以其独特的哲学构思和有效的实践历程为我国教育工作者提供了新的思路，有利于我国素质教育的推进，我们可以通过教材开发和儿童哲学教育思想宣传以及重视教师培训等途径发展我国的儿童哲学教育。

(一)积极开发儿童哲学教育的课程与本土化教材

儿童哲学教育的内容里关于伦理道德、社会问题、理性等方面的探究以及“群体探究”的实现途径都体现着具有美国核心价值观念的人文关怀。我国也有着悠久的蒙学传统，神话传说、寓言故事、《三字经》以及《千字文》等儿童读物，都渗透着中国传统哲学对人精神境界的教化。李普曼基于西方文化和教育现实来重构哲学教育，完全照搬其教育思想不一定适合我们的教育实际。我们应当在借鉴的基础上结合我国教育的实际情况加以改善，以使我们的儿童哲学教育更有成效。我们应当积极开发儿童哲学教育的本土化教材。文化影响人的思想，一个民族的传统文化在很大程度上决定了这个民族的思维特征。尽管 IAPC 教材在美国多所学校取得良好成效，但它是依据美国的文化背景、思维特征、价值理念制定而成的，与我国文化的价值理念差异较大，因此我们在进行儿童哲学教育时不能简单照抄，应根据我国传统文化的哲学思想加以改造，使儿童哲学教育的内容融入我国文化，被大众接受。

例一：云南省昆明市官渡区南站小学的“儿童哲学”课程建设

1997 年，我国云南省昆明市官渡区南站小学对教师进行儿童哲学培训，首次将“儿童哲学”引入国内。学校通过教材开发、探索教学模式来推进儿童哲学的课程建设。

最初，1997—2000 年，学校使用的教材是李普曼编写的儿童哲学教材。后来发现国外教材里的观念、思想与我国的差别较大，给教学带来了一定的困难。于是学校在 2000 年 5 月自编教材《中国儿童哲学》，并正式出版，2002 年成为云南省地方课程。随着时代的进步，思想的变化，自编教材里的部分课例已不能适应形势发展的需要，于是，南站小学于 2014 年 4 月起，开始编写第二套“中国儿童哲学”教材，这套教材增添了内容新颖、哲理深刻的故事，在形式上由全文字改为绘本，还按三个年段设计为三本书：一、二年级的低段读本；三、四年级的中段读本；五、六年级的高段读本。各年级读本都包含五个方面：绘本故事、思维火花、智慧碰碰车、创想万花筒、知识即时贴。其中，“思维火花”是从绘本故事中提炼几组哲学观念，教师用举例子、下定义、反驳等方法对其进行深入浅出地阐述，培养学生的思维。

例二:浙江省杭州市春芽实验学校“儿童哲学课程”的校本探索

杭州市春芽实验学校在培养“悦少年”的课程目标基础上,对照“悦少年”的具体要求和儿童哲学素养发展目标,建立了校本儿童哲学课程目标系统,并且结合国家课程标准,梳理语文和道德与法治课程,确定儿童哲学课程的主题,形成儿童哲学课程的主题绘本系列。详见表8-2、表8-3。

表8-2 校本儿童哲学课程目标系统

总目标:促使儿童理性思维发展和道德品质形成	
认知目标(针对儿童理性思维发展)	伦理目标(针对儿童道德品质形成)
在哲学思考与讨论的过程中,鼓励儿童进行合理的道德分析与判断,促进儿童道德认知的敏感性和道德判断的合理性;发展儿童的分析能力、推理能力、创造能力、理解能力以及培养探究发现的能力	认真倾听和感受其他儿童的观点与思考方式,在与他人分享观点的同时做出合理的分析与判断。学会在意见分歧的情况下与他人进行有效沟通的方法,从而形成合作与沟通能力、积极的生活与学习态度以及良好的个性
第一学段	第一学段
①对自然、身边的人和事充满好奇,能发现问题,提出问题 ②能根据他人的理解、推理做出判断或调整自己的想法 ③能阐述想法形成的过程 ④能用假设关系、因果关系、类比法表达自己的想法或做出简单的推理 ⑤养成提出相应的理由再发表意见的习惯 ⑥尝试用比较简单的方式处理问题	①在学校里情绪安定、心情愉快,与同学友好相处 ②能与他人合作交流,愿意分享感受、想法或活动成果 ③对生活中的善、恶、美、丑有一定的判断能力,能判断他人明显的想法错误、行动错误 ④自信、诚实、求上进

表8-3 儿童哲学课程主题绘本系列

哲学因素	绘本名称	基础话题	目标指向
认识论	《大卫惹麻烦》	“好孩子”的标准	行为正确
	《今天运气怎么这么好》	运气和努力谁重要	
	《丑小鸭》	真正的美与丑	
	《发脾气大叫的妈妈》	脾气的好与坏	
	《小猪变形记》	做别人还是做自己	
价值论	《小熊不刷牙》	不刷牙会掉牙	
	《全都是我的》	分享和独享谁快乐	
形而上学	《小熊孵蛋》	生命是什么	认识自己
	《我不知道我是谁》	学会认识自己	
	《阿文的小毯子》	为什么会长大	

续表

哲学因素	绘本名称	基础话题	目标指向
伦理道德	《我的奶奶真麻烦》	什么是勇敢	友好相处
	《猜猜我有多爱你》	什么是爱	
	《爱笑的鲨鱼》	什么是朋友	
	《别让鸽子开巴士》	拒绝的好与坏	
	《小刺猬的麻烦》	别人有麻烦就应该帮助吗	
	《小象的大便》	大家一样吗	
	《我有友情要出租》	怎样交朋友	

(二)加强儿童哲学教育的思想宣传

我们还应加强儿童哲学教育思想的传播和推广，让更多学校参与到儿童哲学教育的实践当中。儿童哲学是一门应用哲学，上海市杨浦区六一小学和昆明市官渡区南站小学在20世纪90年代都有尝试过儿童哲学在小学阶段的应用并取得了一些成果。但因文化背景和教育传统的差异，我国在探索与实践儿童哲学的教学进程中做了一些调整，现以上海市杨浦区六一小学的儿童哲学教学实践为例，对推进李普曼的儿童哲学教育思想在我国更多学校的应用进行一些探索。

六一小学的儿童哲学课程在不同年级以不同形式进行，课程设计遵循不同年龄儿童的认识能力和思维能力特点。一年级的课程主要是让学生“听故事，提问题”；二年级和三年级分别采用了“寓言故事”和“成语故事”的形式；四年级是“时事论坛”，让学生就当时的热点问题发表自己的意见和想法；五年级采用的形式是“辩论演讲”，更注重学生的自己参与，也体现出对学生思维能力的更高要求。除此之外，六一小学还在各学科教学中渗透儿童哲学课的内容、方法，学科教师要能把儿童哲学课注重培养学生思维能力和探究精神的理念带到本门课程的教学中。另外，六一小学还创造性地提出了儿童哲学的拓展课。开设课外拓展的对象主要是四、五年级的学生，目的在于以儿童哲学为中介，延伸学生的思维和学习空间，在参与中养成探究意识和精神。由此来看，六一小学主要以儿童哲学活动课、学科教学渗透和儿童哲学拓展课三种形式开展儿童哲学的教学，长期下来，教师的教育教学观得到更新，学生的思维活跃并且严谨，取得了明显成绩。

尽管六一小学的儿童哲学课程探索成功地实现了李普曼儿童哲学教育思想在我国的迁移和运用，并取得创见性的发展，然而儿童哲学教育的实践并未在我国很多地区开展，甚至有些地区还没听说过儿童哲学。因此，我们有必要通过自上而下的形式向广大民众以及众多一线教师传播儿童哲学教育的理念和意义，成立有关儿童哲学的研究中心和培训机构，让儿童哲学思想能在我国大地上生长、结果。

(三)重视教学方式的变革

李普曼把儿童哲学教育定位为儿童思维能力的开发，把对话教学、故事教学等教学方法应用到儿童教育之中，对改变应试教育是有积极意义的。

例三：云南省昆明市官渡区南站小学探索教学模式

儿童哲学课的基本教学环节为：学生独立朗读富有哲学内涵的故事，自己发现问题，提出感兴趣的、想讨论的或感到疑惑的问题；民主决定讨论的主题，提炼并筛选问题，归纳出主导观念；通过群体探究，采用举例、质疑、反驳、补充、更正等讨论方法深化认识，发展思维，提高学生对自身、对人生以及对社会的认识，进行"儿童哲学"思维训练；总结讨论方法和收获，学生可以更正或补充之前的观点，提升和完善认识；教师布置思维拓展任务和相关的综合实践活动，延伸课内学习效果，提高学生的思维水平。具体课例如下：

在《被咬断脖子的女孩》一文，说的是12岁的小姑娘弗蕾丝在和同学乘坐小游艇的过程中，脖子被鳄鱼咬住，奄奄一息，在大家的救助下，脱险并恢复健康的故事。老师先让学生看故事视频，让学生说出这个故事，再组织每个小组提出最想讨论的问题，七个小组提了七个问题，经过学生投票，选出最想讨论的问题——死亡可怕吗？全班围绕这个问题展开讨论，教师引导大家谈对死亡的认识：有的孩子认为死亡是停止呼吸、停止心跳；有的孩子认为死亡是没有意识，死亡是永远离开亲人；有的孩子认为死亡是器官衰竭，没有生命体征……有孩子反驳说我们潜水时憋气没有呼吸，但是我们没有死亡。老师随即提出："同学们，你们觉得躺在病床上的植物人死亡了吗？他这样躺着还有意义吗？"有的孩子认为植物人没有死亡，对于他的亲人是有意义的，因为他还能感知亲人对他的照顾，亲人心中抱有希望，也许有一天他会醒过来；有的孩子认为植物人死亡了，这样躺着没意义，因为他没有意识，什么都不知道，还给亲人造成很大的经济压力，醒过来的概率微乎其微。老师继续问："死亡可怕吗？"有的孩子认为死亡可怕，因为我们什么都不知道了，离开了亲人朋友；有的孩子认为死亡不可怕，因为你在生活中做出了一些有意义的事情，别人会永远记住你……最后，教师总结了这节课的学习内容及运用的讨论方法。孩子们通过辩论、质疑，阐发自己的观点，对死亡的认识更加深刻了。在儿童哲学教学中，老师不急于给学生答案，而是引导学生自己对问题进行思考，做教学的组织者、引导者。

(四)重视儿童哲学教育的教师培训

教师作为推进儿童哲学教育的重要群体，在儿童哲学课程的开设和组织过程中发挥着举足轻重的作用。我国儿童哲学教育目前仍处于起步阶段，这就更需要重视儿童哲学教育的教师培训，使更多高素质的儿童哲学教师为儿童哲学教育的发展助力。加强教师使用儿童哲学的培训，可以在教师培训的过程中训练教师使用儿童哲学，使教师了解儿童哲学，在以后从事教育工作时，能驾轻就熟地应用，或者在教师培训中开设儿童哲学课程，以更深入地了解儿童哲学的蕴涵。也可以在教师的研习课程中训练，让专职人员指导老师运用儿童哲学方法，获得更多的实际经验。

例四：云南省昆明市官渡区南站小学教师培训

南站小学对儿童哲学教师的培训主要通过专家指导、课程研讨和课程展示活动三种形式。1997—2014年，南站小学已举办了六届规模较大的“儿童哲学”研讨会。在国内各地举办的“智慧课堂”研讨会上会展示儿童哲学教学课堂，以提高更多老师的儿童哲学教研水平。

例五：浙江省杭州市春芽实验学校提升教师哲学素养

学校建立校长亲自参加，分管校长牵头，高校教授为导师，学科骨干教师为主力的儿童哲学课程研究团队。通过定期的读书交流、探究哲学教法，提升教师儿童哲学课程的教学技能。

学科的课程研究团队成立了“哲学咖啡屋”，旨在通过“共读·研读·精读”有关儿童哲学书籍，全面提升哲学素养。研究团队先后围绕《教室里的哲学》《一头想要被吃掉的猪》《与儿童对话》等书籍开展读书交流会，挖掘课程主题体系下的儿童哲学内容，开展“儿童哲学”课程的同素材、同学科的同课异构课例研究、同素材不同学科的对比教学研究，逐步形成校本儿童哲学课程教材的雏形。

教育是培养人的活动，如果我们培养出的学生是只懂成绩而不懂思考的人，那么他将来走进社会就会变得冷漠、残酷；如果我们培养出的学生是理性、博爱且具有人文关怀的人，那么他将来走进社会就会变得温暖、包容。儿童是祖国的未来，我们应该借鉴国外儿童哲学教育的思想和经验，挖掘我国儿童哲学教育资源，把我们的儿童培养成会思考、会合作、会创造的独立个体。

第九章

马修斯的儿童哲学教育

加雷斯·B.马修斯(Gareth B. Matthews,1929—2011年),是美国当代哲学家,马萨诸塞州立大学哲学教授,儿童哲学的开创者及先锋人物。他既精通哲学,又懂孩子,潜心于儿童哲学的思考、写作和教学。强调儿童有自己的哲学,成人不应把孩子看作"未成年人",而应平等待之,甚至视之为"成人之父"。这种理念有助于了解儿童的精神世界,培养他们的哲学思维,保护他们的天真和好奇。著有儿童哲学三部曲——《哲学与幼童》(1980年)、《与儿童对话》(1984年)、《童年哲学》(1994年),在儿童哲学研究和儿童哲学学科建设方面做出了杰出的贡献。

一、马修斯对儿童哲学教育兴趣的萌发

1929 年 7 月马修斯出生在阿根廷，并在美国伊利诺伊州和田纳西州长大。后马修斯在明尼苏达大学教授哲学，期间马修斯发现许多学生觉得哲学课程无用、枯燥，他经常困惑于怎么向学生更好地讲授“哲学导论”课程。学生不认为从事哲学是人类自然而然的行为，马修斯则努力向他们证明，当他们还是孩子的时候，就已经能够进行哲学的思考和游戏，让学生相信哲学是一项自然的活动，正像做音乐和游戏那样自然，哲学研究也具有实际的功用。为此，马修斯从 1963 年起开始研究“儿童哲学”。这种努力使得马修斯成为儿童哲学研究领域的先驱，并在 20 世纪 60 年代提出“儿童哲学”的概念。

2008 年，马修斯就为什么会开始研究“儿童哲学”这个话题回答过中国学者钱雨的提问，“最初是因为我发现儿童会说出许多有趣的、哲学性很强的话来。他们在惊奇、思考甚至进行自己的推理，可成人不这样了。对于许多成人来说，哲学不是必要的生活手段，只要掌握某种谋生的方式就可以了。事实并非如此，即便你有一技之长，可以改造社会，你仍然要思考改造社会的目的是什么，如何去评价、取舍以及到底什么是终东西。儿童在许多地方都超过成人，例如他们有惊人的语言能力，有丰富的艺术创造力，他们还会对世界充满惊奇，而成人就不会了，他们已经习惯了这个世界。但成人并不重视儿童的话语，他们最多说‘哦，你说的真好玩’，或者是‘等你长大了我再和你说这个……’成人应该鼓励儿童说话，并倾听他们说话。”①

马修斯经常和孩子对话，这是他一生坚持的习惯。无论讲学或游览到任何地方，他都尽量寻找机会和当地的孩子们对话，倾听儿童对一些哲学问题的看法。更加难能可贵的是，马修斯不只是满足收集这些富于哲学意趣的儿童言论，而且还对这些言论所可能寓含的儿童发展方面的问题进行深入探讨和研究。马修斯在研究儿童的言论时，经常将儿童的观点与历史上著名的哲学命题和著名哲学家的思想做对比，加以深入研究。

例如，儿童对于“宇宙是什么？宇宙是否有开端？”这些问题感觉到困惑是很正常的。马修斯回忆自己六岁时关于宇宙起源的想法，就与神学家圣托马斯·阿奎那十分相似。他以自己的童年经历证明了这一观点。当时，他问妈妈宇宙到底是怎么来的，妈妈答不上来，而他却用了一个类比做了回答，“我想，这就像有人画了一个圆。画的时候要是你在边上，就知道圆的起点在哪里。但现在再看的话，就说不出来从哪里开始的。它（宇宙）就像一个圆，终点和起点连在一起，分不出来。”马修斯还组织了十几个三、四年级的小学生对与宇宙起源问题展开了热烈的讨论。他发现有个儿童的观念很像柏拉图对话录《蒂迈欧篇》中“托载体(receptacle)”概念所包容的思想。

---

① 钱雨．儿童文化论．济南：山东教育出版社，2011：53-54．

再比如，马修斯与五岁的克利斯婷的对话也发现儿童的推理与许多哲学家的哲学思考相类似。

克利斯婷在学阅读。她学认音节并把它们读出来，从而学会认词。有次她对爸爸说："我们有字母，我真为此高兴。因为，如果没有字母，也就不会有声音，要是没有声音，也就不会有词……如果没有词，我们就不能思考……如果我们不能思考，也就不会有这个世界。"马修斯谈到这里，不无动情地说："我不知诸位对此有何感受，但是这个五岁儿童的推理却使我屏息沉思。作为一位专业哲学家，我花费了许多时间研究哲学史，这时我立即、几乎是本能地将克利斯婷的推理与早期哲学家的思考联系起来。"他首先想到的是苏格拉底哲学家巴门尼德。巴门尼德曾说过，"对于同一事物，它能被思考就如同它能存在。"马修斯把这句话转换为，"只有那能被思考的事物才能存在。"如果承认克利斯婷的假设：没有字母，什么都无法思考，没有字母，就不会有词，至此我们就会得出一个有趣的结论："没有字母，就不会有世界。"马修斯又把克利斯婷与18世纪盎格鲁—爱尔兰哲学家伯克莱联系起来。伯克莱说，"存在就是被感知"。克利斯婷的思想似乎是"存在就是被思考"，或者更确切地说，是"不被感知的是不能存在的。"

马修斯通过对搜集到的大量具有哲学性质的儿童言论和轶事与著名哲学家的思想做比照，并加以分析，向人们昭示，儿童的观点并非全是浅薄无知的黄口之言，儿童的头脑中甚至常常会思考那些公认的伟大哲学家所困惑的问题，他提出了自己的"儿童的哲学"(philosophy of children)，并对这一概念进行了系统化、科学化的阐述，影响了儿童哲学领域的理论研究与实践。

二、马修斯关于儿童哲学教育的主要观点

(一)儿童会进行哲学思考

马修斯认为运用哲学是人类与生俱来的能力。对于许多幼童和青少年来说，进行哲学思考是天生的本能，就与从事音乐和做游戏一样，这是人之成长为人的一个重要部分。[①] 他对儿童的思想表现出一种重视和赞赏的严肃态度。相比12岁或者14岁的孩子，五六岁也可能是七岁儿童更有可能提出哲理性的问题，并做出哲理性的评论。

---

① 加雷斯·B.马修斯.哲学与幼童(修订版).陈国容，译，蒋永宜，校译.北京：生活·读书·新知三联书店，2015:51.

以下是马修斯和其女儿萨拉的一段对话。

我家的猫当时生了跳蚤，我对家里人说要去地下室，用熏烟的办法给它灭跳蚤。我大女儿莎拉才四岁，问我能不能同意让她跟去看看。我勉强同意，但有个条件，那就是她得站在楼梯的高处，以免吸入灭跳蚤的灰尘。

莎拉站在楼梯口看我灭跳蚤，兴致很高。过了一会儿，她问："爸爸，猫身上怎么生跳蚤的呀？"

"噢，"我漫不经心的地回答，"它肯定跟另一只猫玩过，跳蚤就从那只猫身上跳到这只猫身上了。"

莎拉想了想。"那只猫怎么生跳蚤的？"

"噢，那只猫肯定跟别的猫玩过，"我自以为巧妙地回答，"跳蚤蹦到那只猫身上，又从那只猫蹦到咱家猫的身上。"

莎拉顿了顿，较真地说："可是，爸爸，跳蚤从这只猫身上蹦到那只猫身上，再蹦到别的猫身上，不能这样蹦个没玩吧。只有数字才数个没完。"①

莎拉自然地、自发地进行哲学思考，提出"第一跳蚤"的论证，正如马修斯在大学教大学生们"第一因"的论证。通过分析大量儿童的言论，马修斯首先肯定儿童是具有哲学思想的，许多幼童会自然地、自发地进行哲学思考。

以下是马修斯和其儿子约翰的一段对话：

爸爸：当我们的狗亚瑟看我为它准备吃的时，立马摇着尾巴跑过来，你认为它不想吃点什么吗？

约翰：它当然想，但是它有自己的语言。

爸爸：你怎么知道？

约翰：如果它没有自己的一套语言，它就不会摇尾巴。

爸爸：你是说摇尾巴是它的肢体语言？

约翰：不是。它必须用自己的语言告诉自己该摇尾巴。它必须有一门语言来支配。

我问约翰最近是否还在思索这些问题，这些对话是我俩一年半之前合作编写的，现在约翰已经 11 岁了，不再是能随意提出哲学问题和做哲学评论的年纪了。

"想得不多。"想了一小会后，他补充道，"但是我们现在相信婴儿是能够思考的。"

很显然，孩子对哲学的关注还在持续着，只是不再像年龄更小时那样明显、持久了。②

---

① 加雷斯·B. 马修斯. 童年哲学. 刘晓东，译. 北京：生活·读书·新知三联书店，2015：1-2.

② 加雷斯·B. 马修斯. 哲学与幼童（修订版）. 陈国容，译，蒋永宜，校译. 北京：生活·读书·新知三联书店，2015：151-152.

为什么低年龄段儿童比高年龄段儿童更容易提出哲学问题呢？产生这种现象的原因一是孩子天生的纯真无邪与哲学天真而朴素的特性相一致；二是人类社会在把孩子转变为成人的社会化进程中，常阻止孩子提出哲理性问题，引导孩子们好问的头脑转向更加"实用"的探索。学校教育让儿童的哲学探究变得越来越少，相伴而来的却是僵化呆滞和缺乏创意。如果约翰是为了成人世界对他的期望而转移了对哲学的兴趣，那是我们成人的一种耻辱。①

通过收集大量儿童言谈发现，天真烂漫的幼童对宇宙、人生、周围一切事物所萌发的种种困惑、提问、评论甚至推理，都具有哲学的意味。

(二)儿童的哲学思考源于困惑

马修斯认为儿童的哲学思考导源于困惑，困惑激发哲学。

乔丹(五岁)在一天晚上八点上床睡觉时问道："如果我八点钟睡觉，每天早上七点钟起床，我怎么断定时钟的短针只走了一圈呢？我是不是要整晚睡不着，一直看着它呢？要是我望了望别处，哪怕是一小会儿，短针也可能走了两圈。"乔丹的困惑，部分原因也许是由于他感到了不安，因为他没有充分的证据来证实一个常识性的结论：从一个给定的晚上到第二天早晨，时钟的短针走了一圈，而且只会走一圈。②没有足够的证据能够让乔丹得出一般人认为是基本常识的结论。所有观察到的现象和行为是否足够可靠，使得我们能够推论出没有观察到的结论呢？如果人们观察到太阳在过去每天都会升起，就代表它明天一定会升起么？这个孩子的疑问恰恰涉及了哲学中的"归纳问题"。

马修斯以六岁的提姆为例说明了这个问题。这个孩子一边舔罐子一边忧心忡忡地问："爸爸，我们怎么知道现在不是在做梦呢？"他爸爸不知该如何回答他。不过，他又舔了几下罐子后，用自己的逻辑解决了这个问题。他说："要是现在是做梦的话，我们就不会问这是不是梦了。"笛卡尔通过"我思故我在"的经典结论结束了他对自我存在产生的质疑。儿童对自己所处困惑的思考与结论完全可以经典哲学家的观点相媲美。

儿童的想象、困惑和发现意识，他们对不和谐、不恰当的敏感，他们对认识事物的急切热望，都特别有利于哲学思考。深深的困惑长期不能解决可能会引起儿童的不安甚至焦虑。举例来说，一位六岁的儿童在家中看到狗死后不久，自然而然地想到了死亡和个体同一性问题。他在思考，除了书本、玩具、衣服之外，他有两条手臂、两条腿和一个脑袋。这些都称之为他的玩具、他的手臂、他的脑袋等，他想知道："哪一部分的我，算是真正的我？"这时候，安顿儿童的心灵，拂去他精神上的焦虑便义不容辞地落在了家长、教师和周围其他成人的身上。马修斯警告说，一个经常充满自信和情绪稳定的儿童也有焦虑的时刻。成人应当警觉到这种可能性。家长、教师要在对儿童困惑的反应里，蕴藏关心和爱护，安顿儿童的哲学是由于困惑的激发而产生的。

---

①② 加雷斯·B.马修斯.哲学与幼童(修订版).陈国容，译，蒋永宜，校译.北京：生活·读书·新知三联书店，2015：152，4.

哲学导源于困惑与好奇，哲学对儿童来说，有时候也可以是一种游戏。

四岁六个月的丹尼斯试图对爸爸詹姆斯解释：一个东西可以同时既在前面，又在后面。詹姆斯不能理解，于是丹尼斯在圆桌旁边给爸爸演示：

“呶，假装我们现在绕着桌子一直走、一直走——现在你在前面，我在后面，然后我在前面，你在后面。”马修斯发现儿童的这种相对观同亚里士多德的相对逻辑思想极为相似，而且同样的想法在柏拉图的著述中也大量存在。

厄休拉（三岁四个月）说：“我肚子痛”。妈妈说：“你躺下睡着了，痛就会消失的。”厄休拉说：“痛会上哪儿去呢？”我们不知道厄休拉在问“痛会上哪儿去”时是否眨眼睛做鬼脸。她也许真的为此感到困惑：痛会不会跑到壁橱里去？会跑到床下去吗？假如它跑到壁橱里，会不会等我睡着时再跑出来？对一个幼小的孩子来说，存在这些疑问是正常的。不过据马修斯讲，厄休拉是一个快乐、自信、好奇和顽皮的孩子，所以这个问题是一个游戏的问题。

玩这种哲学游戏，即试图了解一个人不假思索所讲的话究竟是什么意思，或者可能表示什么意思，应该表示什么意思，这将是十分有趣的。它可能令人有所启发，但同时又是一种挑战。我们成人却常常回避这种挑战，用发怒来对待儿童，“哼，你懂我讲的是什么意思吗？”马修斯对成人的这种反应深表遗憾“多么吓人，多么不公正，怎么能是这样冷淡而又不耐烦的反应！”如果我们能静下来认真老实地思考的话，可以清楚地看到我们自以为有意思的话常常并没有说清任何事情。马修斯认为，经常拒绝与儿童玩这种游戏的家长和教师会使自己的理智贫乏，与儿童的关系疏远，并且使儿童独立的探索精神受到打击。

（三）儿童的哲学是儿童试图理性重构世界的一种方式

儿童的哲学与作为成人研究对象的哲学有什么关系呢？马修斯认为，“作为成人研究对象的哲学可被看作对儿童提问的成熟的回答”①。“在某种方式上，成人哲学不过是童年哲学的理想化，是成长中的儿童在认知能力或道德能力受到威胁时，对理解世界的最好方式的理性重构”②。这些威胁不是来自于他人或环境的外部威胁，而是一种内部威胁，即内在地威胁着人类理解世界，内在地威胁着人类理解我们在这个世界上所发挥作用的企图。正因为如此，儿童从很小的年龄开始就会提出问题，发表评论，甚至参与专业的成人哲学家认为具有哲学性质的推理。马修斯在其《哲学与幼童》一书中大量收集的儿童言论便充分证明了这种观点。

马修斯帮助父母与教师认识儿童的哲学，尊重儿童的哲学，在看待儿童期的认知和道德问题时应当渐渐丢掉自己的优越感。

对于儿童文学家，马修斯期望那些能表达成人哲学在道德和理智才能方面难以解决的问题的最敏感和最富想象力的儿童文学作品能丰富和繁荣起来。

对于儿童研究工作者，马修斯觉得读点哲学，学习哲学能使他们学会更好地理解和欣赏

---

① 加雷斯·B.马修斯.童年哲学.刘晓东，译.北京：生活·读书·新知三联书店，2015：180.

② 钱雨.儿童文化论.济南：山东教育出版社，2011：49.

儿童认知能力和道德能力所面对的挑战。

马修斯呼吁发展心理学家重视研究儿童哲学，重视这种被社会忽视的进行哲学思考和开放地讨论基本问题的能力。他认为如果发展心理学的故事和叙述里没有提及儿童有从事哲学讨论的能力，没有在自己的领域中为儿童参与哲学对话的能力留一席之地，那么许多老师与父母就不会想到与他们的孩子进行开放的哲学讨论，如果没有了这种讨论，成人与儿童也都无法分享在共同解决困惑时突如其来的洞见，以及奇迹似的排除困惑之后所带来的快感。成人与儿童就都无法体验这种既奇妙又陌生的探究模式。

(四)儿童哲学教育的主要原则

儿童在面对世界万物时，表现出积极探索世界的欲望，有强烈的主动性。幼童思维相比成人更加开阔，富有创造性。凭借着这份对世界的疑惑和惊奇，推动着思维的发展。哲学原意就是指爱智慧，幼童的这种探索世界的欲望和精神，使得幼童成为天生的哲学家，幼童的思维闪烁着智慧的光芒。

许多幼童会自然地提问题，做评论，甚至从事哲学专家承认的哲学推理。他们不仅自然地做哲学，而且是以清新的观点、敏锐的问题意识以及打破概念匹配等来做哲学的。[①] 儿童哲学的清新、紧迫与自然而然既给儿童自身带来欢愉，也有助于我们欣赏成人哲学——或者更进一步，是哲学自身——的本质与意蕴。[②]儿童用自己的眼光看世界，用自己的方法了解世界，认识事物。

1. 尊重儿童思考的原则

儿童哲学教育研究首要的就是要做到认识并尊重儿童的哲学世界，保护儿童的哲学天性。儿童的哲学天性也就是“爱智慧”的天性，这是作为儿童难能可贵的个性品质，也是一个国家和民族发展的宝贵财富，作为成年人要非常珍视和保护儿童的这种与生俱来的品质。

尊重和保护儿童的哲学世界有利于儿童精神的健康成长。儿童在其哲学天性萌发之时，成人能够与之平等的对话，并加以细心的呵护，那么儿童将会在其成长过程和长大成人以后永葆其好奇心、求知欲和对世界的探索欲，形成积极的思维，避免呆板、庸俗、世俗化。马克思曾以反问的方式表述过这样一个深刻的见解：“一个人不能再变成儿童，否则就变得稚气了。但是，儿童的天真不使他们感到愉快吗？他自己不应该努力在一个更高的阶梯上把自己的真实再现出来吗？”[③]保护儿童的哲学天性的重要意义之一，就是帮助他们在步入成人之后，能够“在更高的层次上再现儿童的天真，保留儿童的敏锐而又超越儿童的幼稚”[④]，持续保有一颗鲜活敏感的心灵。

保护儿童的哲学世界，也就是保护他们那种善于质疑、批判和考问的哲学品质。古希腊

---

①② 加雷斯·B.马修斯.童年哲学.刘晓东，译.北京：生活·读书·新知三联书店，2015：168，169.

③ 马克思恩格斯选集.2版.北京：人民出版社，1972：114.

④ 刘晓东.儿童教育新论.南京：江苏教育出版社，2008：180.

哲学家苏格拉底曾经说过,未经慎重思考的人生是不值得过的。这也就是说,未经反思的人生不仅没有价值,而且还相当危险。有学者认为:“如果不对假定的前提(指隐含或隐匿在人们日常所拥有的各种常识、成见和理论背后的根本性假定和前提——笔者注)进行检验,将它们束之高阁,社会就会僵化,信仰就会变成教条,想象就会变得呆滞,智慧就会陷入贫乏……要鼓励想象,运用智慧,防止精神生活陷入贫瘠,要使对真理的追求(或者对正义的追求,对自我实现的追求)持之以恒,就必须对假设质疑,向前提挑战,至少应做到足以推动社会前进的水平……在这一过程中,那些提出恼人问题并对问题的答案保有强烈好奇心的人,发挥着绝对的核心作用。这种人在任何一个社会中都不多见。”①

可见,具有善于质疑、批判和拷问的哲学品质对于人类思想和社会的进步非常之重要。而之所以“这种人在任何一个社会中都不多见”,其原因固然会有很多,但是,儿童的哲学天性没有得到应有的保护和培育,肯定是一个极为重要的原因。

因此,儿童的哲学世界应当得到成人的尊重和呵护。然而,在现实的日常生活和教育生活中,儿童的哲学天性却常常遭到扼杀。为此,马修斯曾深有感触且颇为担忧地指出,“成人常常阻止儿童提出哲理性的问题,起先是以自以为是的态度对待他们,次则引导他们好问的头脑转向更加‘实用’的探索。大部分成年人本身对哲学问题毫无兴趣,他们可能对某些问题感到是威胁”,因为“有些孩童提出的问题,他们不会做适当的回答,甚至这些问题也不是标准字典或百科全书所能答复的”②。

家长和教师阻止儿童提出哲学问题也许与哲学问题本身具有的“难解”甚至“无解”的特性密切相关,但都会导致对儿童哲学天性的压制与伤害,会严重妨碍儿童提出和思考具有哲学意味的问题,从而使他们原有的强烈的求知欲望和究理精神在学校生活中一点一点地丧失。对于家长和教师来说,要尊重和保护儿童的哲学世界,激发他们的好奇心,使他们的观察力更加敏锐,思想更加活跃,富有想象力。③

2. 与儿童对话的原则

儿童是清新的、有创意的思想者。幼童拥有真正想象力与创造力的思考能力。④ 孩子的思考不应该被成人认为是思想幼稚,恰恰比所谓的成人水准更深入、开放。孩子的幼稚话语和涂鸦能够开启一次与孩子或者其他人的有意义的小对话,帮助彼此找到走出困惑之路。

成人在和孩子讲话的时候,最好谈些能引发他们提问的内容,或者是值得争议的话题。成人却常常回避孩子提出的问题,或者不耐烦地以“哼,你懂我讲的是什么意思吗?”等粗暴的回答回应他们。我们本以为说清楚的事情,其实根本不能让孩子明白。⑤ 成人要学会与孩子玩“试图了解一个人不假思索说出的话是什么意思”这种有趣的能令人有所启发的哲学游

---

① 布莱恩·麦基. 思想家. 周穗明,翁寒松,译. 北京:生活·读书·新知三联书店,1987:4.

②⑤ 加雷斯·B. 马修斯. 哲学与幼童(修订版). 陈国容,译,蒋永宜,校译. 北京:生活·读书·新知三联书店,2015:103-104,29.

③ 庞学光. 善待儿童“爱智慧”的天性——儿童哲学教育的意义初探. 教育研究,2013(10):13.

④ 加雷斯·B. 马修斯. 与儿童对话. 陈鸿铭,译. 北京:生活·读书·新知三联书店,2015:36.

戏。这种游戏有助于拉近和孩子的距离，有利于培养儿童的独立的知识探究精神。

当孩子提出了有趣的问题，成人却感到不知如何回应或作答时，不能对提问回避或感到不耐烦，而是要坦诚自己没有一个很好且有帮助的答案，应该与孩子一起努力寻找一个满意的答案，将儿童看作探究伙伴来尊重，而不应该感到尴尬。成人看待儿童期的认知和道德问题时应当渐渐丢掉自己的优越感。避免因为自身知识和经验上的优势而产生傲慢感。

在和孩子探讨哲学困惑时，成人和孩子要各自发挥所长，成人的语言能力、对专业术语的理解能力，孩子天生的率真及对新鲜事物的敏锐感，能使成人和孩子一起探究困惑和问题，开启一次成人与幼童之间启迪心智、富有成果的对话。

马修斯一再指出，成人应该和儿童进行平等的对话，向儿童学习，聆听他们的声音。多数成人依然对儿童的能力、思维与反思持怀疑态度，他们甚至没有认真倾听儿童的话，这正是马修斯希望改变的现象。马修斯提出家长要学会与儿童对话。在面对儿童提出的哲学问题时，要放低姿态，发挥各自所长，学会在与儿童的对话中解决彼此心中的困惑，启迪心智。

三、马修斯儿童哲学研究的影响

马修斯对儿童哲学教育的研究产生了重要影响。以下简要分析、对比马修斯的儿童哲学研究工作和李普曼的儿童哲学研究工作。

(一)儿童哲学研究

自20世纪60年代末70年代初李普曼、马修斯提出“儿童哲学”后，儿童哲学得到迅速发展。1974年儿童哲学促进协会(IAPC)成立，1985年儿童哲学探究国际会议(ICPIC)宣告诞生，1998年首届儿童哲学国际会议将儿童哲学纳入联合国教科文组织工作议程。儿童哲学正逐渐在全球范围内扩大影响，并持续加快其世界化进程。自20世纪80年代以来，中国儿童哲学理论与实践的研究开始萌发。学界对儿童哲学的研究主要集中在三个方面：一是有关儿童哲学的外文翻译，二是国内学者的理解与介绍，三是儿童哲学实践应用的概述。儿童哲学的内涵作为儿童哲学研究的一个基础性问题，也为众多学者所关注，研究的篇幅较多。其中以刘晓东为主要代表，他认为儿童哲学的内涵有三层含义：儿童思维训练计划，即认为儿童哲学意在培养孩子的思维品质，必须要维护儿童独立的思考能力；儿童的世界观，即认为儿童哲学是关于宇宙人生的观念，包括儿童的好奇、困惑、探究，对世界的理解与阐释；儿童哲学，意在对儿童世界进行全方位的探索，近于儿童学。[①] 最终，研究者认为，儿童哲学作为一门学科，包括儿童哲学探究计划、儿童的哲学和童年哲学等三个部分。华党生和金永生认为儿童哲学内涵由承认儿童有自己的哲学的“儿童的哲学”、成人以某种形式维护儿

① 刘晓东.儿童哲学：外延和内涵.浙江师范大学学报(社会科学版)，2008(3)：48-51.

童自己的哲学的"儿童哲学课程形态"(包括显性课程和隐性课程)以及成人世界探讨如何维护儿童自己的哲学的"儿童哲学研究"三部分组成。[①] 此外还有对儿童哲学研究意义的研究，庞学光认为研究儿童哲学是为了保护儿童的哲学天性，训练儿童的哲学思维，奠基儿童的幸福人生，对儿童哲学的实际应用与中国化等方面的研究。[②]

(二)对马修斯儿童哲学著作的研究

马修斯作为儿童哲学的代表人物之一，自然也成为国内研究儿童哲学学者的热点研究对象。马修斯对儿童哲学的研究集中体现在他的三部关于儿童哲学的著述中，即《哲学与幼童》《与儿童对话》《童年哲学》。这三部著作集中展现了马修斯作为一位儿童哲学研究者对儿童哲学领域研究和实践的成果，学者们对马修斯这三部著作进行翻译与解读、研究，从而剖析和研究马修斯的儿童哲学教育观点。

研究者普遍认同马修斯提出的运用哲学是人类与生俱来的能力，强调儿童有自己的哲学。马修斯通过与儿童对话来"做"哲学，思考故事是对话的媒介，意义发现是对话的目的。要尊重和爱护儿童爱思考的天性。

(三)对马修斯与李普曼儿童哲学教育思想的对比研究

李普曼是美国著名的儿童哲学教育家。作为最早提出"儿童哲学"概念的学者，李普曼在其1969年的儿童哲理著作*Harry Stottlemeire's Discovery*(《哈利·史图特迈尔的发现》)中首次使用了"儿童哲学"一词。随后，李普曼多次提到儿童哲学的概念，并在其1988年出版的《走进学校的哲学》一书的尾声中，将最后一章的题目定为"儿童哲学"。业界对李普曼与马修斯儿童哲学教育思想的共同点与差异性进行了对比研究。

1.李普曼与马修斯儿童哲学观共同点

两人对儿童哲学的基本认识总体上是一致的，均关注儿童天生即有好奇心，将其视为儿童即哲学家的重要论据，并意图通过自己的行动细加呵护与培育。均不认为儿童哲学只是单纯的思维训练，并在教学上都强调苏格拉底式的对话和文本呈现的形象化。李普曼和马修斯都承认儿童具有非凡的哲学能力。

2.李普曼与马修斯儿童哲学观分歧：给儿童的哲学还是儿童自己的哲学？

马修斯与李普曼是多年好友。李普曼非常支持马修斯的儿童哲学研究工作。在李普曼主编的杂志上，曾经多次连载由马修斯主讲的儿童哲学专栏——"加里叔叔讲故事"。马修斯通过李普曼的杂志和儿童分享有趣的哲学故事，与儿童进行哲学对话。马修斯则尊称李普曼为"儿童哲学研究的先驱"。不过在儿童哲学的学术研究方面，他们两人在互相尊重和借鉴的基础上坚持着自己的观点。李普曼侧重于把哲学教育普及到儿童教育中，让哲学走

---

① 华党生，金永生．儿童哲学的内涵及其哲学预设．学前教育研究，2014(6)：46.

② 庞学光．善待儿童"爱智慧"的天性——儿童哲学教育的意义初探．教育研究，2013(10)：10.

进儿童的生活(给儿童的哲学),而马修斯的观点是,哲学本就是从儿童那里而来,儿童哲学应该从儿童的视角,发现、欣赏儿童关于这个世界的哲学思考(即儿童自己的哲学)。

李普曼在教学过程中发现学生缺乏进行思考应有的技巧,原因是儿童时期缺乏基础性的思维训练。为了培养学生的批判性思维能力,他创设了儿童哲学课程。李普曼认为,既然学校是广泛遍布世界的学习机构,儿童到其中来学习阅读、写作、地理、历史……为什么他们不应该在学校里学习思考的技巧呢?而儿童哲学的意义就是在于证明儿童具有哲学思考的能力,从而为儿童学习哲学奠定基础。他致力于学校课程的重建,把哲学引入儿童的日常课堂中去,设计了针对儿童的哲学训练课程,包括编撰一系列的思考故事、哲学小说与教师手册,其主要内容在于"思想的思考",简言之即带领儿童亲身体验哲学讨论的过程,借此改进和增益其推理能力。李普曼强调"给儿童的哲学",在他的影响下,有不少学者认为,儿童哲学就是一种哲学教育,其本质是为了哲学教育的普及和提高儿童哲学思维的能力。

李普曼把对儿童哲学能力的欣赏直接转换为教学实践。在蒙特克莱尔州立大学,李普曼和他的同事在中小学进行了长期的哲学课程实践。在他最初于1981年出版的著作《教育中的思维》一书中,就系统地介绍了如何在学校教育中让不同水平的儿童更加善于思考,他提出教室应该成为探究的场所,哲学课程应该重新设计,以提供"今日课程中所缺失的概念和价值"。

马修斯则信奉"儿童的哲学"。马修斯认为,儿童完全可以自然而然地提出问题,发表评论,进行推理,从事一系列即便是哲学家也不得不承认的哲学行为。同时,马修斯一再声明,他提出"儿童哲学"的概念绝对不是认为儿童是比成人更好的哲学家,只是建议生活在科学世界里的成人们在儿童面前要抛弃优越感,认真倾听儿童提出的哲学、认知或道德方面的问题。同时,理解儿童哲学也是为了帮助成人认识自然、理解成人哲学(或哲学本身)的意义。总之,马修斯关注的只是作为一个哲学分支的儿童哲学,因此其儿童哲学的意义在于欣赏儿童,而非教育儿童。

而马修斯一再指出,成人应该和儿童进行平等对话,向儿童学习,聆听儿童的声音。多数成人依然对儿童的能力、思维与反思持怀疑态度,他们甚至没有认真倾听儿童的话,这正是马修斯希望改变的现象。他喜欢和孩子对话,无论讲学或游览到任何地方,他都尽量寻找机会和当地的孩子们对话,倾听儿童对一些哲学问题的看法,这是他一生坚持的习惯。

3.李普曼与马修斯儿童哲学教学教材设计上的差别

李普曼本人设计的教材,往往更强调在探究过程中训练学生批判思考、创造思考和关怀思考的能力与习性,不支持将故事本身过分文学化,因而缺乏情节性,也没有必要的插图,只能拿到课堂上宣读,经由教师引导才能发挥作用。马修斯则不然,他或者只单纯立一个开头,让学生通过集体探究自己续写故事,或者设计一些更有文学情趣的故事(即思考故事),这类故事由于更贴近一般儿童的心理,因而在国外童书市场上尤受欢迎,不仅可应用于课堂教学，且适合于亲子之间的互动阅读。①

4. 李普曼与马修斯儿童哲学观点分歧的主要原因

李普曼和马修斯对于儿童哲学观和教育观之所以有分歧，也和两人不同的专业背景有关。两人萌生了创立儿童哲学的初衷，虽然都是不满于大学的哲学教育，但侧重点有所不同。李普曼作为大学逻辑学教授，发现学生思想僵化，缺乏周全辩证的思考能力。他感觉到大学才学推理为时已晚，便产生了帮助儿童学习推理的意向，从小即对儿童进行优质思维培育，使其从开始时就摒弃逻辑谬误，排除不恰当的思考方法与习性，成为良好的思考者。他认为逻辑原理应当以一种有趣的方式来表达，大学逻辑学如此枯燥，孩子们是不会接受的。于是他开始写作儿童哲学小说或故事，小说中的人物被描述为发现了某些原理，并思考如何将这些原理应用于他们的生活。经过十多年的探索和努力，李普曼教授完成了 7 本儿童哲学小说的写作。他以此为主体，创设了针对儿童的哲学训练课程。而在马修斯的哲学教育情境中，他痛心的是学生对哲学的无知甚至误解，以及与哲学的深厚隔阂。马修斯认为根本原因出在哲学自身，因为哲学带给人的印象实属“空中楼阁”，其晦涩艰深的语言令大多数人望而却步，所以解决之道即在使哲学主动走入“寻常百姓人家”，以一种和蔼可亲的形象出现在世人面前。随后，马修斯一方面从搜集的案例中发现做哲学其实是一种极自然的活动，宛如奏乐、玩游戏一般，它既是儿童的天性，也是任何有健全理智的成人所能胜任并可切实执行的，另一方面力主通过浅显形象的儿童文学作品与儿童一起进行哲学探究，并取得重大成功。

马修斯揭示了一个世界，或者说，他引领着老师、家长们从一个新的窗口去观察并认识孩童。如果说皮亚杰的思路是科学主义和建构主义的，那么马修斯的思路则是人文主义和阐释主义的。马修斯对教师、父母、儿童研究工作者、儿童文学家等一切成人的建议，对于成人深入认识儿童哲学、树立新的儿童观、形成新的教养态度、正确调整教育过程中成人与儿童的关系等都具有重要的价值。马修斯对儿童哲学方面的研究为揭示儿童哲学发展的特点和规律做了必要的准备工作，为我们进行儿童哲学研究提供了一个很好的开端。②

总之，儿童哲学是一种儿童的生活方式，这种生活方式包括对现存世界的认识和对可能世界的想象。“在任何情况下，哲学都开始于心灵的内在骚动(iner upheaval)。”③我们所要做的就是要保护好这份儿童的天性，只要他们的心灵不发生“锈蚀”，这份内在骚动就会一直伴随着他们。儿童哲学不仅是要提醒成人尊重儿童的哲学，更是要引导儿童批判地看待这个世界。

---

① 高振宇. 儿童哲学的再概念化——对李普曼与马修斯“对话”的再思考. 学前教育研究，2010(6)：9.

② 加雷斯·B. 马修斯. 哲学与幼童(修订版). 陈国容，译，蒋永宜，校译. 北京：生活·读书·新知三联书店，2015：168.

③ 弗洛伊德，阿德勒，皮亚杰等. 心灵简史：探寻人的奥秘与人生的意义. 北京：中国言实出版社，2008：61.

第十章

尼尔·波兹曼的儿童教育

儿童生活在社会之中。社会变化影响着儿童的成长。工业革命的发生,改变了传统农业社会信息相对封闭、社会成员流动性不够频繁的状况,反之社会对学校教育的影响更加多样、全面与深刻。特别是进入到20世纪以来,电子时代、信息时代的到来,电视、电脑等新兴信息产品的出现,改变了儿童生活与学习的环境与条件,这引起了一批思想家对这个问题的关注。尼尔·波兹曼(Neil Postman,1931—2003年)是研究电视和儿童教育关系问题的代表性思想家,对他的儿童教育思想的研究与评析,对当前人工智能时代的儿童教育会有所启示。

一、学习与研究经历

尼尔·波兹曼于1931年出生在一个说意第绪语的家庭，在纽约布鲁克林度过了他的童年时代。因为语言原因，学校老师的语言教育，对他产生了深远的影响。因为当时国立学校教育非常强调语法的准确性，这对波兹曼方言口音的纠正起到了重要的作用。之后他逐渐学会了用纽约式和由罗斯福富兰克林创造的成语来讲话。

20世纪50年代波兹曼在纽约州立大学学习，是众多篮球队中的明星球员，他还在美国国家队打小联盟的棒球，随后他进入哥伦比亚大学教育学院攻读博士学位。他的导师路易斯指导他进行语言学的研究，带他涉猎教育、沟通学和媒介学，并把他介绍给多伦多大学的英语教授，这位教授就是在20世纪60年代因传播学而出名的麦克卢汉。

1958年波兹曼加入旧金山州立大学的英文团体，在那里他和麦克·哈里斯共同办公，哈里斯是《慢点敲鼓》(*Bang the Drum Slowly*)的作者。在这个团队中，波兹曼接触到了普通语义学，而且他对普通语义学很感兴趣。作为一名教育学院博士生，波兹曼同时学习了语言学。

1959年因波兹曼在语言学方面略有建树，纽约大学聘任波兹曼为教育专业的教师。普通语义学非常契合波兹曼的语言学定位，他在纽约大学开设第一门普通语义学的大学课程。波兹曼教授普通语义学相关课程将近四十年。

20世纪60年代波兹曼专攻英语教育，他认为通过和语言学家以及语义学家的合作，通过研究“新语言”(麦克卢汉的同事艾德蒙在1960年推广交流媒介时提出的)可以提高初级学校和中等学校的英文课程水平。他的第一本书《电视和英语教学》(*Television and the Teaching of English*)出版于1961年，当时是美国国家英语教师委员会委托他编写的，书中详细阐释了他认为的英语教学应该发展的方向。后来他编写了一整套的系列教科书“新英语”，这一套书用于7～12年级的教学。后来在1963—1967年他出版了一系列书：《发现你的语言》(*Discovering Your Language*)、《语言的使用》(*The Uses of Language*)、《探索你的语言》(*Exploring Your Language*)、《语言的探索》(*The Language of Discovery*)、《语言和系统》(*Language and Systems*)、《语言和现实》(*Language and Reality*)，这些书因为具有很大的创新性，很受全美学生欢迎。通过这些书，波兹曼将一代学生带进了普通语义学的世界。1966年出版的《教学改革》(*A Revolution in Teaching*)呈现出了一个专业的学术体系尤其适用于英语教师。

1979年波兹曼出版了一本名叫《教学要作为一种节约行为》(*Teaching as a Conserving Activity*)的书，在这本书中他说到自己已经不再是1969年的波兹曼了，他也说到了自己在教育变革中的立场。1969年波兹曼认为学校需要做出调整，以此适应由电视和电子媒介塑造的新的文化环境。1979年波兹曼开始意识到年轻人不需要任何帮助就可以适应电视环境，他们需要帮助适应以印刷为主的传统学校环境。他将电视视作一门课程，这门课程是传统学校敌对的一方，试图代替文字。尽管波兹曼在《教学要作为一种节约行为》一书中表明了自己的立场，他还是坚持认为学校才能为语言理解、符号理解以及媒介理解提供指导。

20 世纪 80 年代波兹曼站到了批判电视和电子媒介的最前端，他阐述的最多问题就是媒介批判以及电视对人类日常生活的影响。1982 年他出版著作《童年的消逝》(*The Disappearance of Childhood*)。他在这部著作里提出电视将我们不愿让儿童知道的内容全部展现在儿童面前，他还说到电视打破了印刷时代成人和儿童划分的界限。1985 年，他出版了《娱乐至死》(*Amusing Ourselves to Death*)，这是一部他最有影响力的著作。他再一次说到了疯狂和愚蠢的对话，这个时期我们对电视科技的接纳正在影响我们的生活。一些严肃话题比如新闻、政治、宗教和教育都被过分娱乐化了。

20 世纪 90 年代波兹曼将他的批判焦点延伸到了包含电脑和因特网的信息技术上了。1992 年他出版了《科技垄断：科技对文化的包围》(*Technopoly*：*The Surrender of Culture to Technology*)，在这里面他写道我们不由自主地没有任何批判地接受了技术融入我们的生活，允许它进入社会的各行各业，管理我们生活的方方面面。

在波兹曼人生最后两年的工作期间里，他将焦点从媒介和科技转移到了更广阔的文化要素上。1995 年他出版了《教育的归属》(*The End of Education*)，他在书中谈到我们共同的文化和信仰在日渐消失，一个重要原因就是电子媒介和科技影响了我们。在这样的情况下，公共教育将无法保存它的活力甚至会消失。

波兹曼不喜欢后现代的语言和符号表达方式，因为他们受到了太多电子媒介的影响，缺乏纯真，依赖术语，总是纠结于格式。他曾对他的学生说过纯真就是最大的底气，通过对普通语义学和媒介体系的研究，我们对语言和符号形式会获得一个更好的理解。

21 世纪初波兹曼曾在纽约大学文化与交流部门担任过将近 10 年的负责人，从 1993 年开始他主持了多次大学排名项目。他一直在拓展着自己对媒介学的认识和看法，这些都可以从一些小文章比如《人类媒介理论》等看出来。

2003 年 10 月 5 日，尼尔·波兹曼因肺癌在纽约皇后区法拉盛辞世，享年 72 岁。他作为一名学者、教师、社会公众人物，曾涉猎过多个领域，包含有语义学、语言学、交流学、媒介研究、作家学、教育、哲学、英语、文化研究、心理学、历史、社会学、政治科学、宗教学以及科技研究，等等。遍历他的一生，他提升和发展了普通语义学的理论体系。他是享誉世界的著名媒体文化研究者和批评家，在他去世后，美国各大媒体发表多篇评论，高度评价其对后现代工业社会的深刻预见和尖锐批评以及他对媒介文化的深刻洞察。

尼尔·波兹曼一生共出版过 18 部著作，其中《娱乐至死》《童年的消逝》等被译为多种文字在各国畅销。《童年的消逝》是他儿童教育思想的全部体现，可以说是一部关于"童年"的历史的书，书中阐述了"童年"的产生、发展以及日益走向消逝的过程。而这一过程是伴随着人类传播方式的变迁而完成的，信息与媒介与"童年"的起止始终相伴，文字、印刷、电视等都在“童年”的变迁过程中发挥着重要的作用。①

二、儿童是被发现的

在尼尔·波兹曼看来，童年这个概念是被“发明”出来的。古希腊时期，希腊人就曾预示了“童年”这个概念。他们热衷于教育，发明了“学校”，但因为缺少对儿童养育和儿童心理方面的了解，他们并没有提出“童年”这个概念。反而是罗马人借用了他们的思想，发展了“童年”的概念，并提出了在童年概念中必不可少的一项——羞耻心，“没有高度发展的羞耻心，童年便不可能存在”②。罗马帝国灭亡后，整个欧洲进入了漫长的中世纪，中世纪时期没有成人与儿童之分，“童年”概念的发展在此阶段停滞，“在中世纪，童年的概念是看不见、摸不着的”③。直到15世纪中叶印刷机发明的时代，“童年”的概念才真正确立起来。但是“童年”的概念并非一夜之间就产生的，印刷机的发明创造出了一个全新的符号世界，“印刷使一个人说的话和写的著作得以万世流芳，从而创造了一个崭新的和普遍的自我观念”④，印刷品的内容、形式包括编排方式都经历着一系列的变化，成年人掌握着这一切，儿童唯有通过读书识字进入这个印刷世界，才能成为成人。整个社会都对儿童有了读书识字的要求，儿童被看作是完全不同于成人的一类人，即“未发展成形的人”。至此，“童年”已经成了一个人成长过程中某一阶段的代名词。随之而来的是儿童的服装、语言（中世纪儿童的语言和成人的语言无异）、书籍甚至名字都区别于成人。这些都标志着“童年”概念的诞生，“儿童和成人之间的一个重要区别，还是成人拥有据信是儿童不宜知道的信息”⑤，他们唯有度过“童年”这个成长阶段，接受社会和家庭给予的教育，读书识字进入成人世界，才能理所当然地知道属于成人之间的秘密。儿童和成人变得越来越有区别，“成人的任务就是帮助儿童为将来能够应付成人的符号世界做准备，儿童则是为进入成人的符号世界做着准备”⑥。

三、媒体时代的儿童

电子媒介掀开了儿童通向成人世界后台的幕布，从此儿童看到的不再是精心筛选过的书籍，而是一面如实地反映一切的镜子。儿童与成人分享着同样的秘密，尼尔·波兹曼认为，“当儿童有机会接触到从前密藏的成人信息的果实的时候，他们已经被逐出儿童这个乐园了”。于是儿童该有的特性不断丧失，最终出现“成人儿童”的特点。当儿童拥有成人化的思想，使用成人的口头表达方式和处世方式，本该属于他们的纯真的童年就发生了巨大的变化。

---

① 王义军.读经解典(社会科学卷).北京:知识产权出版社,2012:30.

②③④⑤⑥ 尼尔·波兹曼.童年的消逝.吴燕莛,译.北京:中信出版社,2015:15,29,31,71,72.

在此我们从三个方面来论述儿童概念的萎缩：首先是“读写能力”的萎缩，它所针对的是现代新媒介所导致的童年问题。在波兹曼看来，建立在印刷技术的发明基础上的读写能力的发展，是现代童年概念诞生的媒介环境。而如今，随着以电视为代表的影像媒介逐渐取代了印刷媒介的地位，由一个需要一定长度的书面知识习得过程圈围起来的童年概念，也开始变得模糊起来。由于视像媒介主要是以直观的图像而非象征性的文字作为言说方式的，它就不像印刷媒介那样向其读者要求一种只有经过时间的锤炼才能获得的特殊读写能力。读写能力的获得在形式上与童年教育的时间密切相关，在实质上则与童年教育的文化目标内在相关，它在根本上指向由读写文化培育起来的人的一种成熟的思想能力。

其次是“秘密”的揭露，这里的“秘密”是指与社会的伦理自省意识相关的那些生活“秘密”，它所针对的是呈现出整体娱乐化趋势的当代文化“自由化”所导致的童年危机。这些“秘密”是指被现代社会认定为暂时不适宜于童年接触的文化信息，如色情、暴力等内容。在童年的生活中注意屏蔽这些信息的行为，代表了现代文化在面对儿童群体时的一种伦理自觉。然而，在不断侵占人们日常生活的视像媒介消费(尤其是娱乐消费)中，面对童年，文化的这一伦理标准常常被远远抛在身后。视像文化敢于以大众文化的名义当着童年展示一切，实际上，这种展示也成了它借以吸引观众的一个重要噱头，在这样的展示中，对于童年的文化保护责任被丢弃了。应该说，在社会“秘密”问题上，波兹曼并非如他的有些文字所显示的那样是一位道德请教主义者。但在童年“秘密”的问题上，他以明确无误的立场强调了文化自我伦理约束的必要性。

第三个就是童年“纯真”的萎缩。在波兹曼看来，纯真童年的“消逝”是一个轻视读写能力、放弃文化秘密的社会对于儿童生命的直接伤害。他在《童年的消逝》一书引言中说道：“不得不眼睁睁地看着儿童的天真无邪、可塑性和好奇心逐渐退化，然后扭曲成为伪成人的劣等面目，这是令人痛心和尴尬的。”他进而指出了当代文化中日益告别纯真的“成人化”儿童在各种场合留下的庸俗身影。

概括地说，在波兹曼看来，由印刷时代转入影像时代，现代科技的发展导致了童年纯真世界的不复存在，进而导致了童年在我们文化中的消逝。[①]

四、童年真的会消逝吗？

(一)一个技术悲观者的坚持

《童年的消逝》自出版之后，便成了人们控诉电子媒介这个恶魔的有力武器。当人们谈

① 赵霞.童年的消逝与现代文化的危机——新媒介环境下当代童年文化问题的再反思.学术月刊，2014(4):108.

到孩子的早熟、全民阅读水平的下降和精神生活的庸俗化、娱乐化时,《童年的消逝》都是有利的佐证。尤其在进入 21 世纪之后,有关电视、互联网、手机和电子游戏对儿童的负面影响的报道层出不穷,儿童的诸多现代病重又加了"网瘾"一项。对一些人来说,波兹曼的结论便有如"天启",让他们对今天儿童的命运忧心忡忡。①

在波兹曼的其他著作中,他深刻揭示了由媒介技术变革所引起的一系列社会变化及危机,包括道德方面、信任方面和传统方面,在世人纷纷享受技术带来的便利的同时也敲响了警钟,警惕电子媒介对人类思维、能力和精神的腐蚀,他也提出了一些有益的举措来应对电子媒介的冲击。但是他的理论也有一些不足之处,那就是他对电子媒介充满了敌意,认为它全方面破坏了人类的理性世界,甚至是模糊了成人与儿童之间的分界线。这样的理论常常过于片面,所以波兹曼常被称为"技术悲观主义者"。

(二)童年不会消逝

波兹曼是著名的教育家和批评家,作为媒介环境学派的代表人物,他总是不可避免地以人文主义的道德情怀来应对技术的发展,因而总是站在时代发展的对立面,时刻保持着对技术的警惕性。他从特定的角度、特定的文化背景研究电子媒介对童年生活的破坏,却完全忽略了其他因素可能带来的影响。在论述电子媒介的消极影响时,又忽略了其作用于儿童童年生活之间的许多中间变量,例如社会背景的更替、家庭的态度等。所以,看到电子媒介环境下童年形态的改变以及儿童天真无邪、可塑性和好奇心的逐渐退化,波兹曼是消极沮丧的。而面对童年形态的改变,大多数儿童心理学家、教育家或者社会学者可能更多体现出来的是一种积极乐观的心态,因为他们知道童年既然是被发现出来,那它就具有可塑性。② 事实上,在现代社会,儿童个性形成既受到媒介内容的影响,也受到其他许多媒介形式的影响。流行读物、网络文化都可能造成"大众社会人"。另外,作为儿童本身,不同的成长环境能造就不同的儿童,儿童并不是完全被动地使用媒介,儿童也并不只是单纯地生活在某种媒介环境中,媒介对儿童的影响是儿童媒介偏好与其社会环境共同作用的结果。与此同时,我们也不能完全排除电视节目能提高人的自我意识和个性发展的可能性。因此,要想得出电视消亡了儿童的个性、从而消亡了童年的结论,就必须对影响儿童个性的诸因素进行考察,在此基础上才能推导出童年消逝的真正原因。③

电子媒介对儿童最直接的影响是对童年是有伤害的。电子媒介对童年的伤害在《童年的消逝》中也有了充分的例证,我们日常生活中的事例也不胜枚举。但电子媒介始终还是无法消灭掉童年的。首先,电子媒介只是人类历史发展过程中使用的一样技术工具而已。人

---

① 汤素兰."我不相信童年会消逝".文艺报,2011-01-10.

② 祝师慧,丁衍.童年 危机还是重生——对尼尔·波兹曼《童年的消逝》辩证分析.新闻研究导刊,2015(11):243.

③ 侯莉敏.童年的"消逝"与大众媒介对儿童生活的影响.广西师范大学学报(哲学社会科学版),2007(1):104.

类在漫长的进化过程中，不断地发明新的技术，改善和创造新的工具，这些工具的掌握和使用给人类自身带来了文明和进步，创造了自身的文化。电子媒介只是带给我们一个更加公平、更加开放的空间而已，它在带给我们便利的同时，不可避免地会带来一些“副作用”，我们要利用它好的一面，规避它的“副作用”。其次，人类虽然存在被技术异化的危险，但也正是在应对技术异化风险的过程中，才得以不断改善工具和技术，给大家创设更有利的环境。最后，儿童本身就是一个社会的存在，也是一个生物的存在，儿童的成长发育，有其自身的规律。曾经有一个研究说到，人的大脑要到 17 岁才能完全完善。虽然会存在早熟的孩子，但是总的来说，儿童的心智发育、能力习得跟他的年龄密切相关。而且，如果说印刷术发明所带来的知识体系和学校教育，让儿童在掌握知识和技能方面需要有一个学习的过程，那即便是在便利的电子媒介时代，儿童在遗传和环境的作用下学习知识、掌握技能也是需要一个过程的。除非真的有一种芯片被发明出来，植入人脑之后，人就无所不知了。尽管这样，从儿童成长为成人也是需要一个漫长的过程的。[①]

波兹曼过分夸大电子媒介的娱乐功能，他认为电子媒介在商业主义的驱动下，唯一的作用是娱乐。电子媒介带来的影响，不仅是强烈的视觉画面冲击，而且还会给那些孤独寂寞的人带来消遣，打发无聊的时光，除此之外，别无其他。

不管我们怎样去评判波兹曼的观点，他为我们敲响的警钟是值得深思的。童年是在消逝，但童年的消逝不是单纯的媒介形式的问题，而与整个社会的观念、文化传统有关。媒介作为文化的一方面，固然会影响儿童的观念。但它始终不会成为童年消逝的最深层次原因。我们应该用发展的眼光来看待“童年”，面对大众传媒的发展我们应辩证地看问题，既要看到大众传媒的发展所带来的问题，也要看到它给我们带来的积极影响。儿童作为大众传媒的受众会根据自己的兴趣爱好选择性地接触自己感兴趣的信息，但是由于儿童的认知、判断能力较差，对很多信息难以做出正确的选择、判断。因此，大众传播媒介要做好“把关人”，面对儿童这一特殊的受众群体，营造有利于儿童发展的拟态环境。此外，父母应该也成为“把关人”，让儿童有选择地接触媒介，以此来帮助儿童在媒介环境中健康地成长。

(三)教育能做什么

如何阻止童年的消逝，或者说，如何还儿童一个幸福的童年，这是教育的责任。现代社会好像已经形成了一种刻板印象：校园是儿童的乐园，是适合儿童生长的世界，是儿童幸福的保险箱，儿童入学了，大人们就放心了。所以，政府、社会、学校和家长的任务，就是努力让更多的儿童走进学校。诚然，这种印象也有合理的成分：校园内儿童与那些因种种原因不能上学的儿童相比，境遇已经不错了，他们是幸运的。问题在于，校园内的儿童真的幸福吗？

教育，它本身隐含着强制，体现出一种成人权威对儿童生活自由、个人想象空间的剥夺。教育权威的合法性往往建立在权威主义基础上。因为孩子们小，孩子们弱，教师天然的保护

① 汤素兰．“我不相信童年会消逝”．文艺报，2011-01-10．

功能开始越位，越出了保护本身的价值基础，这种对孩子的压迫还冠上冠冕堂皇的教育名称。[①] 由于儿童缺乏与成人博弈的能力，一旦成人缺乏谦逊与自我反省，就会对儿童造成伤害。对教育工作者而言，谦逊与自我反省是职业的最基本的规范，也是良好的职业态度。

对此，张文质和林少敏也有一段精彩的表述：所以我们现在得回头想一个问题，就是教育自身的定位、教育者自身的自我感觉的定位都必须重新加以反思。我们觉得现在的教育机构、现在的教育者已经没有资格、没有权利还处在那样一种沾沾自喜、妄自尊大、认为真理统一于我、万物皆备于我的一种坦然的、先天性的、权威的状态。这个状态必须全面地加以反思，反过来对儿童世界，对儿童的心理，对儿童的存在状态必须带着一种学习的心态来加以重新理解，重新了解，重新认知。儿童世界相对于成人世界来讲，现在已经相当地被曲解了，也就是我们现在总是觉得成人世界天然握有真理，成人世界是一个值得效仿，值得跟进，值得复制的世界。[②]

反思的目的是有所行动，这就是要重新确立教育目的，明确学校的职能。追求儿童幸福是教育的神圣使命，让儿童享有幸福的童年，应当成为教育的目的。人生来可以分为两个时期：儿童时期与成人时期；社会中存在的人可分为两类：儿童与成人。没有任何理由证明，前者的价值低于后者。卢梭说，“要爱护儿童，帮他们做游戏，使他们快乐，培养他们可爱的本能。你们当中，谁不时刻依恋那始终是喜笑颜开、心情恬静的童年？你们为什么不让天真烂漫的儿童享受那稍纵即逝的时光，为什么要剥夺他们绝不会糟蹋的极其珍贵的财富？他们一生的最初几年，也像你们一生的最初几年一样，是一去不复返的，你们为什么要使那转眼即逝的岁月充满悲伤和痛苦呢？……在万物的秩序中，人类有它的地位；在人生的秩序中，童年有它的地位；应当把成人看作成人，把孩子看作孩子。分配每个人的地位，并且使他固定于那个地位，按照人的天性处理人的欲念，为了人的幸福，我们能做的事情就是这些。”[③]因此，儿童幸福与成人幸福都是追求的目的，而且都是最本源的目的。人类的一切活动，一切组织与机构，都是为了幸福这个目的。因此，教育最本源的目的是追求儿童幸福。

为实现这种目的，教育应当关怀生命，回归生活，使整个教育活动充满生命的活力。课程设置、教学方法、学习方式、师生关系等，都有进行根本性的变革，让学生主动地、自由地、生动活泼地发展。这也是新课程改革所一直推崇并付诸实践的。

具体来说，可以将学校时间分为教学时间（或学习时间、劳动时间）与自主活动时间（或休息时间）。在教学时间，根据国家的课程计划安排教学。在自主活动时间，在不影响他人的情况下，儿童可以自主交往，自由游戏，做自己喜欢做的事。没有教学目标与作业，没有成人的权威，儿童在这段时间尽可能展示与发展儿童天真、率直、不计功利，自由自在的一面。这段时间内的学校，是少年宫与俱乐部，是自由气息浓厚的家庭，是儿童生活和玩乐的地方。儿童可以看电影，在图书馆自主阅读，在学校微机室上网，在体育场做运动，在兴趣班发挥自

①② 林少敏，张文质．保卫童年：基于生命化教育的人文对话．福州：福建教育出版社，2004：73，16．

③ 卢梭．爱弥尔．北京：商务印书馆，1978：72-73．

己的特长。在这段时间内，玩得高兴本身就是目的，学习知识、培养能力等成为次要目的(对比一下成人的工作与娱乐)。这段时间是“给儿童的生活留足‘空白’，留足成长的‘自留地’，应当还儿童一个本来属于他的美好的天赐的世界”①。也就是说，教学时间(劳动时间)与自主时间(休息时间)各自有不同的逻辑，有各自的侧重点。过于关注知识传授，能力培养等，忽视儿童多方面需要的学校，就不可能成为儿童的乐园。不能成为乐园的学校，即便学生成绩再好，学生的能力再强，也不是一所好学校。

直言之，要让学校成为儿童生活的乐园，一方面教育活动要关怀生命，回归生活，让学生主动、生动活泼地发展；另一方面应走得更远，要求学校为儿童提供一段休息与自主活动时间，并提供相应的设置，让儿童按自身的兴趣和特有的儿童文化，自主地开展交往与活动。唯有如此，教育才能切实地为儿童的幸福负责任。②

五、儿童教育新要求

媒体时代信息极易获得，波兹曼认为家长对孩子的信息获取渠道与信息内容看管不严，是导致孩子过早接触成人世界的重要原因，而这对孩子身心发展是极其不利的，所以在家庭教育方面，他希望妇女可以回归家庭。虽然这必然会引起女权主义者的诟病，但是波兹曼还是认可妇女回归家庭的观点。因为波兹曼认为家长对孩子具有重要的榜样监督作用，家长对孩子接受的电视教育要进行严格的监督与审查，并且要避免在孩子面前出现不利于其成长的语言和行为，在孩子面前树立榜样，将一些有价值有意义的学习内容提供给他们，他认为只有家长在主流文化的外围筑起一道围墙，抵制电子媒介对传统思想的破坏，才能在孩子身上延续一些传统精神。

除重视家庭教育外，波兹曼认为学校教育同样重要。然而在信息如此广泛传播的媒体时代，学校存在的依据受到了挑战。例如激进主义者伊里奇就主张废除学校，认为如果人们可以多渠道地获得信息，并且信息的整理方式也使人们无须复杂的识字能力就能理解信息，那么作为知识源泉的学校就失去了其存在的重要意义。在信息资源唾手可得的环境里，学校反倒成为一个封闭的场所，教育者对他们在学校里该为孩子们做些什么感到困惑不已，学校的权威也因此日益下降。虽然现代传媒对学校教育及德育造成了很大冲击，学校也无法阻止媒体社会推进的步伐。然而，“它是所剩的唯一的一个承认儿童和成人有重要的不同，成人拥有有价值的东西可以教给儿童的社会公共机构”。“无论学校的努力多么微不足道，学校将以这样或那样的形式成为防止童年消逝的最后的一道防线。”

学校是应时出现的，印刷时代对童年的呼唤催生了正规的学校，学校的产生也使童年的

① 儿童教育中的南辕北辙，http://www.pep.com.cn/xqjy/yiyi/yiyts/gnxw/201008/t20100823-1787377.html.

② 熊华生.童年消逝与教育责任.教育研究与实验，2006(4)：29.

概念得以加强，并且使得童年也划分出了若干阶段。在对童年消逝的抵制上，学校应采取显性课程与隐性课程并重的方法引导学生正确地对待大众传媒，如设立专门课程（如影视鉴赏课）、鼓励课外活动（兴趣小组、学生小报、学生电台电视台）等。学校仍应保持一种爱与关怀的氛围，不仅要教授学生媒体的技术，还要告之以媒体的伦理。波兹曼在纽约大学的毕业演讲上曾说过两种人，一种是雅典人，一种是西哥特人。他希望学生都能够成为雅典人，因为雅典人有求知欲，珍视语言，重视传统，关注公众事务，重视沉思、推理、实验和怀疑。而西哥特人则有严重的自我中心主义，只对自己的事情感兴趣。波兹曼说到我们所有人在某种程度上都是西哥特人，学校教育就是要我们看到雅典人的生活方式，说白了学校从本质上说就是一个雅典人的观念。

六、反思中体验意义

波兹曼是媒体研究者和批评家，他从特定的角度研究媒体这一因素对童年生活的影响，他的见解不仅对当时，更是对现在儿童教育问题的解决有很重要的影响。确实，今天的童年可能更需要我们的关注，童年应该引起每一位社会人的反思，尤其是媒体工作者、家长、教师等的参与。

用图像手段传递信息本身是没有对错的，但是传递的内容、传递的对象却需要控制。针对图像辨别能力缺乏的儿童，我们要保证所传递的图像信息是经过特定道德价值体系的筛选。我们身处技术泛滥的时代，那么是否可以利用技术让成人对儿童看到的电视信息加以控制？家庭和社会是否可以提供能吸引儿童的非电子游戏和活动场地？换句话说，就是社会应该要求商业媒体承担起社会责任；媒体机构和家庭、学校应该承担起区分电视节目和电视观众的责任，等等。总的来说，在建设童年上，社会工作者和教育工作者有很多工作要做，有很多工作可做。近年来，有学者针对媒体社会对于青少年的影响做出了积极的应对，针对媒体对于青少年品德发展影响的广度和深度展开了调查，对相应的对策进行了深入的探讨。他们的研究让我们看到了更多的希望。①

《童年的消逝》是尼尔·波兹曼在儿童教育史上留下的宝贵财富，是他告诉我们儿童这个特殊群体在我们成人设定的“游戏规则”里正在慢慢失去本应属于他们的纯真。波兹曼的贡献是伟大的，他就像一个孤独的战士，默默地站在时代的对立面抗争着。他抵住了一部分人的反对，忍受着世人的不理解，只是为了拂去蒙蔽了世人眼睛的薄雾。岁月如过往云烟，一代大家已经仙逝，留给我们的只有他那不朽的思想和一本本警世明言。

---

① 徐爱杰. 童年的发现与发明——浅析尼尔·波兹曼的“童年”概念. 中国德育，2006(9)：86.

第十一章

霍华德·加德纳的儿童教育

教育促进人的全面发展，教育要关注儿童的个体差异，满足儿童个性发展的需要。对于学校教师来说，这一点教育道理、教育要求是明白的，但是在教育实践中，面临着如何评判儿童哪些方面的个性需求是合理的，我们如何尊重儿童的个性需求。这些问题不明确，就难以开展个性化教育，难以收到因材施教的目的。这里探讨霍华德·加德纳(Howard Gardner)的多元智能理论，介绍这一理论的基本观点以及它对教育实践的意义。

霍华德·加德纳是世界著名的发展和认知心理学家、教育家，"多元智能理论"创始人，被誉为"推动美国教育改革的首席科学家""多元智能之父"，被《纽约时报》称为美国当今最有影响力的发展心理学家和教育学家。2011年获"阿斯图里亚斯王子社会科学奖(Prince of Asturias Award for Social Sciences)"，2015年被授予"布洛克国际教育大奖(Brock International Prize in Education)"。加德纳教授迄今已出版30部著作，被翻译成32种语言在世界范围发行。最著名的著作是1983年出版的《智能的结构》(*Frames of Mind*)，颠覆了可被标准心理测量工具充分评估的单一智能概念。

加德纳的教育思想主要体现在其著作《智能的结构》《多元智能》《重构多元智能》《多元智能新视野》等。加德纳针对当时传统的、封闭的、机械的智能模式，提出了适应时代需求的多元智能理论。通过对心理学、生理学、教育学、艺术教育的研究，加德纳证明人类思维和认识世界的方式是多元化的，儿童与生俱来都拥有八种以上既各自独立存在又相互联系的智能。以多元智能理论为基础，加德纳及其同事和学生所研究的心理学、教育学、创造能力、领导能力等内容日益增加，范围逐渐扩展，影响逐渐扩大，"加德纳教育思想"或"加德纳学"渐成体系。[①] 我们梳理"加德纳教育思想"中关于儿童教育的观点和表述，拟提出"加德纳儿童教育思想"。

---

① 沈致隆.多元智能理论的产生、发展和前景初探.江苏教育研究，2009(9)：26.

一、多元智能理论的建立

加德纳多元智能理论产生的时代背景，是20世纪60年代开始席卷美国教育界的反思和改革浪潮。重视基础学科研究和学科交叉研究的哈佛大学及其教育研究生院的“零点项目”(Project Zero)研究所是加德纳教育思想产生的环境和土壤。

(一)对多元智能理论的探索

“零点项目”是哈佛大学教育研究生院下属的一个有关教育的研究机构，1967年由哲学家纳尔逊·古德曼(Nelson Goodman，1906—1998年)创建。零点项目最初是关于艺术教育的研究项目。古德曼认为，人们过去花费了大量的精力和金钱以改进逻辑思维和科学教育，对形象思维和艺术教育的认识却微乎其微。[①] “零点项目”的建立及古德曼的价值取向和初始学术定位，是加德纳多元智能理论产生的土壤。几十年来，“零点项目”成为美国和世界教育界持续时间最长、规模最大的研究活动。该项目在心理学、教育学、艺术教育等方面取得了多项研究成果，仅加德纳教授一人就出版了超过20本专著，多元智能理论是该项目的重要成果之一。

作为一名教育心理学家，加德纳早期研究成果(如《艺术·心理·创造力》等)是关于艺术发展心理和艺术教育的。加德纳指出：“如果没有对艺术长期的兴趣和研究工作，我是绝对不可能提出多元智能理论的。我曾经注意到，在美国心理学的学术界特别在大学范围内，受到重视的思维种类，就仅仅是逻辑分析的思维。但是当我开始研究正常的和天资优异的儿童，研究大脑受到损伤的成年人时，我发现了人类拥有一定数量完全不同的能力，我决定将它们命名为‘人类智能’(human intelligence)。这些智能是音乐、绘画、舞蹈、雕塑、诗歌以及其他艺术形式的思维基础。”[②]因此，可以说，对儿童艺术发展和认知的研究，是产生多元智能理论的第一个根源。

加德纳提出多元智能理论最重要的前期工作及其依据，除了在“零点项目”对正常儿童和特殊儿童(患孤独症儿童和白痴天才)的艺术心理和创造力的研究外，就是跟随著名神经学家格什温德在波士顿退伍军人医疗管理中心的医院做博士后的时候，对大脑受伤病人的研究成果。[③] 持续20年之久的大量脑损伤案例研究，为加德纳创建多元智能理论提供了理论和实验的依据。

1983年《智能的结构》的出版，是多元智能理论诞生的标志。这本书的出版与一个国际性的非营利机构——荷兰海牙“伯纳德·凡·李尔基金会”是分不开的。1979年，“零点项

---

① 曾繁仁.走向二十一世纪的审美教育.西安：陕西师范大学出版社，2000：193.

② 霍华德·加德纳.智能的结构(经典版).沈致隆，译.杭州：浙江人民出版社，2013：中文版序言.

③ 沈致隆.多元智能理论的产生、发展和前景初探.江苏教育研究，2009(9)：19.

目”当时接受了伯纳德·凡·李尔基金会的委托，承担了一项持续4～5年的重大课题，从跨文化角度出发，研究人类潜能的本质及其开发。当时“零点项目”两名负责人之一的加德纳，接受了令人胆怯而又极富魅力的任务：写一部专著，在人文科学领域中建立人类认知本质的理论。[①]《智能的结构》是一本从心理学家视角撰写的，关于人类潜能的理论性和学术性很强的报告，总结了加德纳多年来对人类认知能力发展和障碍的研究。这部著作不仅涉及心理学研究，也包含生物科学的研究，以及在不同文化背景下，有关人类发展和知识应用的研究成果。[②] 起初，《智能的结构》提出的“多元智能理论”并未引起美国心理学家的关注，却引起了教育界和广大公众的极大兴趣，《智能的结构》被翻译成多种语言漂洋过海，多年来在美国和世界各地一直畅销不衰。

(二)理解智能及多元智能

加德纳在《智能的结构》一书中首次提出人类有着完整的智能“光谱”。这一论断突破了传统智能理论的假设：人类的认知是一元的，可采用机械的、单一的、量化的智能测量量表来判断人的智力水平。经过多年的研究，加德纳逐渐建立并完善了自己的多元智能理论。加德纳将人类的智能类型分成最初的七种智能：音乐智能、身体—动觉智能、逻辑—数学智能、语言智能、空间智能、人际智能、自我认知智能。[③] 在多元智能理论提出10年后，加德纳延续多元智能理论研究，他根据衡量智能的八个判据检验，认为博物学家智能与判据符合得很好[④]；而“存在智能”由于没有找到大脑中深度哲学思考相关的部位，被加德纳戏称二分之一智能。[⑤]

加德纳指出，多元智能理论并非完全脱离“社会心理学”“个性心理学”“气质心理学”“情感心理学”等传统心理学孤立地自我发展。多元智能理论试图强调认识方式(认识形式)呈现在每一种人类存在(human existence)领域中的程度。多元智能理论的目的，就是试图在迄今为止常被排除在认知范围以外的领域中，建立起智力活动的模式。多元智能理论提出，传统心理学的某些方面完全可以包含在某个特定的智能范围之内。[⑥]加德纳根据传统心理学的学科标准，建立了判断智能的规则系统，即智能的八个判断标准(判据)[⑦]：①从大脑损伤看到潜能的独立性。②白痴天才、超常儿童及其他异常个体的存在。③可加以识别的核心运算。④有独特的发展史和可定义的一组高水平的“最终状态”。⑤有一个进化史和进化的可塑性。⑥来自实验心理学研究的证据。⑦来自心理测量学的证据。⑧对符号系统编码的敏感性。虽然入选智能的评估过程似乎是“主观”因素分析的过程，但是加德纳认为，这更像一个艺术判断的过程，是真正的科学的分析过程。

加德纳认为，智能并不是以语言、数理或逻辑推理等能力为核心，以整合方式存在的一种能力，也不是简单地从测验分数推断出的能力，而是彼此相互独立、以多元方式存在的一组智能。加德纳指出，关于智能问题的观点中最核心的部分，是认为存在一种或多种信息处

---

① 沈致隆.亲历哈佛——美国艺术教育考察纪行.武汉：华中科技大学出版社，2002：15.

②⑥⑦ 霍华德·加德纳.智能的结构(经典版).沈致隆，译.杭州：浙江人民出版社，2013：462，334，81.

③④⑤ 霍华德·加德纳.多元智能新视野(纪念版).沈致隆，译.杭州：浙江人民出版社，2017：9，21，25.

理的操作和机制，它们能处理特定的信息输入。[①] 加德纳对智能的概念做了全新的界定：智能是在某种社会或文化环境的价值标准下，个体用以解决问题、生产和创造出有效产品所需的能力。

加德纳的智能定义强调了智能的社会文化特性，并将智能看作是一种生理和心理潜能。加德纳认为智能与一定社会和文化环境下人们的价值标准有关，不同社会和文化环境下的人们对智能的理解不尽相同，对智能表现形式的要求也不尽相同。人出生来到这个世界，会遇到多种多样的文化。在每一种文化内，都包含着数量极大的领域内的活动——学科的、手工艺的、其他职业的或者业余爱好的活动。人们通过参与这些活动，适应自身所处的文化，然后可以根据他因此获得的能力，对其进行评估。加德纳认为，西方世界的历史并不是世界的全部历史。现代化最令人苦恼的地方，是不加批判地把西方的事例和历史照搬，或应用到那些历史不同、教育传统不同以及智能组合的倾向不同的非西方国家传统中去。[②]在加德纳看来，智能并非像传统智能定义所说的那样以语言能力和抽象逻辑思维能力为核心和衡量水平高低的标准，而是以能否解决现实生活中的实际问题或生产及创造出社会需要的有效产品的能力为核心和衡量水平高低的标准。[③]

二、多元智能理论与儿童教育

加德纳提出多元智能理论，对当代教育改革与实践产生重要影响。加德纳也以自身理论为指导，形成了富有特色的儿童教育思想。

(一)"为理解而教"的儿童教育目标

加德纳提出了"为理解而教"的教育目标。在他看来，教育的一个直接目标就是理解。所谓理解就是"如果一个人能把在任何教育背景下所获得的知识、概念和技能，应用到与这些知识确实相关的新的事件中或新的领域内"[④]，那么他就实现了理解。他认为："虽然我们的一些好的学校在教会学生读、写、算等基本能力上是有成绩的，但他们却无法通过更严格或者说是更基本的检验。大体上说，甚至我们较好的学生，也不能理解科学、数学、人文与艺术的有关领域。近10年甚至20年的时间里，教育并没有达到人们对于这个系统预期的合理目标。"[⑤]

加德纳认为，"理解"是一种能力，即通过表面进一步深入挖掘深层问题的能力，分析艺术作品或教科书，并说明其创作法则的能力。[⑥] 他提议，"在美国教育体制的主流学术领域

---

①② 霍华德·加德纳.智能的结构(经典版).沈致隆，译.浙江人民出版社，2013:81,415.

③④⑤⑥ 霍华德·加德纳.多元智能新视野(纪念版).沈致隆，译.杭州:浙江人民出版社，2017:7,137,138,139.

内,‘理解’应该成为一个主要的目标,甚至是第一位的目标。”[①]在实际教学中践行“为理解而教”,可以从七个切入点或方式来讲授。第一,运用叙述切入点,教师介绍与所要学习的概念有关的故事,结合叙述进行讲解;第二,运用逻辑切入点,学生可以通过有组织的讨论,学习有关概念;第三,量化切入点,处理与数字有关的量和关系;第四,基本原理或存在切入点,检验某一概念的哲学或术语的内涵;第五,审美途径,以艺术的方法来对待生活体验;第六,经验途径切入点,采用动手的方式学习,直接接触那些能够体现或表达某一观念的信息或材料;第七,学生之间协作学习,在集体研究的课题分组讨论或辩论、角色扮演和“竖锯”(jigsaw)类型的活动中,组内每个孩子都做出独特、与众不同的贡献。[②]采用以上七种切入点或方式可以以多种方式理解所学,并寻求这些理解、表现方式之间的关联。当然要实现多元智能理论的教学方式变革,因材施教,多元切入,小班化教学势在必行。

(二)重学生差异的儿童教学观

加德纳多元智能理论揭示了个体间智能差异的内在本质:每个人都有自己的智能强项和弱项,个体间的差异主要是由于智能的不同组合,同时个体的每一种智能在相当程度上又是独立的。由此,形成了多元智能理论积极乐观的学生观,即每个学生都是可教之才,每个人定能成才。加德纳主张在尊重并了解学生智能差异性的基础上,使教育最大限度地适应每一位学生,从而保证学生的优势智能得到充分发挥,弱势智能得到适当弥补,让每个人都可以获得个人最优发展。[③]

多元智能理论与我国古代传统教育思想中“有教无类”“因材施教”不谋而合。多元智能理论认为,人与生俱来的多种智能,其结构和强弱均不相同。智能是具有潜力的,大多数人的潜在能力经过教育能够得到实际的发展。但是智能不会自然发展,必须经过一个漫长的教育过程,通过多种不同的方式调动起来。首先,我们要评估儿童的智能轮廓,通过儿童参加他们可能会喜欢的活动,如猜谜游戏,或具有挑战性的符号表述等方式,描绘出他们的智能轮廓,通过评估,促使儿童尽快在被证明具备天赋的智能方向上发展,同时又能提供机会,促进儿童在似乎较为薄弱的智能领域中的发展。[④] 在确定了智能轮廓之后,接下来在学生和学习方法之间找到合适的配置,即找到儿童的智能强项和策略。这种“因材施教”体系(matching system)能够确保儿童迅速地、顺利地掌握必须掌握的东西,因而能够自由地沿着自己选择的理想发展途径向前。[⑤]

(三)突出情境化的评价观

依据多元智能理论,加德纳提出了指向培养学生解决问题和创造新产品等能力的多元化、情境化的评价观。他认为这种新的评价思想和方法应体现为八个主要特征:第一,重视

---

①② 霍华德·加德纳.多元智能新视野(纪念版).沈致隆,译.杭州:浙江人民出版社,2017:138,153.

③ 郅庭瑾.多元智能理论与个性化教育:诠释、悖离与超越.上海教育科研,2013(4):5.

④⑤ 霍华德·加德纳.智能的结构(经典版).沈致隆,译.杭州:浙江人民出版社,2013:435,439.

评估胜于重视考试;第二,简单、自然而且定期开展评估;第三,体现评估的生态学效度,即评估要在接近个体的实际情境中提高预测的效度;第四,设计"智能展示"的评估手段,不通过语言和逻辑的能力,而直接观察人在运作中的智能;第五,使用多种测试方式;第六,评估方案要体现对个人的差异、发展水平和知识形式多样化的重视;第七,评估方法要多使用有趣并具激发作用的素材从而创设有趣的学习体验;第八,评估要为学生提供有助于其识别智能强项和弱项的有益反馈及未来发展的建议。[①]

(四)以个人为中心的学校观

加德纳的学校观主要体现在他对于"我们理想中的学校""未来学校"的描述中。加德纳曾说:"我们想象中的学校将努力培养学生更深入地理解几个核心学科,并且鼓励学生应用这些知识在更广泛的社区中解决可能遇到的问题,完成必要的工作。"加德纳"理想中的学校"与传统学校不同,主是体现在学校重视学生解决问题能力的培养,因为多元智能就是"在特定的文化背景下或社会中,解决问题或制造产品的能力"。进而,加德纳对"以个人为中心的学校"概括了以下特点。

(1)必须有三种特殊角色:评估专家、学生课程代理人、学校—社区代理人。三种角色与学校其他教师(加德纳称之为"骨干教师")的关系是相互补充、相互配合的。三种角色可以使教师解脱出来,以更多的时间和集中精力于和学科有关的工作,选择最适合自己智能特点和知识强项的方法来教学。"骨干教师"的任务是了解并保证有特殊需求的学生,经过专家和代理人提出有关教育的建议后,都得到满足。——从这个意义来说,多元智能理论教育思想有点类似于"有特殊教育需要""全纳教育"思想。

(2)有"理想的活动"。这种活动包括校内的学习和校外的实践活动。上午学生在校用非传统方法学习传统学科(如数学、社会科学、读、写、自然科学等)。"非传统方法"主要是指专题作业的方式。下午的课程"深入社区的学习",即师生一起到社区进行深入的场景化学习和探索,学习掌握一门感兴趣的手艺或学科,如建筑、园艺、烹调等,重点放在学习社会中具有实用价值的技能上。如低年级学生和老师经常去儿童博物馆、运动场、有群众参与的特别演出的剧院或美术馆等。高年级学生每天上午照常继续进行基本的核心课程学习,下午跟师傅、老师和有特殊专长的人士(通常是学生家长)一起,采用个别辅导的方式,强化学习他们在三年级时选定的技能。显然,加德纳是针对现行学生缺乏动手能力而言的。

(3)允许学生"自由探索"。允许学生自由探索,并鼓励他们提出问题。老师和助手负责观察记录,观察时主要注意哪些学生对特定的活动或展览表现出兴趣或展示出技巧,他们问些什么问题,对什么任务感到困难等。

(4)建立"学生个人档案"。为每个学生建立个人档案,如用笔或录像记录的在教室、校外活动或家庭中完成的作业和专题,个人的观察、爱好等情况。

---

① 霍华德·加德纳.多元智能新视野(纪念版).沈致隆,译.杭州:浙江人民出版社,2017:192-197.

(5)“把社区引入学校”。“我们到理想的学校不仅带学生走进社区，还要把社区引入学校”。

加德纳和“零点项目”成员在美国各级学校将多元智能理论应用于实践，先后在幼儿园、小学、初中、高中推出了“多彩光谱”“重点学校”“学校实用智能”“艺术推进”四个项目。在幼儿园阶段，“多彩光谱”项目的具体做法主要是与家长配合，通过情景化和智能展示的方式，评估学龄前儿童的智能轮廓，从而加强他们智能的早期培育。在小学阶段，“重点学校”项目除推出“多元智能课程”，力求每天都要激发每一名学生的多元智能以外，还开展学校与社区的合作，推广项目教学法，提高学生的动手能力和创新素质。在初中阶段，“学校实用智能”项目主要是改革课程体系和教学方法，理论联系实际，将学科知识的学习方法、逻辑—数学智能与更加实用的人际智能、自我认知智能结合起来，帮助那些面临不及格危险的学生，在学校学习以及毕业后的职业生涯中走向成功。在这个项目中，加德纳提出了学科理解的多元切入点，即对同一个概念，可以用六个不同的切入点来实现学生的真正理解。在高中阶段，“艺术推进”项目在进行美术、音乐、文学创作三项艺术教育的过程中，通过“领域专题”和“过程作品集”两种方法，培育并评估学生的创造能力、感知能力、思考能力。[①] 通过实践的检验，加德纳儿童教育思想得到了广泛的接受和认同，并在不同的文化和社会中蓬勃发展。

三、多元智能理论的引介

加德纳的教育思想体系是一个正在发展中的思想体系，为中国的教育者学习借鉴国际成功的教育理念，共同提高中国儿童教育的理论和方法，提高培养专业多元智能教师的能力，创造发现、发掘孩子的各种各样的优势提供了有益的帮助。

加德纳教育思想在我国传播，正值素质教育的推进和基础教育的改革，在21世纪初期引起了教育领域的研究热潮，成为影响我国教育改革的教育理论之一。从2000年开始，一大批教育理论工作者、一线教师和管理者，在不同类型实验区和项目学校进行了教学改革实践，探索开发适合学生多元潜能的学校课程和以“问题解决”为导向的基本教学策略，以及相应的多元、多维教育评价体系，取得了大量研究成果。

(一)多元智能理论与基础教育课程改革

陶西平认为“多元智能理论的可贵之处就在于，它向传统的单一智力理论为基础的教育观念提出了一系列挑战。”“多元智能理论作为一种教育哲学，从新的角度来看问题，拓展了人们的视野，能帮助我们更为清晰地来认识人才。”他指出，我们应在多元智能理论的基础上，坚持以人为本，调整教育观、主体观、发展观、教学观、动力观、师生观、评价观、过程观、教

① 沈致隆.多元智能理论的产生、发展和前景初探.江苏教育研究，2009(9):22.

育价值观和方法论。[①] 梅汝莉指出，在借鉴多元智能理论时，要不断寻找多元智能理论与我国课程改革的结合点，特别注意将其与课堂教学相结合。在课堂改革策略方面，她认为学科课程要帮助学生思考客观世界的各种问题，以及确立真、善、美道德观念的“切入点”，倡导研究性的学习和探究性的教学方式。在课程设置方面，坚持“少即是多”的原则，“以深入的方式教导数目较少的课题”[②]。

(二)多元智能理论与促进儿童学习的评价

夏瑞雪提出了一套基于多元智能理论的评价体系，其主要观点如下[③]：①就评价观而言，在承认智能的多元文化特征的基础上，关注学生的智能类型。②就评价目的而言，多元智能理论注重学生各种智能的发展。③就评价特征而言，评价是多元化的。体现在评价内容的多元化和评价主体的多元化。④就评价方式而言，主要体现在三个方面：情境化的评价方式、智能展示的评价方式和案卷评价方式。另外，特别强调应重视非正式评价。有学者认为，课程改革的当务之急是改革评价。[④] 多元智能理论创建的“问题连续体”，是一个教、学、评为一体的模式，为课程改革进行能力和创造力评价提供了工具。

(三)多元智能理论与中国古代教育思想

沈致隆教授认为，周代教育的“六艺”，孔子的“有教无类”“因材施教”等教育理念和加德纳儿童教育思想的智能多元化、建立“以个人为中心”的学校等思想是相通。老子在《道德经》中说的“知人者智，自知者明……不失其所者久”暗含着人际智能、自我认知智能和存在智能的意思。[⑤] 因此，沈教授认为，加德纳的教育思想是横跨东西方文化研究的产物，与中国古代传统教育思想不谋而合。

(四)多元智能理论研究与实践的反思

余新认为，多元智能理论在教育实践中产生了革命性的影响，一方面是因为它揭示出当今教育领域中的时代性主题，另一方面是因为多元智能理论重视以一种全新的观念对教育活动产生积极的导向，而不是以某种固定的模式和方法去强化或操纵教育改革的方向。[⑥] 面对反对和质疑多元智能理论的声音，他认为教育理论的科学性和应用价值受制于特定的社会文化条件，因此，把多元智能理论从一个文化背景下移植到另一个文化背景中，必须关注

---

① 陶西平. 借鉴多元智能理论：换一种眼光看教育. 中国职业技术教育，2005(31)：5-7.

② 梅汝莉. 多元智能与课程改革. 北京教育(普教版)，2003(10)：30.

③ 夏瑞雪. 浅析“多元智能理论”指导下教育评价的新理念. 兰州文理学院学报(社会科学版)，2003(3)：90-92.

④ 梅汝莉. 多元智能与课程改革. 北京教育(普教版)，2003(10)：31.

⑤ 霍华德·加德纳. 多元智能理论在中国与世界的现状和未来. 沈致隆，译. 全球教育展望，2007(1)：4.

⑥ 余新. 反思多元智能理论. 北京教育学院学报，2011(3)：38.

研究对它移植和应用的价值、条件和方法,并进行实证性的评估与验证。

(五)多元智能理论在中国的应用

陈杰琦认为,多元智能理论在中国学校教育中成功整合和广泛传播归功于中国的传统文化思想、改革开放政策和中国特色教育制度等,它们相互作用为多元智能理论在中国的传播创造创造了良好环境。同时,多元智能理论建构在中国教育改革的动力之上,并且对其前进做出了贡献。多元智能在中国的应用并不是直接转变的,而是经过一个强烈的文化适应过程的结果。中国多元智能的教育者力图在多样化的教学和学习上,例如个体的兴趣与集体的目标等之间取得平衡。[①]

① 陈杰琦等.多元智能在全球.北京:中国人民大学出版社,2010:32.

第十二章

瑞吉欧的儿童教育

瑞吉欧的儿童教育思想兴起于第二次世界大战后，因其发源于意大利北部城市瑞吉欧·艾米利亚(Reggio Emilia)而得名。1945—1946年期间，意大利政权重组，民众中兴起由家长团体自行运作的学校，曾为中小学教师、后致力于幼儿教育事业的马拉古齐(Loris Malaguzzi)，在离瑞吉欧·艾米利亚市不远的一个叫作维拉·塞拉(Villa Cella)的小村庄，和当地民众共同创办的瑞吉欧·艾米幼儿学校就是其中一例。当时，维拉·塞拉的居民和劳动者没有借助教育部门和哪个政党提供的技术支持、建筑许可、现场指导和检查人员，就靠自己的力量，一砖一瓦地建造了一所民间学校。[①] 马拉古齐等人将这所民间学校命名为"鲁宾孙"，以此纪念英国作家笛福(Daniel Defoe)小说里的英雄人物。当时这所学校只有两间教室，能够容纳60位小朋友。[②]令人惊叹的是，在马拉古齐的领导下，通过家长、社区成员、数千名儿童以及拥有各类专长的杰出教师多年的共同努力，瑞吉欧儿童教育取得了非凡的成就，并在世界各国开展了"儿童的一百种语言"的巡回展览；1991年，被一贯以保守著称的美国杂志《新闻周刊》(*News Week*)评为"世界十大杰出学校"[③]。多年来，瑞吉欧儿童教育工作者们一直致力于探索新的教育计划和方案，不断赋予其儿童教育思想以生命和活力。因此，研究瑞吉欧儿童教育思想，对我国乃至世界教育事业的发展具有现实意义。

---

①②③ 卡洛琳·爱德华兹，莱拉·甘第尼，乔治·福尔曼. 儿童的一百种语言：转型时期的瑞吉欧·艾米利亚经验. 3版. 尹坚勤，王坚红，沈尹婧，译. 南京：南京师范大学出版社，2014：28，31，译者序3.

一、社会背景

瑞吉欧儿童教育思想是在特定的宗教、政治、战争、经济、法律、文化等多种因素的综合影响下形成的,有其特定的历史背景和理论基础。

(一)宗教与政权之间冲突的产物

瑞吉欧的儿童教育是宗教与政权冲突的产物。“在历史上,意大利早期儿童教育一直深陷教会与州政府之间的纷争中。历史悠久的天主教会与新崛起的意大利州政府(成立于1860年)之间一直存在着剧烈的权力冲突。”[①]这些冲突直接影响了当今意大利各领域的发展,早期教育也不例外。意大利的早期儿童教育大致分为两类:婴幼儿中心和幼儿园。20世纪之前的婴幼儿中心主要靠私人机构捐款维系;20世纪初,意大利州政府对部分私人机构进行公共基金补助,试图将婴幼儿中心的运营从原来只由私人分配的慈善协助方式,逐渐转变为一项由公私各部门共同协作的补助方式。尽管意大利州政府试图通过资金支持的方式帮助这些机构正常运作,然而,实际上这些机构并未真正履行儿童保教职责。与此同时,由于意大利教育部对早期儿童教育并无直接协助,早期儿童教育逐渐被罗马天主教会控制和垄断。1933年,超过60%的幼儿园都是由宗教团体所经营。[②] 意大利许多教育工作者和家长都意识到,实力强大的宗教团体因宗教色彩严重、理念落后,不可能真正发展意大利早期儿童教育。幸运的是,在宗教与政权无法真正投入意大利早期幼儿教育之际,新的教育思想传入意大利,这些思想使意大利民众意识到迫切需要建立品质更高的新形态学校,让教育释放儿童的活力和才能。这为瑞吉欧儿童教育机构的诞生奠定了思想基础。

(二)战后重建的需要

1940年,第二次世界大战爆发。第二次世界大战给意大利人民带来了深重的灾难,具体表现在:在人口数量方面,意大利在战争中死亡和失踪人数达44.5万;在国民经济方面,意大利国民经济遭受重创,工业部门共损失4500亿里拉,商船损失91%,港口设施90%遭到破坏,炼钢能力损失2/3,发电设备损坏1/5,使本来落后、脆弱的国民经济陷入了更加困难的境地。[③] 战后,意大利政权重组。国家层面重组的关键事件是1946年6月2日通过公投,废除了君主制,建立了共和制。地方上,各种改革不断发起。受强烈的地方改革的影响,

---

① 卡洛琳·爱德华兹,莱拉·甘第尼,乔治·福尔曼.儿童的一百种语言:转型时期的瑞吉欧·艾米利亚经验.3版.尹坚勤,王坚红,沈尹婧,译.南京:南京师范大学出版社,2014:16.

② Olmsted P P, Weikart D P(Eds.). Families Speak: Early Childhood Care and Education in 11 Countries. Yesilanti: Highlscope Press,1994:397.

③ 黄昌瑞.意大利文化与现代化.沈阳:辽海出版社,1999:150.

意大利民众迫切希望改变现状，重建一个崭新的世界。创办学校就是民众试图改变当时现状的重要行动，如前所述的瑞吉欧·艾米利亚就是其中一例。1945 年春天，第二次世界大战结束的第六天，维拉·塞拉小村庄的人们变卖了一辆坦克、几辆卡车和几匹德军战后留下的战马，打算亲手为孩子们建立一所幼儿学校。马拉古齐闻讯加入其中，和大家一起建立第一所瑞吉欧幼儿学校，历经 8 个月，学校建起来了，图 12-1 就是维拉·塞拉学校的一组孩子和教师。随后，瑞吉欧的其他地区，包括最贫困的地区，家长们都纷纷亲手为孩子建立了类似的学校，开辟了瑞吉欧儿童教育的实践基地。

图 12-1 维拉·塞拉学校的一组孩子和教师（摄于 1950 年）[①]

（三）经济、立法的共同推动

教育事业的发展离不开经济保障。第二次世界大战后，意大利经济快速发展，并逐步由原来以农业经济为主导的国家发展成为一个较发达的、以现代工业为主的多元经济国家。经济发展带来政府财政收入的增长，加之意大利政府高度重视教育在个体成长过程中的作用，这样，加大教育经费投入就顺理成章了。20 世纪 70 年代，意大利的教育经费已占到国内生产总值的 4.5%左右。[②] 政府教育经费的增加，为发展高质量儿童教育提供了物质保障；与此同时，工业发展拉动了劳动力市场，意大利妇女纷纷进入工厂工作，为婴幼儿提供的服务开始被视为是每个工作家庭应享受的权利。为追求更好的权利，妇女团体掀起妇女运动，要求更好的福利、学校以及儿童保育。妇女运动给意大利政党及当局施加了巨大压力，意大利政府直面问题，制定并通过了许多社会法律条文，以此保障妇女和儿童的权利。法律规定，为 3 个月至 3 岁的幼儿开办婴儿中心，为 3～6 岁的幼儿开办免费学校，并提出产假中妇女带薪条款（12 周的带薪休假按照 80%～100%支付，另外再休 6 个月的假期，按照 30%支付）。[③] 经济和立法的共同推动，为瑞吉欧儿童教育的兴起奠定了良好的物质基础和法律保障。

---

①③ 卡洛琳·爱德华兹，莱拉·甘第尼，乔治·福尔曼. 儿童的一百种语言：转型时期的瑞吉欧·艾米利亚经验. 3 版. 尹坚勤，王坚红，沈尹婧，译. 南京：南京师范大学出版社，2014：30，22.

② 于亚楠. 意大利瑞吉欧教育初探. 福州：福建师范大学，2017：15.

(四)艺术和民主的熏陶

意大利是文艺复兴的发源地,深受人文主义思潮的影响,人们尊重人权和人性,重视科学、教育、自由和民主,坐落于亚平宁半岛的小城瑞吉欧深受其影响。在人文主义思潮的影响下,瑞吉欧民众重视营造艺术环境,漫步在瑞吉欧,随处可见各种文化艺术珍品,如各种雕塑、绘画和独特的建筑等。同时,受历史传统的影响,瑞吉欧民众具有较高的市民责任感。全民民主的概念,根植于瑞吉欧民众的经验和意识层面,主张每个人都可以且应该代表他们自己以及他们隶属的团体,以"主角"的身份表达他们的心声。[①] 这种民主合作的传统为瑞吉欧儿童教育中各种支持性关系的形成提供了有力保障,保证了儿童教育工作者、家长和社区之间的互动和交流,使儿童教育成为整个社会的责任,而不仅仅是儿童教育工作者的责任。

此外,"在瑞吉欧·艾米利亚地区,各行各业都有着合作的传统"[②],这种传统为教师、家长、社区等集体参与瑞吉欧儿童教育体系的创建提供了可能。

二、理论基础

从理论基础看,瑞吉欧儿童教育思想主要汲取了以欧美为主流的进步主义教育、皮亚杰的个人建构主义和维果斯基的社会建构主义。

(一)欧美进步主义教育思想

在瑞吉欧儿童教育思想的理论基础中,欧美的进步主义教育思想对其产生直接而深远的影响,其中尤以杜威、克伯屈的思想为甚。杜威认为教育就是生活、生长和经验改造[③],并充分肯定了儿童自身在教育中的独特价值。杜威对儿童的珍视,深刻影响了瑞吉欧的儿童教育,并充分彰显在瑞吉欧学前学校的理论和实践中。在瑞吉欧的儿童教育系统中,最基本和最核心的是幼儿[④],诚如马拉古齐曾说,"儿童具有丰富的潜能,强大的力量,可以胜任一切,儿童可以联结同伴以及成人。"[⑤]克伯屈是杜威的学生,他在继承杜威思想的基础上,提出了"设计教学法"(the project method)。设计教学法的核心在于,学生是活动的主体,倡导由学生决定活动目的、制订活动计划、进行活动、评价活动。瑞吉欧方案教学就是在直接汲取

①④ 卡洛琳·爱德华兹,莱拉·甘第尼,乔治·福尔曼.儿童的一百种语言:转型时期的瑞吉欧·艾米利亚经验.3版.尹坚勤,王坚红,沈尹婧,译.南京:南京师范大学出版社,2014:7,44.

② 亨德里克.学习瑞吉欧方法的第一步.李季湄,施煜文,刘晓燕,译.北京:北京师范大学出版社,2002:4.

③ 约翰·杜威.民主主义与教育.王承绪,译.北京:人民教育出版社,1990:16.

⑤ Malaguzzi L,Gandini L. For an education based on relationships. Young Children,1993,49(4):258-268.

克伯屈设计教学法的精髓、融入了其新教育价值取向的基础上而形成的。

(二)皮亚杰、维果斯基的建构主义

皮亚杰和维果斯基的建构主义理论是瑞吉欧儿童教育思想的另一重要来源。皮亚杰在其发生认识论中指出:"认识既不是起因于一个有自我意识的主体,也不是起因于业已形成的(从主体的角度来看)、会把自己烙印在主体之上的客体;认识起因于主客体之间的相互作用"[①],主客体相互作用的过程即是活动的过程,活动是主客体之间的可能联结点。[②]对于儿童来讲,就是在与环境的交互作用的过程中,产生认识上的不平衡,并产生进一步认识的动力而不断达到新的智慧的发展过程。瑞吉欧教育者受皮亚杰思想的影响,主张为儿童创设丰富的问题解决情境,让儿童在问题情境中,通过活动探究,主动建构知识,从而获得智力的发展。在实践过程中,马拉古齐发现皮亚杰建构主义的部分观点存在先天不足,如低估成人在提升幼儿认知发展上所起到的作用。[③] 在此方面,社会建构主义弥补了个人建构主义的不足。社会建构主义的代表人物维果斯基提出了"最近发展区"(the zone of proximal development)理论,并在最近发展区中肯定了成人或同伴的协助对跨越最近发展区的独特作用。维果斯基有关成人和同伴协助儿童发展的观点,充分体现在瑞吉欧的教育理论和实践中。在瑞吉欧儿童教育中,教师的角色是综合的、多角度的、适时变化着的[④],且教师的角色是根据儿童的发展需要不断变化的。同时,瑞吉欧儿童教育也肯定了同伴对儿童发展的作用,瑞吉欧教育工作者倡导的小组协作探究就是该观点的集中体现。

三、基本观点

从已有研究看,瑞吉欧儿童教育思想的内容大致可以概括为:确立了新的儿童形象,重建了教师角色,形成了与儿童形象相适应的方案教学。

(一)确立了新的儿童形象[⑤]

通过多年开创性的儿童研究和实践,瑞吉欧儿童教育呈现给世人的是积极、主动、有能力的儿童形象或儿童意象,如此有力量的儿童形象对儿童身心健康成长而言是无价之宝。尽管当下不论是学者还是教师,都认可这样的儿童形象,但实践中真正践行这样的儿童形象并非易事。瑞吉欧儿童教育的难能可贵之处在于,自创办以来,一直在实践中探究并从儿童的天性和权益的角度确立并践行了这样的新的儿童形象。

---

①② 皮亚杰.发生认识论.范祖珠,译.北京:商务印书馆,1990:21.

③④ 卡洛琳·爱德华兹,莱拉·甘第尼,乔治·福尔曼.儿童的一百种语言:转型时期的瑞吉欧·艾米利亚经验.3版.尹坚勤,王坚红,沈尹婧,译.南京:南京师范大学出版社,2014:59,151.

⑤ 王丽华.教师的儿童研究引论.杭州:浙江大学出版社,2017:46-48.

1. 儿童天性角度确立的儿童形象

从儿童天性的角度而言，瑞吉欧教育者认为："儿童是自己成长过程中强大的、活泼的、有能力的主角"[①]。这样的儿童形象既是瑞吉欧共同体的共识，也是瑞吉欧教育体系的开创者和接班人所发现并坚守的。在瑞吉欧教育体系创建并实践了近30年时，美国普及瑞吉欧教学方法联络员、客座教授、访问学者甘第尼于1989—1992年期间，就瑞吉欧的历史、理念与基本原则持续对话马拉古齐。其中，在对话关于瑞吉欧的儿童形象时，马拉古齐认为："所有的人——投身幼儿教育研究工作的研究人员和教师，并没有发现幼儿存在太多的能力上的不足，反而发现他们有令人惊讶的、非凡的能力，以及对表达和实践他们自己想法的无穷的欲望。"[②]马拉古齐的接班人，卡丽娜·里纳尔迪同样认为："儿童是有能力的、坚强的，是有权利去憧憬和有权利被重视的，而不是被预先定义为脆弱、贫乏和没有能力的。我们是用一种与他人不同的思想和方法来看待儿童的，我们视儿童为和我们一起进行探究的、积极的主体，他们每天都在尝试着理解某些事情，体会生活和生命的意义。"[③]

瑞吉欧从天性角度所确立的儿童形象，意味着儿童是具有自主性的自主探究者。瑞吉欧教育的教师们通过各种方案、儿童们的自发活动发现了其自主性和自主探究能力。如黛安娜幼儿园教师劳拉·卢比兹一直开展"儿童读写能力"研究，该研究的目标之一是探究儿童在尚未受到任何正式指导的情况下，是如何自发探索自己的字母代码的。劳拉通过一系列的视频记录、与儿童的交谈发现，儿童对字母的读写具有很强的自主性，比如儿童想书写字母时，劳拉说："他们从来没有要求我为他们写过什么。他们从来没有说过：'我们该怎么写?'而是说：'等一下，我们试试。'"[④]儿童不仅对字母的读写具有自主性，而且对于如何更好地开展小组活动也很有自主性。当劳拉班里的孩子3岁入学，4岁时刚好大家共处了一年，此时，孩子们"自己感觉到了建立规则的必要性……活动过程中，儿童好像自己写下了一整套规则——我们称之为'法则表'，属于他们自己的法则。"[⑤]劳拉的研究还发现，"3岁的儿童发现能够'读懂'别人的面部表情和肢体语言。"[⑥]

2. 儿童权益角度确立的儿童形象

从儿童权益角度而言，瑞吉欧教育者认为："儿童有权利成为礼貌、文明、具有公民意识的人。"[⑦]换言之，每位儿童都有权利成为社会公民。不论是瑞吉欧的教育者还是2004年来一直担任瑞吉欧·艾米利亚市长的格拉齐亚诺·德洛里都认为成人有责任帮助儿童成为这样的社会公民。对于帮助儿童成为社会公民，成年人对儿童持有三重职责：民事责任、道德

①②④⑤⑥⑦　卡罗琳·爱德华兹，莱拉·甘第尼，乔治·福尔曼. 儿童的一百种语言：转型时期的瑞吉欧·艾米利亚经验. 3版. 尹坚勤，王坚红，沈尹婧，译. 南京：南京师范大学出版社，2014：154，54，220，220-221，223，7.

③　零点方案，瑞吉欧儿童. 让儿童的学习看得见：个体学习与集体学习中的儿童. 朱家雄，王峥，等校译. 上海：华东师范大学出版社，2007：79.

责任和政治责任。[①] 民事责任是指保护儿童受教育的权利和平等的机会，也就是说，排除人类发展的所有障碍。对儿童的道德责任意味着承认儿童作为本市公民的社会尊严，儿童是有能力的公民。该观点与上述从天性角度对儿童的发展是一致的。关于对儿童的道德责任，加德纳在2007年接受《哈佛商业评论》(*Harvard Business Review*)的采访时说[②]：

> 我最喜欢提及伦理社会的范例，是意大利北部的一个叫瑞吉欧·艾米利亚的小城。除了向公民提供高质量的服务和文化利益之外，该城市还提供优秀的婴幼儿中心与幼儿园服务。而他们能感受到社会的关怀，因此当他们长大以后，他们就会以关怀他人来回报社会，成为优秀的工作者和良好的公民。

政治责任主要是各种文化共存的问题。德洛里指出："我们所希望的儿童文化环境，应该是一个不把他人视为问题，而把对方视为机会的环境。"[③] 正因为如此，瑞吉欧·艾米利亚市是意大利唯一的属于"跨文化城市网络"的城市，该网络是由欧盟各国选派一个在跨文化并存方面有所成就的城市组成。

(二)重建了教师角色

在瑞吉欧的儿童教育中，作为传授者的教师角色显然与新确立的儿童形象不相适应。如前所述，瑞吉欧儿童教育重建的教师角色是综合的、多角度的、适时变化着的，如教师作为倾听者、观察者、纪录者[④]、解释者、研究者、支持者、促进者、沟通者，等等。在瑞吉欧教师的众多角色中，最重要、最基本的角色是教师作为倾听者、观察者、纪录者和解释者，以及作为儿童研究者。

1. 教师作为倾听者、观察者、纪录者和解释者

在瑞吉欧儿童教育中，教师作为倾听者、观察者、纪录者和解释者，是让每位儿童的学习看得见，发现并助力每位儿童成长的基础。这从如下案例中可见一斑。

有感染力的实验[⑤]

故事主角：Erika，13 mos.（13个月）

Elisabetta，11 mos.（11个月）；Matteo，10 mos.（10个月）

教师：Barbara Fabbi

---

①③ 卡罗琳·爱德华兹，莱拉·甘第尼，乔治·福尔曼. 儿童的一百种语言：转型时期的瑞吉欧·艾米利亚经验. 3版. 尹坚勤，王坚红，沈尹婧，译. 南京：南京师范大学出版社，2014：86-89.

② Bronwyn Fryer. The ethical mind: A conversation with psychologist Howard Gardner. Harvard Business Review, 2007, 85(3): 51-56, 142.

④ 纪录(documentation)，而非记录(record)，是瑞吉欧儿童教育的方案教学过程中一直所致力的教学活动。

⑤ 零点方案，瑞吉欧儿童. 让儿童的学习看得见：个体学习与集体学习中的儿童. 朱家雄，王峥，等校译. 上海：华东师范大学出版社，2007：10-15.

婴幼中心：Bellelli

摄影：Marina Ferrari，Mirella Ruozzi

文字：Tiziana Filippini，Claudia Giudici

学习听、看、观察，解释孩子们的行为、思想与调查和建构的逻辑，帮助我们掌握与他们相处和交流的艺术，更好地理解他们发展人际关系和获得知识的过程与步骤。因此，教师的责任是策划和构建情境，支持这些过程并促进关系、能力调度、期望、模仿和“感染力”的发展。

婴幼儿中心的一间教室已经完全变了样：它会产生什么样的奇迹和机遇呢？

这里有一间“包了纸”的房子，它的地板上铺着大条幅的卷纸，这就是一天早晨老师们为孩子们准备的“令人迷惑”的背景。

Matteo、Erika 和 Elisabetta 坐在他们教室地板所铺的纸上。Matteo 抓着一只他之前从地板上拿起的记号笔(教师们放置了各种颜色的记号笔，这样一来如果孩子们愿意的话就可以使用它们，在宽大的纸面上留下彩色的记号)。

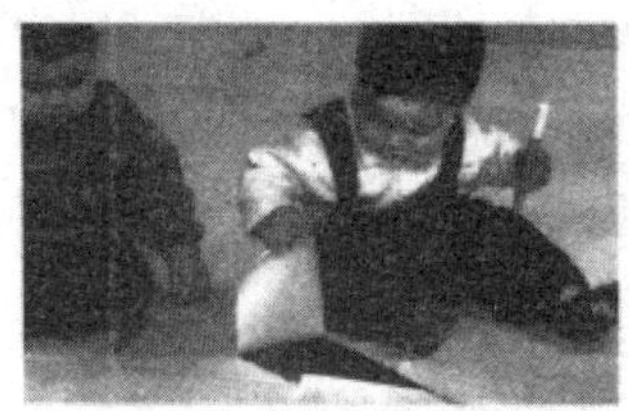

但是现在意想不到的事情发生了 Matteo 在 Elsabetta的帮助下拉拽纸的边缘直到扯下一片纸。被撕破的纸卷了起来……形成了一个筒。游戏变得有趣了。

Matteo 手里抓着记号笔，专心致志地观察着这个新的“筒”，然后用另一只手抓住它……他好像在记号笔和纸筒之间发现了一种隐隐约约的联系。

Matteo 的注意力和肌肉紧张度加强了；他抬起这个纸筒，让它稍微倾斜，盯着它的开口看，并且试图把记号笔滑进去。他的努力使纸筒太过倾斜了，所以这一尝试没有成功。

然而在放弃努力以前，Matteo 似乎想把纸筒的形状弄成他认为可能的样子，并试图把纸筒和记号笔“抱”在一起。

一直在远处看着他但显然不感兴趣的 Erika，现在移向 Matteo。或许她能够理解 Matteo 这一“操作”的目的？

Erika 拿起纸筒和另一只记号笔，仔细地观察它们，并且下了决心将记号笔滑进纸筒。Matteo 开始看别处，好像他感到失望或者转移了注意力。

Erika 却紧紧盯住纸筒的底部好像在等待什么事情发生，可能是等着记号笔出来，但是什么也没有！因为纸筒只是稍微倾斜，记号笔停在里面了。怎么办呢？放弃努力吗？过了一会儿……

在 Elisabetta 专心和好奇的注视下，Erika 执着地抓起另一支记号笔并把它滑进纸筒。这一次，放入记号笔，将纸筒的倾斜度抬高了点儿……

两只记号笔从底部鱼贯而出，证实了两个孩子最初的假设。这可能是 Erika 和 Mateo 在以前的许多场合中喜爱的一个游戏：把一个小物体塞进一个较大的底部开口的物体里面并且看着它出来。难道是她的朋友们的在场和老师们鼓励性的关注使 Erika 在她的行动中更加专注和自信吗？

Erika 的满足感是巨大的，她的努力和执着得到了回报。

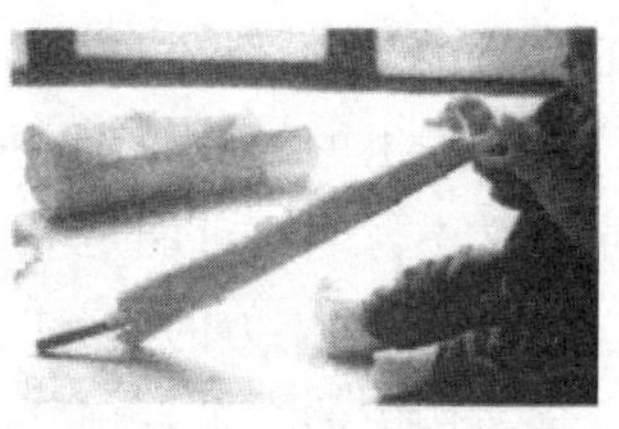

这一游戏在用其他记号笔重复持续着……

这种渴望具有感染性……

一直专心并好奇地关注 Erika 实验的 Elisabetta 现在过来并拿起了一支记号笔和纸筒。

她专心地观察并探索这只纸筒。或许她是想弄清楚纸筒里面是否有一个记号笔"工厂"？或者她想进行同一实验？这就意味着需要意识到运动的协调性和合适的纸筒倾斜度。这会儿 Elisabetta 除了观察什么也没有做，我们只能猜测她为什么不继续下去。我们可以推测所有这些孩子虽然采取的方式不同，但都会把这一情景储存在他们的记忆中并在其他的场合中实践它。

时间是他们最好的盟友。停下来一会儿并且思考，这意味着提高所发生的学习和所形成的关系的质量。

上述案例是六位教师合作研究的产物，教师们的倾听、观察、纪录和解释交织在一起。在该案例中，教师的倾听和观察既是一种支持的力量，又是捕捉三位儿童在自创实验过程中的具体细节的过程，如"Matteo 的注意力和肌肉紧张度加强了"，老师们能捕捉到发生在三位孩子身上的细微变化，并形象地描述出来！纪录是前述的图文并茂的方式；解释融合在纪录图文中，如"这可能是 Erika 和 Matteo 在以前的许多场合中喜爱的一个游戏……"①

像"有感染力的实验"这样的案例不是瑞吉欧儿童教育中的个案，而是教师合作纪录的众多案例中的一个，由此可见，与教师作为倾听者、观察者、纪录者和解释者相对应，倾听、观察、纪录、解释是瑞吉欧教师持续不断的常态工作。瑞吉欧教师的倾听是指教师倾听儿童，且"全面专注于儿童，同时把所观察到的现象进行记录和存档，然后以此为基础，做出儿童和家长都认可的决定。"②通过这样的倾听，"教师们不仅能发现儿童的自主性、帮助儿童逐步成长为公民，还为思考儿童为什么这样做、对此我们可以做什么、如何做等意义问题的探寻找到依据。"③观察和倾听相伴而生。在瑞吉欧儿童教育中，瑞吉欧教师对儿童的观察是一种自然情景中的教育学观察，教育学观察的本质是一种走进儿童内心世界的方式，在教育学观察中，教师用心觉察儿童的认知、情感、审美发展的需要，并做出适宜的回应。这样，观察不只是察看事实，也是建构、解释、反思的过程。纪录（documentation）不只是一种收集儿童成长资料的方式，更是"作为重温、反思的工具""作为促进学习和改进学—教关系过程中的一

①③ 王丽华. 教师的儿童研究引论. 杭州：浙江大学出版社，2017：55-56，58.

② 卡罗琳·爱德华兹，莱拉·甘第尼，乔治·福尔曼. 儿童的一百种语言：转型时期的瑞吉欧·艾米利亚经验. 3 版. 尹坚勤，王坚红，沈尹婧，译. 南京：南京师范大学出版社，2014：155.

个有机组成部分"①。纪录结果既可以是文字的、图片的、视音频的,也可以是数字化的。这样,纪录具有的独特价值是:为儿童提供自身和他人学习的可视的"记忆",发展自评和互评能力;为教师提供研究和反思的工具,了解个体和群体儿童学习和成长的状态,推动和评估教学;为家长提供儿童在学校学习和生活的详细信息,指导家长参与儿童学习和生活。解释既是对所观察儿童的成长事实赋予意义,又是发现和解决儿童成长问题的过程。需要指出的是,上述的倾听、观察、纪录、解释既可以是瑞吉欧教师个体的行动,又可以是教师集体的专业行动。

2. 教师作为儿童研究者

瑞吉欧教师倾听、观察、纪录和解释儿童的学习和成长的过程就是他们合作开展儿童研究的过程,就此意义而言,瑞吉欧教师即为儿童研究者。瑞吉欧教师在与儿童的合作和交往中研究儿童,重点研究作为个体学习者和集体学习者的儿童。② 瑞吉欧教师一直对儿童的学习策略很好奇,在这种好奇心的驱使下,瑞吉欧教师于20世纪90年代早期开始研究儿童个体的学习策略。瑞吉欧教师对儿童个体学习的定位有两个独特之处:第一,对何谓学习有独特的理解。在瑞吉欧,"学习被看作寻找的方式,这种方式能为研究收集到的材料提供一种独特的或许是不同寻常的框架。"③显然,这不是一个心理学视角的对学习的理解,某种意义上而言,这是从哲学角度对学习做出了独特的理解。据此,儿童个体学习,即是儿童个体所显现的寻找方式。第二,儿童个体学习是集体学习中的个体学习。在瑞吉欧,儿童从小就会参与不同的探究方案,在探究方案中儿童自主形成不同的学习小组,在参与学习小组的过程中,每位儿童都感受到集体学习的力量。诚如瑞吉欧教师所指出的:"儿童似乎可以意识到每个个体都能从这种来自整个集体的成功中获益;根据努力得到的益处(儿童对此非常敏感)和以社会关系和友情身份得到的益处(儿童对此更加敏感)。"④"瑞吉欧教师研究作为集体学习者的儿童早于作为个体学习者的儿童。20世纪80年代中期,瑞吉欧教师开始研究儿童小组;20世纪90年代中期,以对儿童个体和儿童小组的研究经验为基础,进而研究整个班级群体,并以更强烈的轶事和敏感性去研究班级群体。"⑤由此可见,瑞吉欧教师是从儿童小组和班级群体两个层面研究作为集体学习者的儿童的。

(三)形成了与儿童形象相适应的方案教学

方案教学(the project approach),是瑞吉欧儿童开展方案探究的主要理路。需要说明的是"project"一词,除了被译为"方案"外,也被译为"设计""计划""项目"等,从瑞吉欧方案教学本身的灵动性、生成性看,译为"方案"更合适。方案教学由来已久,1918年美国学者克伯屈提出的设计教学法实则上即为方案教学。克伯屈后,美国幼教专家丽莲·凯兹较早倡导

①③④ 零点方案,瑞吉欧儿童. 让儿童的学习看得见:个体学习与集体学习中的儿童. 朱家雄,王峥,等校译. 上海:华东师范大学出版社,2007:78,158,162.

②⑤ 王丽华. 教师的儿童研究引论. 杭州:浙江大学出版社,2017:48,51.

方案教学，并将方案教学概括为“以某一主题为中心，编制主题网络的一种教学活动，这种教学是对该主题的不同方面进行探索的研究，这些方面都是参与活动的儿童感兴趣的，也是教师认为具有教育价值的。”[①]尽管方案教学早已有之，但瑞吉欧所构建并践行的与其儿童形象相适应的方案教学有独特之处，如下从瑞吉欧关于方案教学的总结、美国幼教专家凯兹的考察发现角度简要阐明之。

1.瑞吉欧关于方案教学的总结

瑞吉欧的方案教学最大的特点是与其建立的儿童形象相适应，因此，方案教学的核心是基于儿童、尊重儿童、帮助儿童，不论是方案的提出、主题的确定、主题的改变、方案的实施和推进，皆如此。在《儿童的一百种语言》(第二版)中，著作者们总结了方案教学的开始与推进，如下可以发现方案教学实施的思路[②]：

1.从“侦察”而非“计划”的角度来思考。甚至决定方案活动主题后，也要倾听幼儿的想法，并根据情况协议任何改变，一旦确定幼儿表达出兴趣时，尽管放手提出构想。

2.不要担心在方案中修正主题，其实将整个方案连贯起来的，是幼儿从某个有趣的层面转移到另一个层面的兴趣逐渐改变的过程。这些不同的层面与主题可能没有什么直接关系，但他们在整个方案的过程中却息息相关。

3.将四到六位幼儿分为一组，一起进行方案的各层面；太多的幼儿在同一组会使他们分心，可能因此无法专心致力于最深层次。安排一个安静的场所让幼儿专心工作，当他们处于一个可以专心的工作空间时，他们的反应会更佳。

4.将主题设定为合乎现实又奇特的，协助幼儿从事一些较不熟悉的现实主题和比较熟悉的奇特主题。这类的重新架构过程，经常在几天后回顾某个简单的构想时完成。

5.不要怯于太大或太复杂的主题。容许这些主题在一段长时间内发展，可能是数个月，观察并欣赏幼儿如何在不丢弃理想重要性的情况下处理复杂问题的想法。

6.不要害怕某些争议性高或牵涉情绪的主题，例如幼儿害怕人群或走失，学校自然可以成为支持或讨论这一类主题的场所。

7.让幼儿们知道他们的工作将会被记录下来且展示出来，他们也必须解释他们的想法给其他人听，鼓励他们将绘画当作是未来想法与行动的设计。

---

① 朱家雄.方案教学的由来、涵义及其教育信念.幼儿教育，2000(1)：9.

② 改编自卡洛琳·爱德华兹，莱拉·甘第尼，乔治·福尔曼.儿童的一百种语言.罗雅芬，连英式，金乃琪，译.南京：南京师范大学出版社，2006：469-470.

8. 教师做好心理准备来面对方案可能进行的方向，研究幼儿一开始对于主题的讨论记录，从这些书面的记载中，挖掘出幼儿语言与想法的宝藏。

9. 期待方案可能自然而然地转向学术性内容，例如测量、发送信息、到图书馆查资料，等等。

10. 当幼儿自然转向学术性方向时，在给家长或其他老师的记录布告栏上写下评语，没有文字注解的记录无法有效说明或支持专业的发展，也无法组成一个支持拥护课程的热心公众。

11. 纪录、纪录、再纪录！利用纪录推动教师在职发展、家长投入、课程指导设计，支持幼儿自我学习。

由此可见，瑞吉欧方案教学实施的关键是教师随时随地要留意儿童的想法、思考与体验，在儿童开展方案探究过程中，教师及时纪录儿童的感想和讨论，这样的纪录既能帮助教师深入理解儿童的所思所想，又有助于深入理解儿童自己所做的图像纪录，还能在持续纪录中研究儿童并推进方案教学。

2. 美国幼教专家凯茨眼中的瑞吉欧方案教学

自1990年起，凯兹多次考察瑞吉欧，结合她在考察过程中所实施的方案教学的案例，诠释了瑞吉欧方案教学和美国方案教学的不同，限于篇幅，如下不呈现案例，只提取观点①：

①幼儿参与深入、广泛的探索活动……鼓励幼儿使用图像语言以及其他媒介去记录和呈现记忆、想法、预测、假设、观察、感觉等。②通过某一现象的广泛探索，给予幼儿早期经验的认识与对主题的深入了解……瑞吉欧·艾米利亚的教师也无法实现预估结果的主题，他们愿意进行某个可能无法顺利完成的主题，这显示出教师们的实验精神，与幼儿一起进行的经验或点子或许会从另一个实验中萌芽。③幼儿将他们的观察表现在图画中的多方经验并没有限制他们相像、幻想的愿望或能力。④成人与幼儿的关系……师生关系建立在工作本身上，而不是在日常例行活动或幼儿在学校的学业表现中。成人与幼儿心灵上的交流在于双方对事物的兴趣，一致地全身心投入工作的过程中，探索想法、技巧与材料的使用，以及方案本身的进行。在这种师生关系里，幼儿的角色属于见习者而不是接受指导的对象。这种关系有几个好处：第一，幼儿全身心投入具有挑战性的工作中，例如做决定、讨论表现的主题、如何联合大家的努力完成工作、解决彼此的冲突意见，等等。第二，因为教师与幼儿都专注于真正感兴趣的主题，教师也同样的投入，他们仔细倾听幼儿的建议、问题，刺激幼儿的想法，提出建议以及鼓励幼儿彼此回应，同时也尽量不

① 改编自卡洛琳·爱德华兹，莱拉·甘第尼，乔治·福尔曼．儿童的一百种语言．罗雅芬，连英式，金乃琪，译．南京：南京师范大学出版社，2006：25-37．

要过度协助幼儿。⑤纪录所具有的独特价值。

从凯兹的观点不难看出，瑞吉欧的方案教学与美国的不同之处在于，前者真正重视并践行其所确立的儿童形象，儿童作为独立、有能力的个体和公民显现在方案教学的每个环节中，教师的价值在于通过方案教学，帮助儿童成为这样的个体和公民。

四、评价反思

经过70多年的理论与实践探究，瑞吉欧儿童教育思想为意大利乃至世界幼教事业的发展做出了巨大的贡献；与此同时，瑞吉欧教育思想在实践中也面临诸多挑战。

(一)瑞吉欧儿童教育思想的贡献

瑞吉欧儿童教育思想对教育事业发展(不仅仅是幼教事业)的贡献是巨大的，至少体现在如下三方面：在实践中发现并证实儿童阶段的独特价值，从促进儿童主动成长的角度探究了教师角色，发现并珍视纪录在方案教学中的重要价值。

1.在实践中发现并证实儿童阶段的独特价值

在世界教育史上，卢梭发现了儿童阶段的独特价值。卢梭认为："在万物的秩序中，人类有它的地位；在人生的秩序中，童年有它的地位：应当把成人看作成人，把孩子看作孩子。"[①] 卢梭之后，真正通过系统的教育教学实践确立起儿童阶段的独特价值，尤其是从个体和社会层面确立起儿童阶段的独特价值非瑞吉欧的儿童教育莫属。

之所以如此，是因为瑞吉欧儿童教育不仅在观念层面认可儿童阶段的独特价值，这从前述第二节第一部分关于儿童形象的论述中可见一斑；而且在幼教实践中，处处从儿童的兴趣和需要出发，认为儿童自身是一切教育教学活动的起点，如第二节"有感染力的实验"就是瑞吉欧儿童教育实践相信儿童自身潜能的案例之一。正因为处处相信儿童、尊重儿童，才成就了瑞吉欧儿童教育创始人马拉古齐关于儿童价值的深刻认知，马拉古齐认为，儿童有100种语言，遗憾的是，传统教育因漠视儿童自身所具有的发展潜能，导致儿童的99种语言都被偷走了。需要指出的是，马拉古齐所指的儿童的100种语言是一个隐喻，这从马拉古齐创作的小诗《不，就是有一百种》中得以充分展示。

---

① 卢梭.爱弥儿：论教育(上卷).李平沤，译.北京：人民教育出版社，2001：71.

不,就是有一百种①

罗里斯·马拉古齐

儿童
由一百组成。
儿童有
一百种语言,
一百只手,
一百种思想,
一百种思维方式、
游戏方式、说话方式。
一百种,一百种方式
聆听、惊喜和热爱,
一百种喜悦,
去歌唱和理解,
一百个世界,
去探索,
一百个世界,
去梦想。
儿童有一百种语言
(一百又一百),
但有人偷走了九十九种。
就是学校和文化
把他们身心分离。
他们告诉儿童:
不动手而思考,
不动脑而行动,
只听不说,
理解了也毫无乐趣,
喜爱与惊奇,
只属于复活节和圣诞节。
他们告诉儿童:
在已知的世界里探索。

---

① 卡罗琳·爱德华兹,莱拉·甘第尼,乔治·福尔曼.儿童的一百种语言:转型时期的瑞吉欧·艾米利亚经验.3版.尹坚勤,王坚红,沈尹婧,译.南京:南京师范大学出版社,2014:目录前.

一百种中，
他们偷走了九十九种。
他们告诉儿童：
学习与玩耍，
现实与幻想，
科学与空想，
天空与大地，
理智与梦想，
都是
水火不容的。
因此他们告诉儿童
没有一百种。
儿童说：
不，就是一百种。

瑞吉欧儿童教育不仅珍视儿童阶段的独特价值，而且也尊重瑞吉欧儿童教育体系中的每个人，瑞吉欧儿童教育秉持的尊重是瑞吉欧儿童教育发现并证实儿童阶段独特价值的根基。诚如当代教育心理学家杰罗姆·布鲁纳在参观瑞吉欧学校后所言："最打动我的地方是他们如何培养孩子的想象力……我参观时的第一个感受，那就是对人的尊重，无论是孩子、教师、家长还是学校的全体员工，都认真地看待每个人在世界中试图创造自身的价值所代表的意义"，这份想象力和尊重"使瑞吉欧·艾米利亚的教师和教育工作者的工作与众不同……我认为瑞吉欧·艾米利亚现在有责任向全世界更广泛地推广过去和现在的经验，必须开拓一种世界性的合作方案，支持这种对儿童、对童年和对教育的反传统思想。"①

2.从促进儿童主动成长的角度探究了教师角色

从新的儿童形象出发，瑞吉欧教师在教室的角色到底是什么？这是瑞吉欧儿童教育自诞生以来一直探索的重要课题。瑞吉欧儿童教育认为，每位儿童都是有能力的个体和公民、天生的学习者，因此，瑞吉欧教师的主要职责是协助儿童学习、助力每位儿童的主动成长，不论在瑞吉欧学校的创建、环境的创设，还是在方案教学的组织和实施中，所有教师的职责皆如此。与协助儿童学习这一职责相适应的教师角色是，教师作为倾听者、观察者、纪录者、解释者和儿童研究者。

通过多年的实践探究，瑞吉欧儿童教育认为，教师的上述角色中，应"将'倾听'这个动作

① 罗里斯·马拉古齐，安德烈·布朗兹，安东奈拉·斯巴嘉利等.孩子的一百种语言：意大利瑞吉欧方案教学报告书.张军红，陈素月，叶秀香，译.台北：光佑文化事业股份有限公司，1998：108-109.

作为教师角色的中心"①;这是由倾听自身所具有的独特意义决定的,"'倾听'的意义代表着对幼儿全心全意关注,同时,也负责录音和纪录所观察到的事物,作为和幼儿与家长共同做决定时的参考据。'倾听'所富含的意义也是尝试着跟随并进入主动性学习。"② 由此可见,倾听既有助于儿童的主动性学习,更是观察、纪录、解释及研究每位儿童所思所想所为的基础。

瑞吉欧儿童教育认为,教师的上述角色不是单独地发生作用,而是在与儿童、家长、驻校艺术教师、教学协同研究人员的互动中螺旋式地发生作用。这意味着瑞吉欧教师关于儿童学习和成长的任何决策,实际上是多方之间的共同决策,而非瑞吉欧学校或瑞吉欧教师的单独行为。瑞吉欧儿童教育中的共同决策对我国当下幼儿园或学校作为学习共同体加以建设,具有深刻的启发和借鉴意义。需要指出的是,瑞吉欧儿童教育中关于教师角色的探究,在某种程度上也承接了杜威、蒙台梭利关于教师角色的相关研究和实践。

3. 发现并珍视纪录在方案教学中的重要价值

在多年的实践中,瑞吉欧儿童教育发现,纪录"指以足够的细节报告成果和表现,并协助他人了解所记载的行为背后蕴含意义的任何相关活动。因此,幼儿所画的一张图片不能被视为是纪录,但幼儿绘图的过程,或一连串过程片段作为了解整幅画是如何完成的,就可以被视为是纪录。"③ 换言之,瑞吉欧儿童教育所倡导的纪录不是结果的呈现,而是儿童学习过程的呈现。

与上述相应,瑞吉欧儿童教育倡导"纪录的目的在于解释,而非仅是展示之用"④。尽管瑞吉欧儿童教育过程中所做的纪录也用作公开展示,但这不是瑞吉欧儿童教育的主要目的,纪录的关键目的是以此解释每位儿童学习及成长的历程,并为后续的方案教学决策提供依据。诚如零点方案和瑞吉欧儿童合著的专著《让儿童的学习看得见:个体学习与集体学习中的儿童》一书的书名所呈现的,纪录的根本目的在于让儿童的学习看得见。

瑞吉欧儿童教育所倡导的纪录既指教师对于儿童学习和成长过程的纪录,也指儿童对于自己在方案教学过程中的探究纪录。教师纪录与儿童纪录的区别在于,教师纪录的内容和形式比儿童的更丰富和深入。尤其是纪录形式,儿童主要运用与其认知发展特点相一致的图像语言纪录。师生纪录的整体既是方案教学过程的完整展示,又是儿童围绕着方案中的不同主题开展系统探究的过程,还是师生、家长、驻校艺术教师、教学协同研究人员之间互动和对话过程的展示。

(二)瑞吉欧儿童教育思想的挑战

尽管瑞吉欧儿童教育思想为全世界的教育事业尤其是幼教事业做出了卓越贡献,但从瑞吉欧儿童教育实践看,其发展也面临诸多挑战,这些挑战中尤为突出的有二:其一,瑞吉欧

---

①②③④ 卡洛琳·爱德华兹,莱拉·甘第尼,乔治·福尔曼.儿童的一百种语言.罗雅芬,连英式,金乃琪,译.南京:南京师范大学出版社,2006:177,241.

儿童教育自身如何更好地发展；其二，瑞吉欧儿童教育如何真正为世人所理解。

1. 瑞吉欧儿童教育自身如何更好地发展

在世界各国推进儿童教育改革的同时，瑞吉欧儿童教育自身要获得更好的发展，面临着如下主要挑战：

其一，瑞吉欧学校发展所面临的挑战，这些挑战有：①回应儿童的需要，配备足够多的教师和班级。零点方案、瑞吉欧儿童合作研究表明："儿童在一个学习团体中的数量会直接影响团队如何学习和学什么内容。两个、三个或四个孩子的团体在培养复杂互动、冲突建构与自我调控上尤其有效。"[①]这意味着瑞吉欧学校需要根据各校儿童的数量，相应地配备教师和班级。②设计儿童成长需要的环境。瑞吉欧儿童教育认为，"环境是儿童的第三位教师"，优质的环境是一个可以支持互动、探究与学习的空间。环境设计的核心是儿童自身的主题探究需要，这需要瑞吉欧学校和教师创造性、生成性地探究环境的设计。

其二，教师面临的挑战，尤其是新教师。①新教师如何学会真正地倾听儿童。如前所述，倾听是瑞吉欧教师角色的中心，如何真正倾听儿童，对新教师而言是一项全新的课题。②寻找具有挑战性的、适合的问题作为方案设计的起点。儿童是瑞吉欧方案教学设计的起点，瑞吉欧儿童每天都会提出或生发出各种问题或兴趣点，教师需要在转瞬即逝的重要时刻中帮助儿童发现足够大、足够难的问题，让儿童花费足够的精力和时间反复深入探究之。③确定"结点"。"结点"是儿童方案活动或日常阶段性工作中阻止儿童或阻止儿童行为的问题，教师的任务是留意这些结点并使它们成为进一步关注的中心点，即下一次活动的出发点。④决定何时进行干预。教师需要每时每刻对儿童的思维进行分析，才能知道何时进行干预，何时等待儿童自己解决问题。[②]

2. 瑞吉欧儿童教育如何真正为世人所理解

瑞吉欧儿童教育因其特色尤其是其在世界上不同国家的展出而被世人所熟知。1981 年，瑞吉欧儿童教育首次走出国门、在异国展出，该展览以"如果眼睛越过围墙"为主题在瑞典展开。1987 年，瑞吉欧教育以"儿童的一百种语言"为题进行了第二次展览，向世界介绍瑞吉欧学校过去一年的探究历程；此次展览大获成功，其结果是瑞吉欧儿童教育理念与经验受到世界各国的学界和政界人士的赞赏，被美国《新闻周刊》评为"全世界最好的教育系统之一"，并刮起了一场席卷西方世界的瑞吉欧教育之风，慕名前往的参观学习者络绎不绝。1994 年，为了满足世界各地考察者的学习需要，也为了进一步推广瑞吉欧儿童教育，成立了"瑞吉欧儿童中心"。与此同时，以马拉古奇为代表的瑞吉欧人，专门著述向世人介绍瑞吉欧儿童教育的理论与经验。受瑞吉欧儿童教育思想的影响，美国的一些教育学、心理学家如布鲁纳、加德纳、凯兹、甘第尼

---

① 零点方案，瑞吉欧儿童．让儿童的学习看得见：个体学习与集体学习中的儿童．朱家雄，王峥，等校译．上海：华东师范大学出版社，2007：248.

② 卡洛琳·爱德华兹，莱拉·甘第尼，乔治·福尔曼．儿童的一百种语言：转型时期的瑞吉欧·艾米利亚经验．3 版．尹坚勤，王坚红，沈尹婧，译．南京：南京师范大学出版社，2014：160-162.

等加入到瑞吉欧儿童教育思想的传播之列，这些学者对瑞吉欧儿童教育思想进行研究并宣传推广，这在很大程度上促进了瑞吉欧儿童教育思想在世界各国的传播。

伴随着瑞吉欧儿童教育为世人所熟知而产生的挑战是，瑞吉欧儿童教育思想如何真正被世人所理解。加德纳认为，瑞吉欧儿童教育思想在传播过程中遭遇的挑战有二：第一，翻译所带来的挑战。瑞吉欧的理论和实践为世人真正理解的第一步是忠实地翻译瑞吉欧的作品，尤其是如何忠实地将瑞吉欧儿童教育的核心概念翻译成不同国家的语言，但现实是翻译永远是一项不完美的事业，诚如加德纳所指出的："这些术语表面上似乎是新的，如 pedagogista，或是读者都很熟悉的拉丁语言，如 apprendimento，insegnamento，valutazione，抑或是令人迷惑的同词源的词，如 documenftazione，我们只能做简单的转移，但无奈之下最终我们也只能使用早已理解的概念并试图重新建构概念。"[①]第二，跨文化理解所带来的挑战。加德纳从自身作为美国人的角度指出了真正理解瑞吉欧儿童教育思想的三个障碍：①加德纳所擅长的思路是从理论和定义出发，并在实践中检验之；与之相反，瑞吉欧儿童教育首先是大量富有价值的实践，这在一定程度上造成了美国学者尤其是科班学者对瑞吉欧儿童教育的理解困难。②加德纳擅长的是语言和音乐的表达方式，而瑞吉欧却擅长运用视觉—意向的纪录方式，表达方式的差异一定程度上带来了理解上的困难。③瑞吉欧的大量实践能否提炼出一个复杂的核心概念，以此进一步彰显其特色。[②]

①② 零点方案，瑞吉欧儿童. 让儿童的学习看得见：个体学习与集体学习中的儿童. 朱家雄，王峥，等校译. 上海：华东师范大学出版社，2007：337，337-339.